职业教育旅游专业教学用书

酒店管理信息系统实训教程

（第2版）

陈悦丽 编 著

U0833138

電子工業出版社
Publishing House of Electronics Industry
北京 • BEIJING

内 容 简 介

本书分为两篇，第一篇介绍 Opera PMS 酒店前台管理系统，第二篇介绍美萍酒店管理系统。本书以酒店服务内容作为学习项目，通过项目任务让学生掌握酒店管理系统的使用方法，了解酒店信息管理工作内容、工作流程和管理方法。本书通过实训报告及实训过程评估进行教学过程监控，通过实训效果测试检查教学效果，通过评估及测试数据诊断教学质量，通过诊断数据及时调控教学，从而确保教学质量。Opera 是 Oracle 公司的注册商标。石基数字酒店信息管理系统（IP Hotel）是北京中长石基信息技术股份有限公司的注册商标。

本书除了可作为职业院校旅游专业教材外，还可作为酒店从业人员的自学参考书及酒店员工的培训教材。本书还配有电子教学参考资料包（包括教学指南、电子教案、美萍酒店管理系统安装文件）。

未经许可，不得以任何方式复制或抄袭本书之部分或全部内容。
版权所有，侵权必究。

图书在版编目（CIP）数据

酒店管理信息系统实训教程 / 陈悦丽编著. —2 版. —北京：电子工业出版社，2017.7
ISBN 978-7-121-31820-7

Ⅰ. ①酒… Ⅱ. ①陈… Ⅲ. ①饭店－商业管理－管理信息系统－中等专业学校－教材 Ⅳ. ①F719.2-39

中国版本图书馆 CIP 数据核字（2017）第 129547 号

策划编辑：徐 玲
责任编辑：王凌燕
印　　刷：涿州市京南印刷厂
装　　订：涿州市京南印刷厂
出版发行：电子工业出版社
　　　　　北京市海淀区万寿路 173 信箱　邮编　100036
开　　本：787×1 092　1/16　印张：12.25　字数：314 千字
版　　次：2009 年 6 月第 1 版
　　　　　2017 年 7 月第 2 版
印　　次：2017 年 7 月第 1 次印刷
印　　数：2 000 册　　定价：28.00 元

凡所购买电子工业出版社图书有缺损问题，请向购买书店调换。若书店售缺，请与本社发行部联系，联系及邮购电话：（010）88254888，88258888。

质量投诉请发邮件至 zlts@phei.com.cn，盗版侵权举报请发邮件至 dbqq@phei.com.cn。

本书咨询联系方式：xuling@phei.com.cn。

前言

随着我国经济的快速发展，旅游企业对从业人员的要求由量的需求转变为质与量的需求，质的需求对职业教育提出了新要求，职业教育必须调整自身教育教学水平适应其变化；随着国家对职业教育的重视，职业教育经费投入逐年增加，许多职业院校加大教学硬件及软件经费的投入，为职业教育质与量的提升提供了物质保障。

职业教育要满足企业对从业人员质与量的需求就必须细化职业教育内容，就必须监控教育教学质量。教学质量的监控着力点之一就是教学内容的落实，教学内容又是通过教材实施的，结合旅游企业对人才质与量的需求，我们将《旅游行业软件实训教程》的内容进行了调整，删除了餐饮管理及旅行社管理系统，教材定位于酒店管理系统，更名为《酒店管理信息系统实训教程（第 2 版）》。

目前，市场上流行的酒店管理系统款式众多，不同系统的操作流程、界面、功能都各不相同，为了避免一种系统给学习者带来局限性，结合职业院校专业设置、教学条件及酒店的实际情况，本书选取了英文版的高星级酒店主打 Opera PMS 酒店前台管理系统和中小型美萍酒店管理系统，让学习者体会不同风格、功能各异的酒店管理系统，为学习者进入高星级酒店工作及自主创业管理酒店储备管理知识和操作技能。Opera 是 Oracle 公司的注册商标。石基数字酒店信息管理系统（IP Hotel）是北京中长石基信息技术股份有限公司的注册商标。

本书根据酒店管理系统的特点，采用项目教学法编写，并以酒店前台服务内容作为学习任务，随着各项任务的展开，完成教学项目；让学习者初步了解酒店管理系统的功能，引导学习者在具体任务的操作中掌握系统的使用方法。本书分为两篇，第一篇介绍 Opera PMS 酒店前台管理系统；第二篇介绍美萍酒店管理系统。本书通过实训环节回顾学习的项目，通过实训报告及实训过程评估进行教学过程监控，通过实训效果测试检查教学效果；通过评估及测试数据可以诊断教学质量，通过诊断数据及时调控教学，从而确保教学质量。本书第一篇提供电子教案、第二篇提供微课及单机版的美萍酒店管理系统。为方便教师教学，本书还配有教学指南、习题答案（电子版），请有此需要的教师登录华信教育资源网（www.hxedu. com.cn）免费注册后再进行下载，有问题请在网站留言板留言或与电子工业出版社联系（E-mail:hxedu@phei.com.cn）。

本书除了可作为职业院校旅游专业教材外，还可作为酒店从业人员的自学参考书及酒店培训员工的教材。

本书由山东省济南商贸学校陈悦丽编著，由北京中长石基信息技术股份有限公司教育部经理吴少勇任主审。

由于编者知识及水平有限，另外，也由于酒店管理系统发展较快，管理系统版本更新快，很多系统的功能也在发生变化，所以书中错漏之处在所难免，恳请各位学习者提出宝贵意见。

陈悦丽

2017 年 3 月

目　录

第一篇　Opera PMS 酒店前台管理系统

第二篇　美萍酒店管理系统

第一篇　Opera PMS 酒店前台管理系统

酒店是经营服务的特殊行业，由于服务产品的特殊性决定了酒店的企业经营管理也应具备一些特殊的手段和方法。酒店管理信息系统是指对酒店经营管理信息的收集、传递、储存、整理、加工、维护和使用的系统，能实际反映酒店的运行情况，利用过去的数据预测未来，辅助酒店进行决策，控制酒店的行为，帮助酒店实现规划目标。酒店经营管理活动是很复杂的，包括对外经营和对内管理，涉及预订、接待、询问、客房、餐饮、康乐、电话、人事、工资、财务、库房、设备管理行业等众多环节。然而，从信息处理的角度来看，各种酒店经营管理活动都可以看成信息的输入、处理、输出三个基本环节。因此，将管理信息系统引入酒店经营管理活动中，必将加快信息处理速度，提高酒店经营管理的效率。

教学目标

1. 了解档案管理的作用，掌握个人、旅行社档案建立方法；
2. 了解预订管理的内容，掌握预订的新建、查询、修改、取消和恢复的相关操作；
3. 理解前台管理的概念，掌握 Opera PMS 中入住（有预订和无预订入住）、在店客人查询、取消入住、客人留言、内部留言的相关操作；
4. 理解收银管理内容，掌握续交押金、消费入账、收银结账、查账、关账的相关操作方法；了解夜审的工作流程，掌握其操作；
5. 理解客房管理内容，掌握房态（修改房态）、客房清扫任务单、客房出租历史、客房超额预订的操作方法。

Opera PMS 系统简介：

在 Opera 企业级软件解决方案中，Opera 前台管理系统是其核心部分，简称 PMS。

Opera PMS 系统在设计上迎合不同规模酒店及酒店集团的需求，为酒店管理层和员工提供了全方位系统工具，以便其快捷高效地处理客户预订、入住、退房、房间分配、房内设施管理、入住客户膳宿需求，以及账户账单管理等日常工作。

Opera PMS 系统可以根据不同酒店之间运营的需求多样性，来合理设置系统以贴近酒店的实际运作，并且除单体酒店模式外，还提供多酒店模式，通过一个共享的数据库为多个酒店进行数据存取甚至相互访问。Opera PMS 系统和其他系统可以实现完美结合，共同构成 Opera 企业级软件解决方案。例如，Opera 销售宴会系统、Opera 物业业主管理系统、Opera 工程管理系统，以及 Opera 中央预订系统和 Opera 中央客户信息管理系统。

Opera PMS 系统的主要功能包括客房预订、房价销售管理、客户资料管理、前台服务、收银、客房管理、应收账、佣金管理、报表、设置、后台接口、系统接口功能等。

项目一　档案管理

项目概述

酒店员工王红，启动Opera PMS系统，登录账户；学习Opera PMS系统建立个人档案（Individual Profile）和旅行社档案（Travel Agent Profile）的相关操作。

本项目包括以下主要内容：

1．档案管理简介；

2．个人档案；

3．旅行社档案。

任务一　档案管理简介

一、档案管理模块的功能

Opera PMS档案管理中提供了客户资料记录功能，资料全面记录统计了客户、商务合作伙伴、联系人、集团、旅行社，以及来源等信息资料。客户资料包括地址、电话、会员信息、会员申请、住店历史信息、收入详情分析、客户喜好及其他相关数据，使预订及其他操作的完成更快捷、更精确。

二、档案管理窗口简介

1．启动Opera系统

双击桌面上的“Opera Login”快捷方式“”，打开如图1-1所示的“Opera LOGIN”窗口。

图1-1　“Opera LOGIN”窗口

2. 登录 Opera PMS 系统

在图 1-1 所示的“Username”中录入用户名称，在“Password”中录入密码后，单击“Login”命令按钮后，打开图 1-2 所示的“Opera Full Service Edition”窗口，单击该窗口中的“PMS”命令按钮，弹出图 1-3 所示的“Opera PMS”窗口。

图 1-2 “Opera Full Service Edition”窗口

图 1-3 “Opera PMS”窗口

3. Opera PMS 窗口介绍（见图 1-4）

Opera PMS 的主要功能包括 8 个模块：预订管理（Reservations）、前台管理（Front Desk）、收银管理（Cashiering）、客房管理（Rooms Management）、应收账管理（AR）、夜审（End of Day）、杂项管理（Miscellaneous）、系统设置（Setup）。

图 1-4 “Opera PMS”窗口

4．档案管理简介

Opera PMS 系统中档案管理的 Profiles 类型分为：散客（Individual）、协议公司（Company）、协议旅行社（Travel Agent）、第三方订房网站（Source）、团队（Group）、公司联系人（Contact）。

任务二 个人档案

在 Opera PMS 系统中，酒店员工王红学习建立散客个人档案 Individual Profile。

个人档案信息：

姓名：陈冬（Chen Dong）；性别：男；住址：山东省济南市历下区历山路 10 号；邮编：250013；电话：86 0531 86553680；身份证号：370102199012080025。

说明：

为了确保 Opera PMS 系统中的数据唯一性，上述个人档案信息教师上课操作使用后，学习者不要再使用，请您使用本人信息进行相关操作。

1．打开“Profile Search”对话框

在图 1-4 中，选择工具栏上的“Reservations”后，单击“Profiles”命令按钮，弹出如图 1-5 所示的“Profile Search”对话框。

2．查询排重

在图 1-5 所示的“Name”文本框中录入“%”，从“View By”中选择“Individual”，然后单击“Search”命令按钮，档案中的所有记录就都显示在该对话框中了。

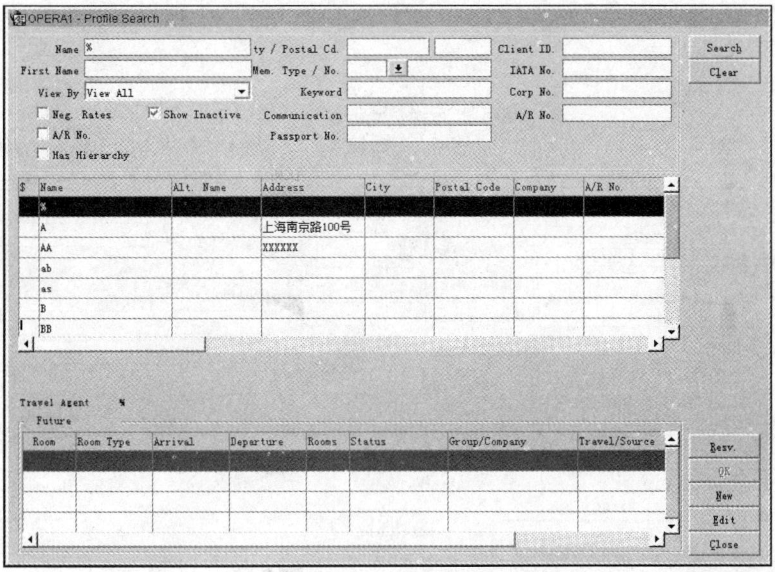

图 1-5　“Profile Search”对话框

说明：

- 为了防止档案的重复，新建“Profile”时，首先要进行“Search”操作；如果没有查询到要建立的档案，就可以新建。
- 图 1-5 黄色框的任何一个查询条件中都可以进行“Search”操作。模糊查询操作为：在“Name”文本框中输入“%”，如“%+A”查询所有名字中含“A”的结果，“A+%”查询以“A”开头的结果。

3．新建个人档案

在图 1-5 中，单击“New”命令按钮，弹出如图 1-6 所示的“OPERA”对话框，选择“Profile”类型为“Individual”，单击“OK”命令按钮后，弹出如图 1-7 所示的“Individual Profile”对话框，下面录入相关信息。

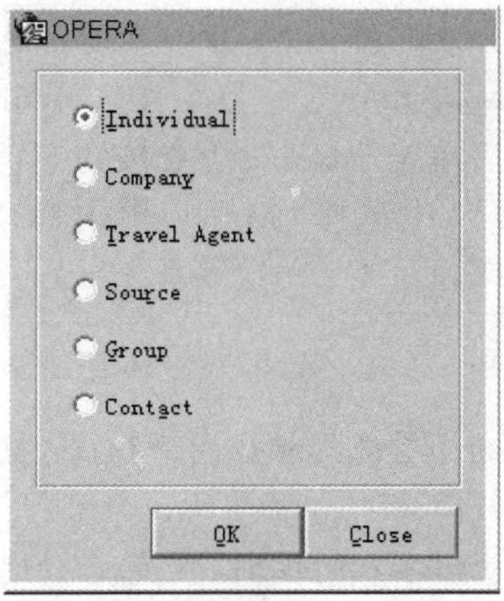

图 1-6　“OPERA”对话框

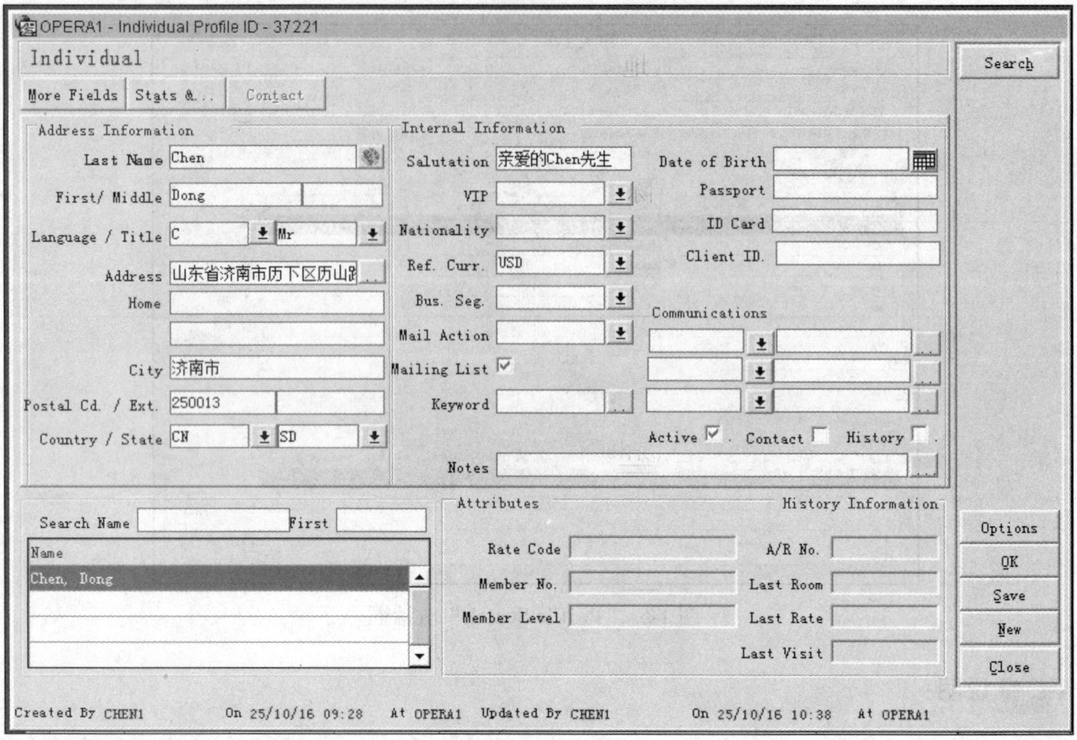

图 1-7 “Individual Profile”对话框

“Individual Profile”对话框的录入说明如下。

（1）Name。英文名字录入：“Last Name”—姓，“First Name” —名，只能填写字母。

说明：

- 第一个字母大写其余小写；超过一个字，空格，同样第一个字母大写其余小写。如陈冬，“Last Name”填“Chen”，“First Name”填“Dong”。
- 中文名字录入：单击“Last Name”文本框右边的绿色小地球“”，弹出“Alternate Name”对话框，在“Alt.Name”文件框中录入中文名字：陈冬（姓和名不用分开），在“Alt.Title”中选择“先生/女士”。注：在“Profile”中，不能出现任何标点符号。

（2）Language/Title。在“Language / Title C”中，单击“”后，弹出“Languages”对话框，从中选择“Chinese”后单击“OK”命令按钮。再次单击“Language/Title”右边的“”，弹出“Titles”对话框，从中选择“Mr”后单击“OK”命令按钮。此时“Salutation”中自动显示“亲爱的 Chen 先生”。

说明：

- Language：根据客人常用的语言选择相应的语种，这里选择的语种关系到确认信和账单为哪一种语言。
- Title：对客人的称谓，也显示客人的性别，它的正确选择直接关系到账单及确认信中客人称谓的正确性。

（3）Address。单击“Address”文本框右边的“Multi Input”按钮，弹出如图 1-8 所示的“Add/Edit Address”填写客人地址对话框，从“Address Type”中选择“Home”，在“Address”第一行中录入中文地址：山东省济南市历下区历山路 10 号，在“City”中录入：济南市，在“Postal Code”中录入邮政编码：250013，在“Country”中选择陈冬所属国家“CN”，在“State”中选择陈冬所属省份（或者州）“SD”，在“Language”中选择陈冬所用语言为“C”，勾选“Primary”复选项，单击“OK”命令按钮，填写的客人地址会显示在图 1-7 中。

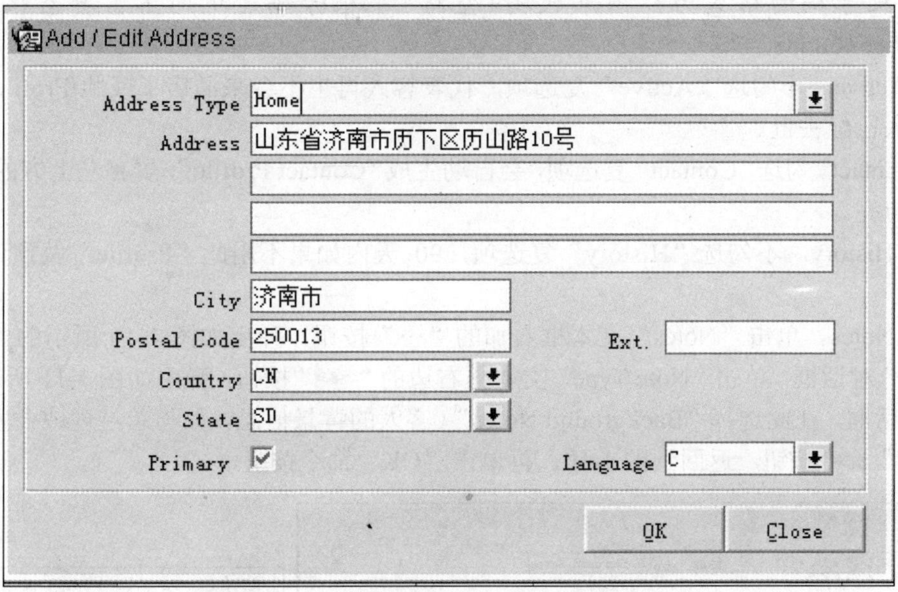

图 1-8 “Add/Edit Address”对话框

“Add/Edit Address”对话框的说明如下：

- Address Type 有 Home/Business/Billing/Shipping/Other Address 类型。
- Primary 勾选后此地址优先显示。

（4）Date of Birth。单击“Date of Birth”文本框右边的日历按钮“ ”，选择陈冬的出生日期“08/12/90”（格式为：MM-DD-YY）。

（5）Passport。在“Passport”中录入陈冬的身份证号“370102199012080025”。

（6）ID Card。在“ID Card”中录入“身份证”。

（7）Communications。在图 1-7 中的“Communications”下边第一行处单击“ ”，弹出如图 1-9 所示的“Communication Type”对话框，从中选择“HOME”后，单击“OK”命令按钮，在其后文本框中录入电话“86 0531 86553680”。

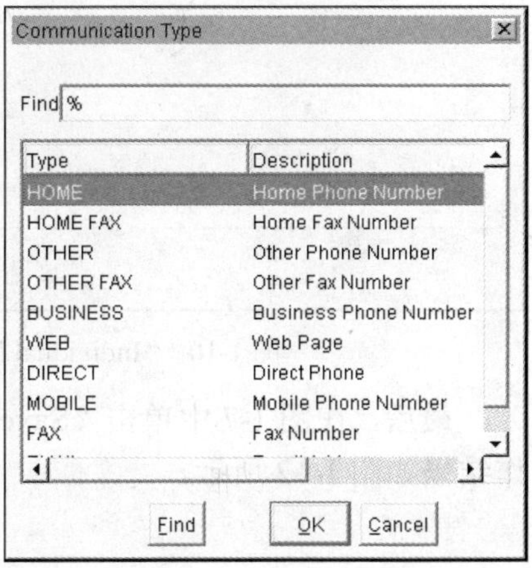

图 1-9 “Communication Type”对话框

说明：

- 联系方式能同时显示3个，但每种类型只能显示一个，如客人有几个“Business Number”，那么只能显示一个“Business Number”。若要输入多个联系方式，“Save”之后可继续单击“New”命令按钮。
- 电话号码的格式：国家代码+空格+区号（区号前去零）+空格+电话号码前四位+空格+电话号码后几位，如 86 532 5571 0888。
- 手机号码的格式为：国家代码+空格+手机号码（中间不需要空格），如 86 15066168888。

（8）Active。不勾选“Active”复选项，代表客人再也不会来酒店了或此 Profile 再也不用了，如客人已经去世。

（9）Contact。勾选“Contact”复选项，会自动生成“Contact Profile”，屏幕左上方的“Contact”按钮就会点亮。

（10）History。不勾选“History”复选项，90 天内如果不用此“Profile”做预订，就会自动删除。

（11）Notes。单击“Notes”文本框右加的“…”按钮，弹出如图 1-10 所示的“Individual Notes-Edit”对话框，单击“Note Type”文本框右边的“↓”按钮，弹出如图 1-11 所示的“Note Types”对话框，在此选择“Background Notes”（客人的背景信息，如与总经理或业主的关系），单击“OK”命令按钮，返回到图 1-10，再单击“OK”命令按钮。

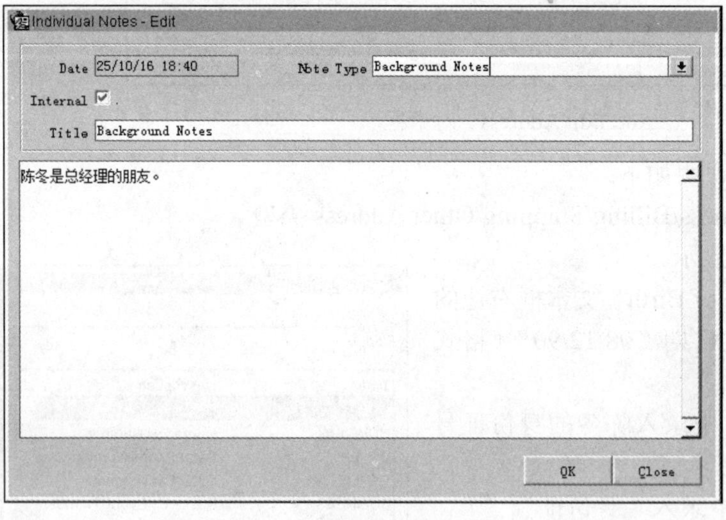

图 1-10 “Individual Notes-Edit”对话框

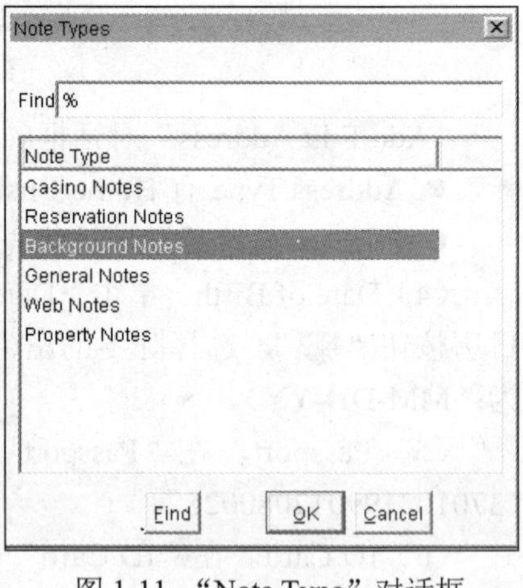

图 1-11 “Note Type”对话框

最后，在图 1-7 中单击“Save”或“OK”命令按钮就完成了“Individual Profile”操作，操作结果如图 1-12 所示。

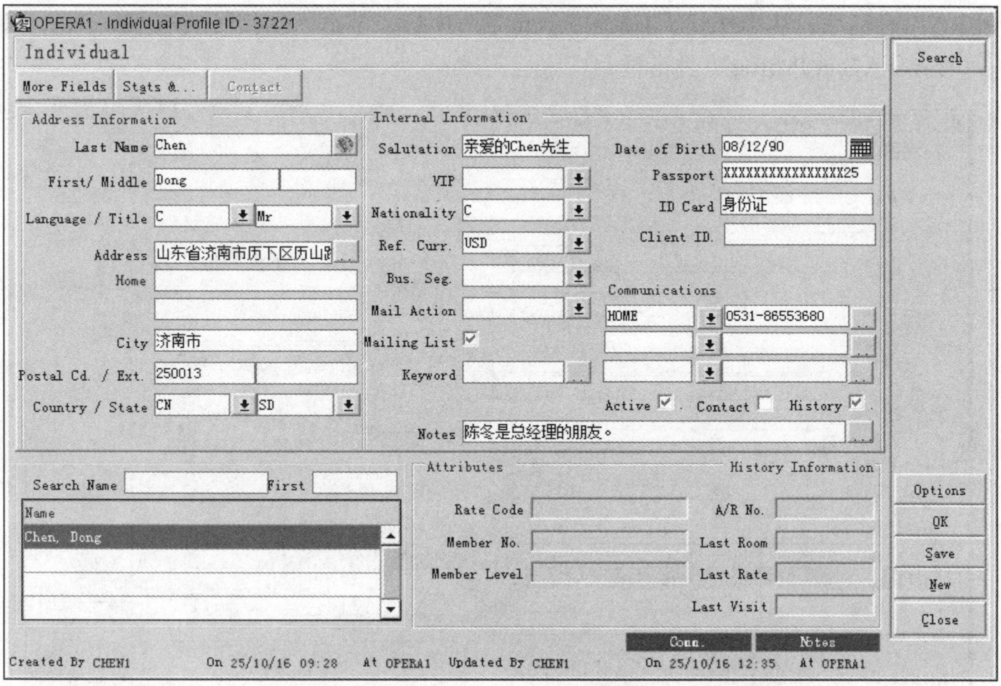

图 1-12　陈冬档案信息

任务三　旅行社档案

在 Opera PMS 系统中，王红学习建立旅行社档案 Travel Agent Profile。

旅行社信息：

名称：商贸旅行社；地址：山东省济南市历下区历山路 10 号；邮编：250013；国家：中国；省份：山东省；城市：济南市；电话：0531-86553680。

说明：

为了确保 Opera PMS 系统中的数据唯一性，上述旅行社信息教师上课操作使用后，学习者不要再使用，请您使用当地某旅行社信息进行相关操作。

1. 查询排重

在图 1-4 中，选择“Reservations”中的“Profiles”命令，弹出如图 1-5 所示的“Profile Search”对话框，在该对话框的“Name”中录入“%”，在“View By”中选择“Travel Agent”，单击“Search”命令按钮，查询结果就显示在该对话框中，如果系统中没有我们要建的旅行社信息，就可以进行新建操作。

说明：

该操作与建立 Individual Profile 中的排重操作相同。

2. 新建旅行社档案

在如图 1-5 所示的“Profile Search”对话框中，单击“New”命令按钮，弹出如图 1-6 所示的“OPERA”对话框，从中选择“Travel Agent”选项后，单击“OK”命令按钮，弹出如图 1-13 所示的“Travel Agent Profile”对话框。

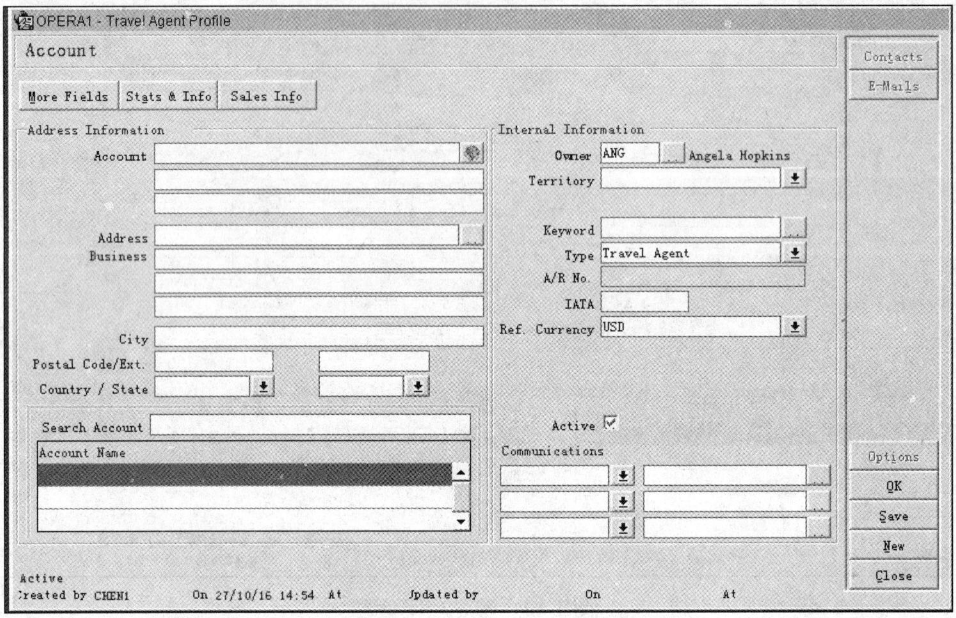

图 1-13　“Travel Agent Profile”对话框

3．录入旅行社信息

“Travel Agent Profile”对话框的说明如下。

（1）Address Information（地址信息）。

- Account：公司名称。

在图 1-13 中录入旅行社名称：商贸旅行社。

注：只有第一行可用作查询，完整名称写在第一行，第二、三行录入备注说明。

- Address：地址。

单击“Address”文本框右边的“…”按钮，弹出如图 1-14 所示的“Address Types”对话框，从中选择“Business”（商务地址），单击“OK”命令按钮，弹出如图 1-15 所示的“Add/Edit Address”对话框，在“Address”文本框中录入：山东省济南市历下区历山路 10 号，在“City”中录入：济南市，在“Postal Code”中录入邮政编码：250013，在“Country”中选择国家“CN”，在“State”中选择旅行社所属省份（或者州）“SD”，在“Language”中选择语言为“C”，选择“Primary”复选项（勾选），单击“OK”命令按钮，填写的旅行社地址会显示在图 1-16 中，单击“Close”命令按钮。

（2）Internal Information：内部信息。

- Owner：酒店销售经理（从系统中选择一位销售经理）。
- Territory：划分销售区域。
- Keyword：关键字。
- Type：显示档案类型，也可进行选择。
- A/R No.：应收账号，协议挂账用。

- IATA：国际航空运输协会成员编码。
- Ref. Currency：货币。
- Active：有效，激活；勾选表示该档案有效，不选为无效，档案状态变为“Inactive”。

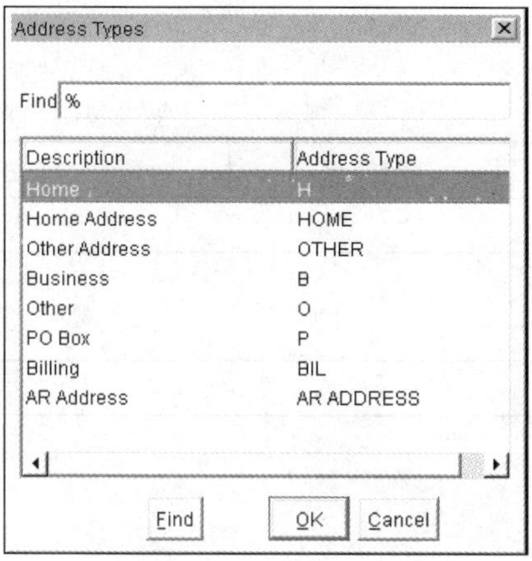

图 1-14　“Address Types”对话框

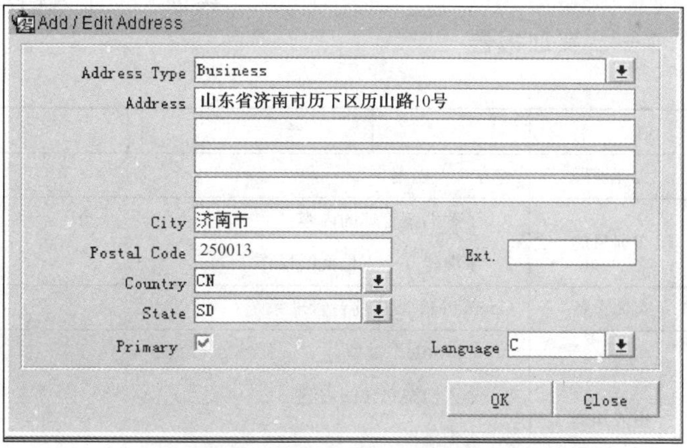

图 1-15　“Add/Edit Address”对话框

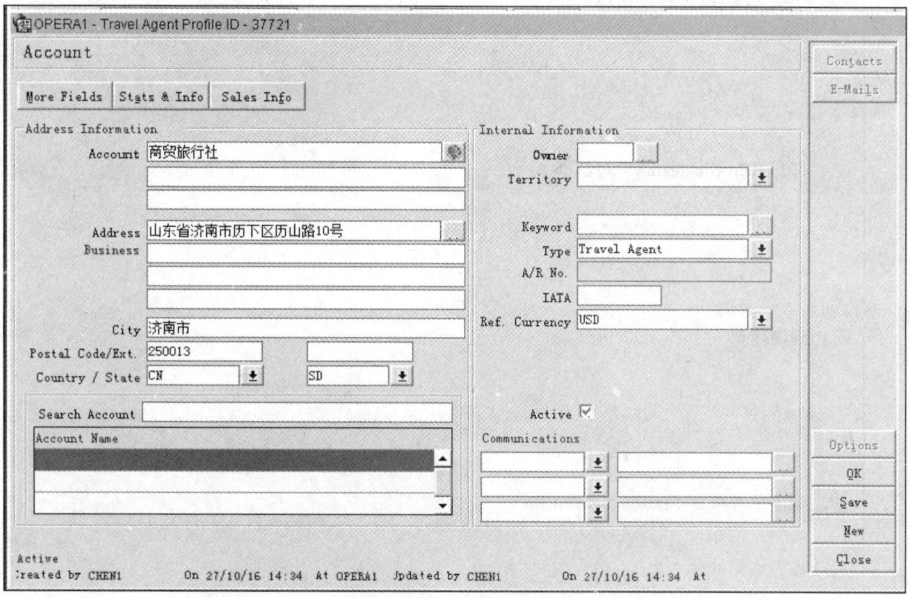

图 1-16　旅行社地址信息录入结果

提示： 删除旅行社档案时，不能直接用“Delete”删除，会使统计数据无法查询，只要把状态改为“Inactive”即可。

（3）Communications：联系方式。

与个人档案同。

4．修改旅行社信息

在图 1-5 中，选择要修改的旅行社记录，单击“Edit”命令按钮（或双击该记录），弹出“Travel Agent Profile”对话框，在此修改即可。

任务四 实训

实训一 个人档案

一、实训报告

年 月 日

姓 名		专 业		班 级	
实训课题	建立个人档案				
实训目的	1. 了解档案管理的内容 2. 掌握建立个人档案的操作				
实训设备	Opera PMS 酒店前台管理系统				
相关知识	1. “Profile”类型 2. 个人档案包含的内容 3. 查询排重 4. 新建个人档案“Individual Profile”				
实训步骤	一、登录“Opera PMS”系统 二、打开“Profile Search”对话框 三、查询排重 四、新建个人档案“Individual Profile”				
实训反思					

二、实训检测

1．实训过程评估

项　　目	学生自评	小组评估	教师评估	得　分
1．登录“Opera PMS”系统（10 分）				
2．打开“Profile Search”对话框（10 分）				
3．查询排重（20 分）				
4．新建个人档案“Individual Profile”（60 分）				
合计（100 分）				

说明：实训过程评估项目得分=（学生自评+小组评估+教师评估）/3

2．实训效果测试

（1）在“Opera PMS”系统中档案管理的“Profile”类型是个人_____。

A．Individual　　B．Company　　C．Travel　　D．Group

（2）在“Opera PMS”系统中模糊查询符号是_____。

A．*　　B.?　　C.%　　D.!

（3）在“Opera PMS”系统“Reservations”模块中创建个人档案应选择命令_____。

A．Blocks　　B．Waitlist　　C．New Reservation　　D．Profile

（4）90 天内不用建立的“Profile”做预订，就会自动删除“Profile”的复选项是_____。

A．Active　　B．History　　C．Contact　　D．Mailing List

（5）“Profile”不再用（客人不会再来酒店）的选择复选项是_____。

A．Active　　B．History　　C．Contact　　D．Mailing List

实训二　旅行社档案

一、实训报告

年　月　日

姓　　名		专　　业		班　　级	
实训课题	建立旅行社档案				
实训目的	1．了解旅行社档案包含的内容及意义 2．掌握建立旅行社档案的操作				
实训设备	Opera PMS 酒店前台管理系统				
相关知识	1．旅行社档案包含的内容 2．查询排重 3．新建旅行社档案“Travel Agent Profile”				
实训步骤	一、登录“Opera PMS”系统 二、打开“Profile Search”对话框 三、查询排重 四、新建旅行社档案“Travel Agent Profile”				
实训反思					

二、实训检测

1．实训过程评估

项　　目	学生自评	小组评估	教师评估	得　　分
1．登录“Opera PMS”系统（10 分）				
2．打开“Profile Search”对话框（10 分）				
3．查询排重（20 分）				
4．新建旅行社档案“Travel Agent Profile”（60 分）				
合计（100 分）				

说明：实训过程评估项目得分=（学生自评+小组评估+教师评估）/3

2．实训效果测试

（1）在“Profile Search”对话框（见图 1-5）中，“View By”选择为旅行社的是_____。

A．Travel Agent　　B．Group　　C．Company　　D．Source

（2）旅行社档案中地址“Address”有 3 行，可用作查询的行是_____。

A．第一行　　B．第二行　　C．第三行　　D．三行都可以

（3）在“Travel Agent Profile”对话框（见图 1-13）中，保存命令是_____。

A．Options　　B．New　　C．Close　　D．Save

（4）在“OPERA1-Account Addresses”对话框中，可以对地址进行编辑的命令是_____。

A．New　　B．Edit　　C．Delete　　D．Close

（5）删除旅行社档案时，正确的操作是_____。

A．直接用 Delete　　B．直接用 Backspace

C．Active 选项状态 ☑　　D．Active 选项状态 ☐

项目二 预订管理

项目概述

在 Opera PMS 系统中，酒店预订员王红为客人陈冬先生办理预订手续，随后对陈冬先生的预订信息进行了修改、取消和恢复操作。

本项目包括以下主要内容：

1．预订管理简介；
2．新建预订；
3．查询预订；
4．修改预订；
5．取消预订；
6．恢复预订。

任务一 预订管理简介

一、预订管理模块的功能

Opera PMS 房间预订模块集客户档案管理、收银及订金管理等多种功能为一体。此模块为建立、查询、更新客人预订、团队订房及商务团体预订等管理操作提供了完善的功能，并提供了用房量控制、取消预订、确认订房、等候名单、房间分配、押金收取和房间共享等功能。

二、预订管理窗口简介

双击桌面上的“Opera Login”快捷方式“”，打开“Opera Login”窗口。录入用户名和密码后，弹出“Opera Full Service Edition”窗口，单击该窗口中的“PMS”命令按钮，弹出“Opera PMS”窗口，在此单击工具栏上的“Reservations”命令后，弹出如图 2-1 所示的“Reservations”预订管理窗口。

“Reservations”预订管理由 10 个模块构成：新建预订（New Reservation）、更新预订（Update Reservation）、等候名单（Wait List）、团队锁房（Blocks）、档案（Profiles）、房间平面图（Room Plan）、楼层平面图（Floor Plan）、预订确认信（Confirmation）、入住登记卡（Registration Cards）、日历（Calendar）。

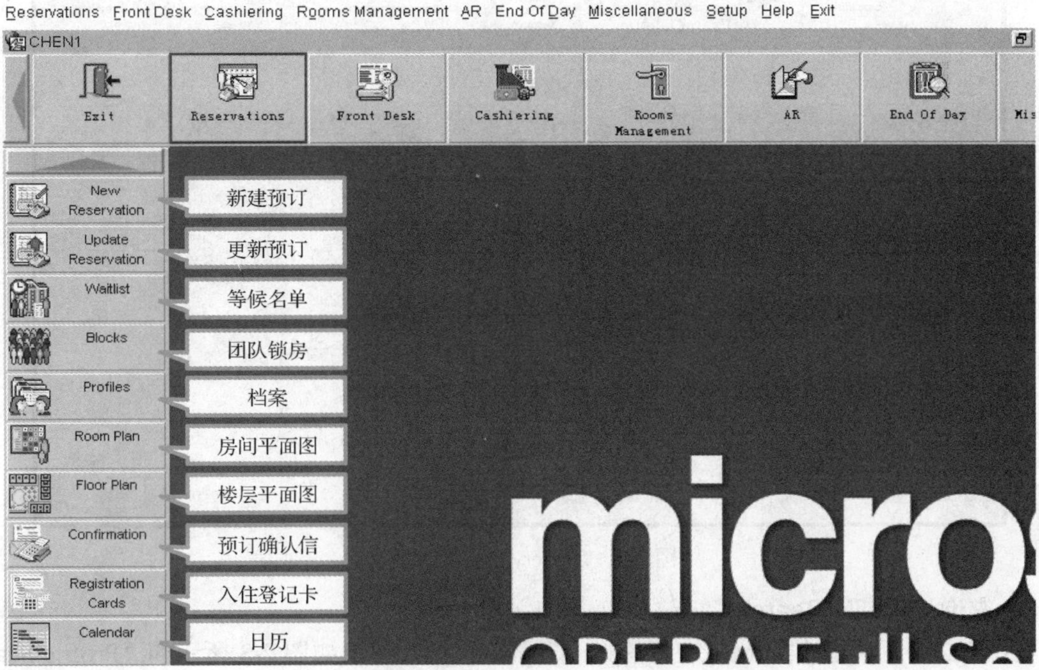

图 2-1 “Reservations”窗口

任务二 预订管理

一、新建预订

在 Opera PMS 系统中，王红为客人陈冬（Chen Dong）先生办理预订 1 间客房住 1 晚的相关操作（现金结账、价格自选、房型自选）。

询问预订信息：客人姓名、房间数量、房间类型、房价、抵/离店日期及时间、付费方式、特殊要求、预订人姓名及联系方式。

说明：

为了确保 Opera PMS 系统中的数据唯一性，上述客人信息教师上课操作使用后，学习者不要再使用，请您使用本人信息进行相关操作，本篇以下内容凡是客人信息都这样处理，不再逐个说明。

1. 登录“Opera PMS”系统

2. 打开“Reservation”对话框

在图 2-1 中，选择工具栏中的“Reservations”命令，单击“New Reservation”命令，弹出如图 2-2 所示的“Reservation”对话框。

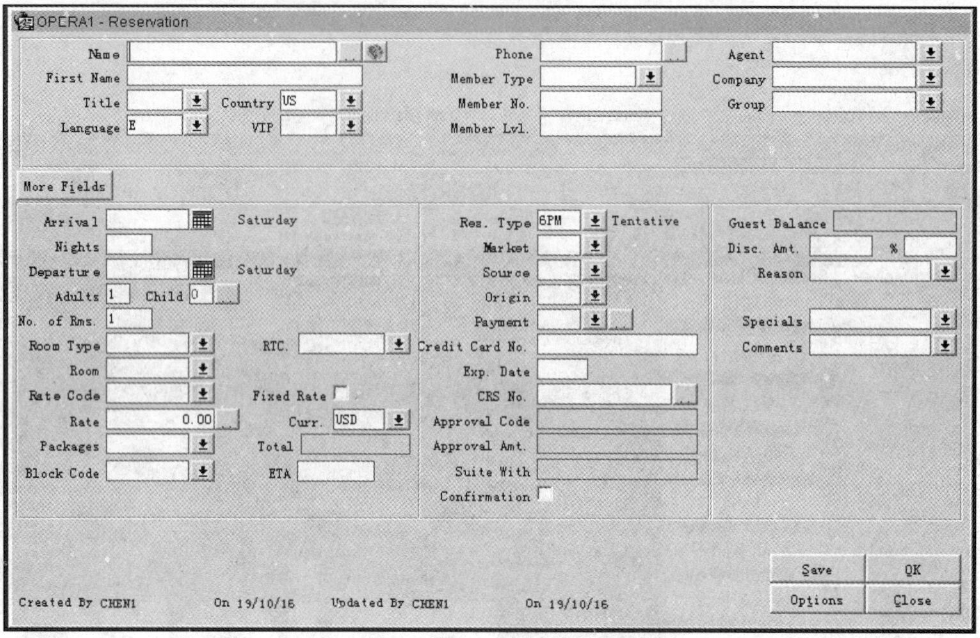

图 2-2 “Reservation”对话框

3．查询“Profile Search”

在图 2-2 中，单击“Name”右边的“…”命令按钮，弹出如图 2-3 所示的“Profile Search”对话框。在“Name”文本框中录入“%”，单击“Search”命令按钮，在图 2-3 中就可以看到客人陈冬的“Profile”，选择后单击“OK”命令按钮，返回到图 2-2，此时陈冬的个人档案信息就自动填充到“Reservation”对话框的客户信息之中。

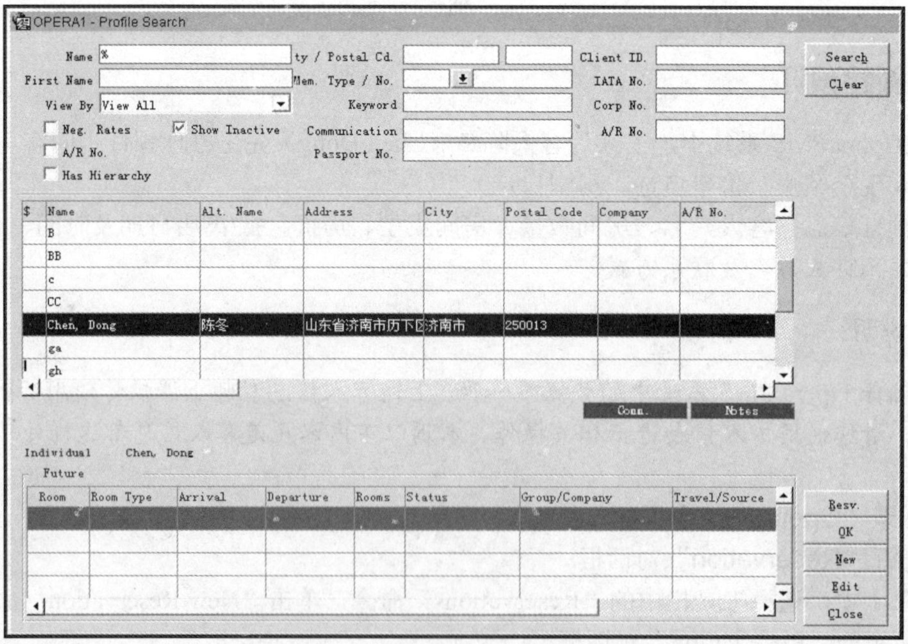

图 2-3 “Profile Search”对话框

说明：

如果没有找到客人的“Profile”，就要单击“New”命令按钮，为客人新建一个“Profile”，具体操作方法查阅项目一。

4．录入客人预订信息

图 2-2 中的“More Fields”信息录入内容：

（1）Arrival：到店日期。

使用系统默认当天的日期。（到店时间：单击该选项右边的日历，选择客人到店日期。）

（2）Nights：1（入住晚数）。

（3）Departure：离店日期（填写好入住日期和入住天数，离店日期会自动更新到正确的日期）。

（4）Adults：1（房间内成人数量），Children：0（房间内小孩的数量）。

（5）No.of Rms：1（客人需要的房间数量）。

（6）Room Type：房型类型代码 RTC。

单击“Room Type”右边的“”按钮，弹出如图 2-4 所示的“Room Type”对话框，在此选择一种类型“SKC”后，单击“OK”命令按钮，返回到图 2-2。

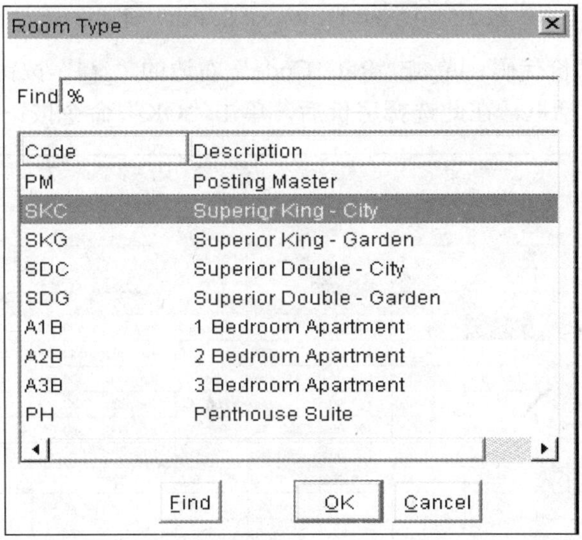

图 2-4 “Room Type”对话框

“Room Type”是客人实际入住的房型，“RTC（Room to Charge）”是决定房价的房型。一般情况下，客人入住的房型和付费的房型是一样的。但当两者不同时，多数情况下说明酒店给客人的房间进行了免费升级。给客人免费升级后，需要在“UPG（Upgrade）”中选择升级原因，便于查询。

（7）Room：房号。单击“Room”右边的“”按钮，弹出如图 2-5 所示的“Available Rooms Search”对话框，单击房号所在行的最前面，出现“X”为选中（这里选择“1002”，学习者请选其他号），单击“OK”命令按钮，返回到图 2-2。

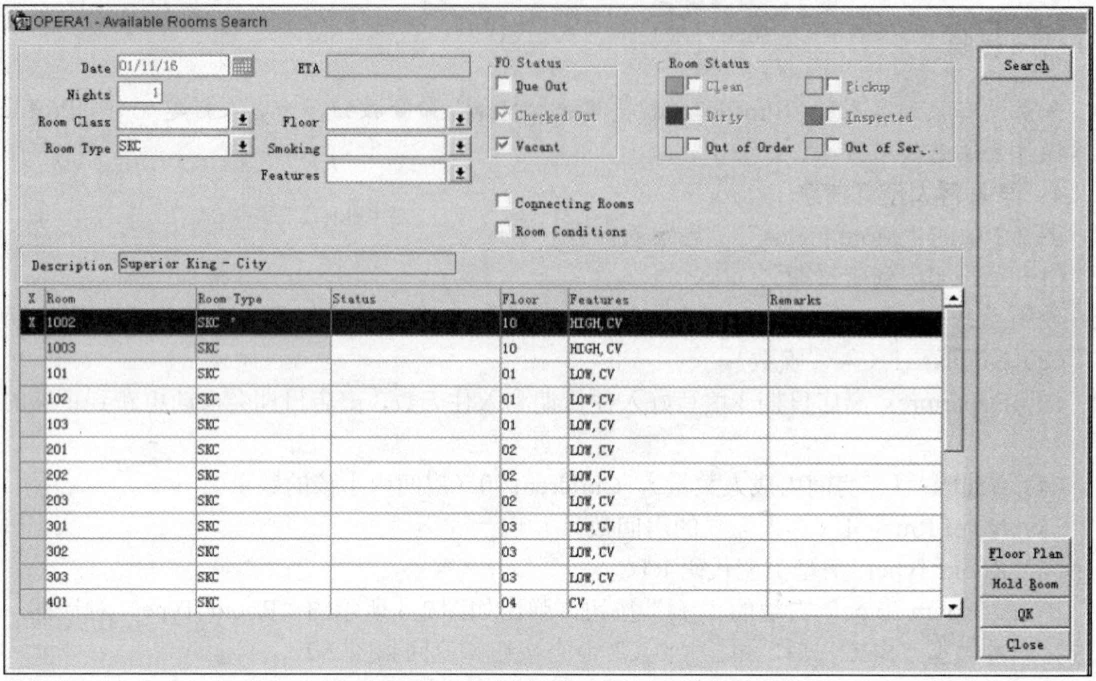

图 2-5 “Available Rooms Search”对话框

（8）Rate Code：房价代码。单击“Rate Code”右边的“⬇”按钮，弹出如图 2-6 所示的“Rate Query Details”对话框，在此选择房价后，单击“OK”命令按钮返回到图 2-2。

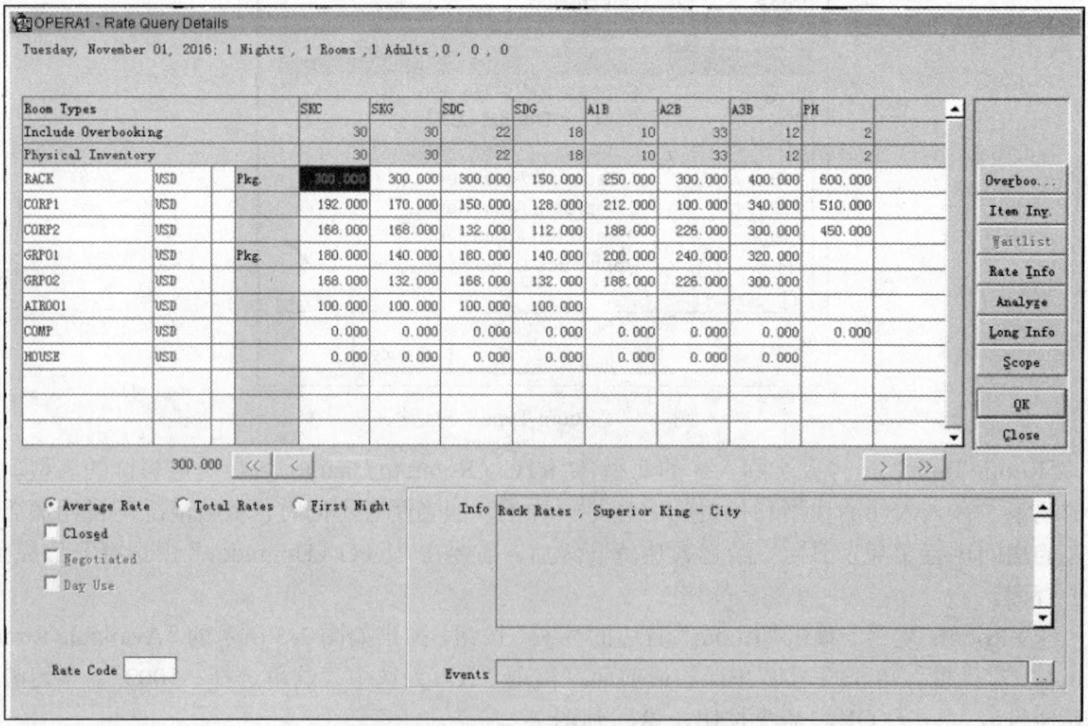

图 2-6 “Rate Query Details”对话框

（9）Packages：包价。客人额外需要一份早餐或需要加床，那就需要加“Package”。

单击“Packages”右边的“ ”按钮，弹出如图 2-7 所示的“Packages”对话框，在此单击“New”命令按钮，弹出如图 2-8 所示的“Packages-New”对话框，单击图 2-8 中“Package”右边的“ ”按钮，弹出如图 2-9 所示的“Packages”对话框，在此选择需要添加内容“ABF”后，单击“OK”命令按钮，返回到图 2-8，此时录入“Quantity”数量为“1”，选择起止日期后单击“OK”命令按钮。返回到图 2-7，此时增加了一条记录，单击“OK”命令按钮返回到图 2-2。

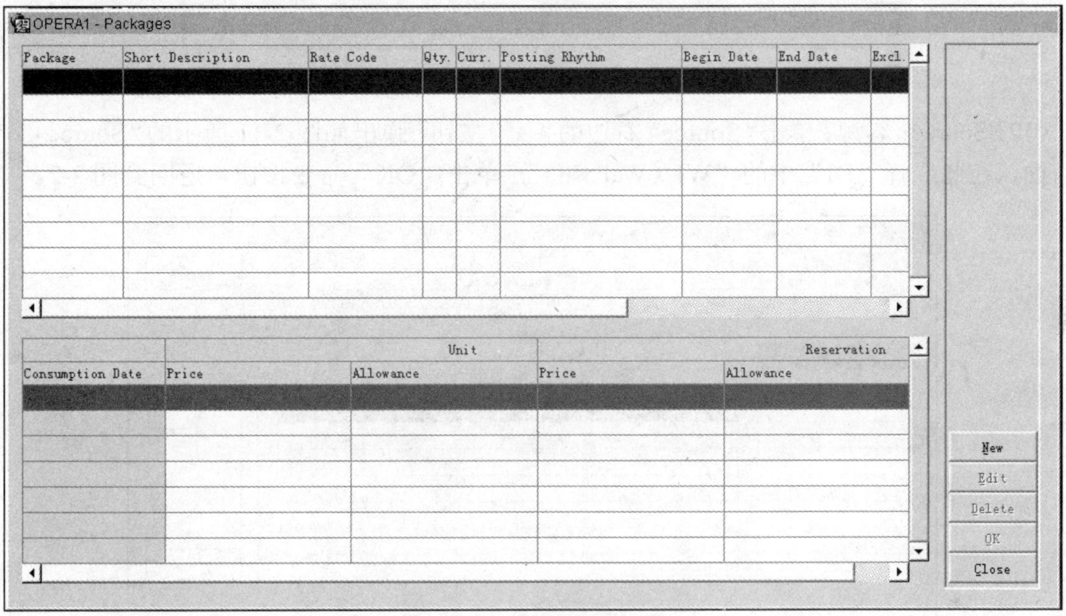

图 2-7 “Packages”对话框

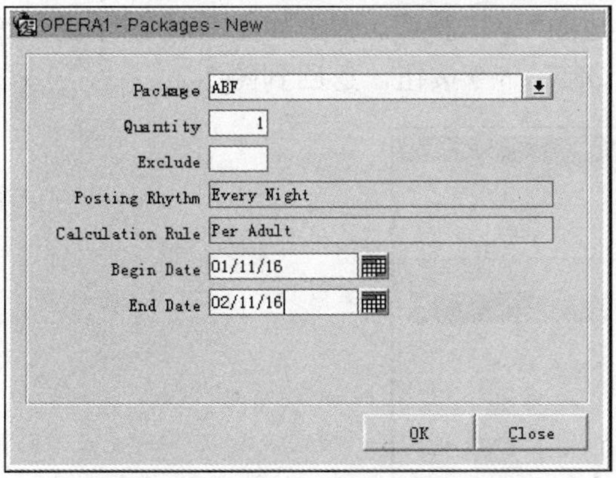

图 2-8 “Packages-New”对话框

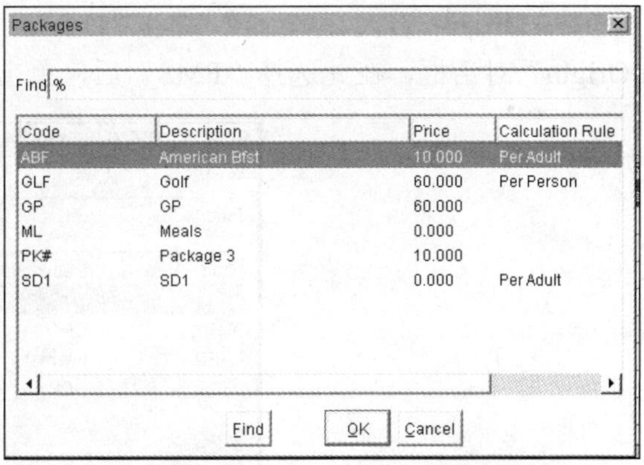

图 2-9 “Packages”的对话框

（10）Block code：团队代码。如果该预订属于一个团队，则有相应的团队代码。

（11）Market：市场代码。单击“Market”右边的“ ”按钮，弹出如图 2-10 所示的“LOV-Market Codes”对话框，单击一种市场代码“LR”后，单击“OK”命令按钮，返回到图 2-2。

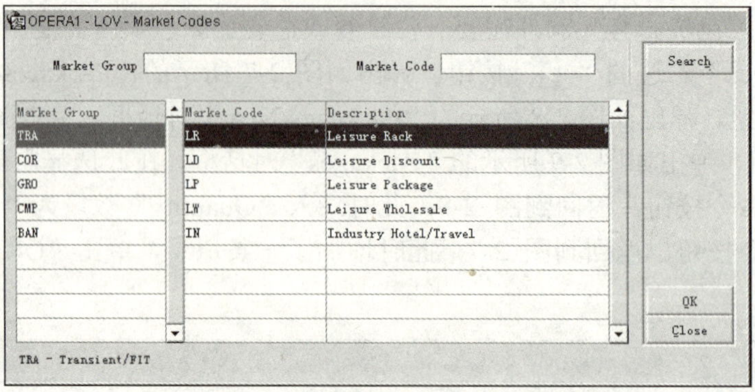

图 2-10 “LOV-Market Codes”对话框

（12）Source：客源。单击“Source”右边的“↓”按钮，弹出如图 2-11 所示的“Source Codes”对话框，在此选择“DI”中的“WI（Walk In）”，单击“OK”命令按钮，返回到图 2-2。

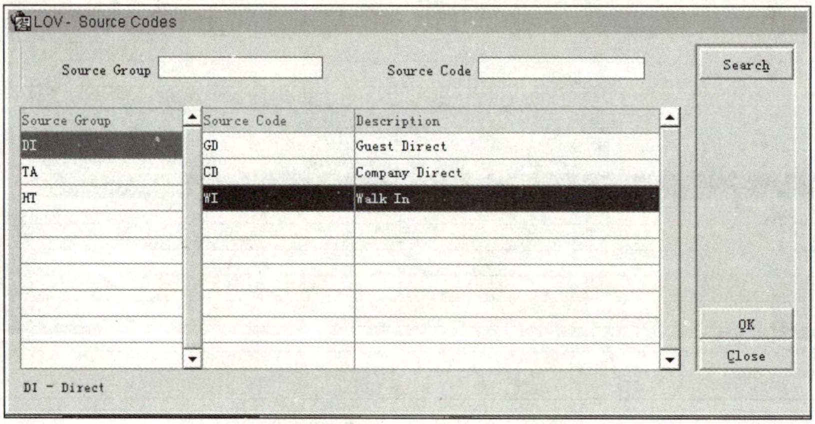

图 2-11 “Source Codes”对话框

（13）Origin：客人订房途径。单击“Origin”右边的“↓”按钮，弹出如图 2-12 所示的“List of Origin”对话框，在此选择“PMS”后，单击“OK”命令按钮，返回到图 2-2。

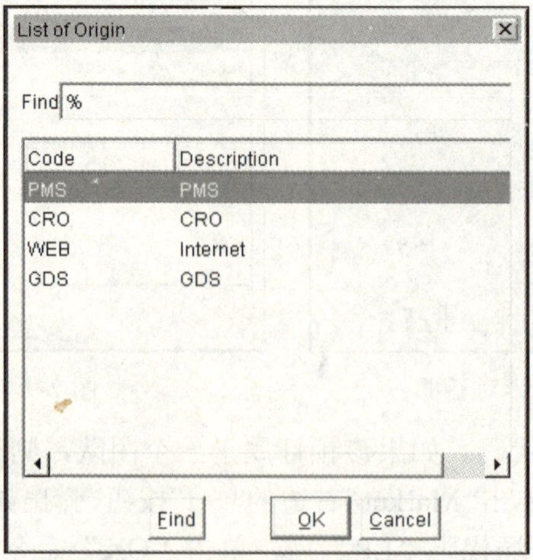

图 2-12 “List of Origin”对话框

（14）Payment：付款方式。单击“Payment”右边的“⬇”按钮，弹出如图 2-13 所示的“Payment Methods”对话框，选择“CA（现金）”后，单击“OK”命令按钮，返回到图 2-2。

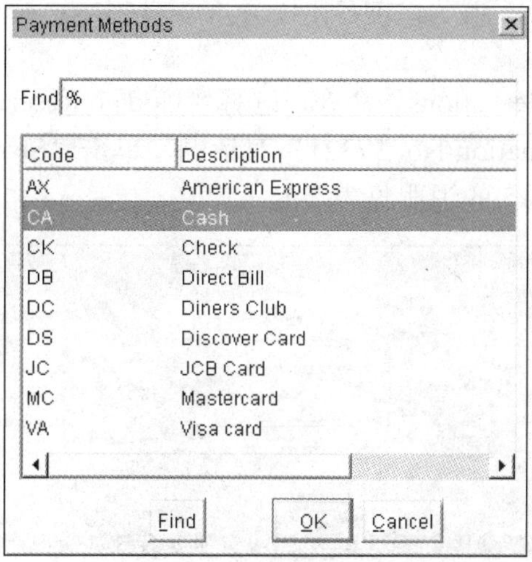

图 2-13 “Payment Methods”对话框

预订完成后生成确认号“Confirmation No.”，一个预订只有一个确认号，一个确认号也只对应一个预订，这个预订的确认号是永远不变的，陈冬预订信息结果如图 2-14 所示，预订号为“Confirmation No. 37820”。

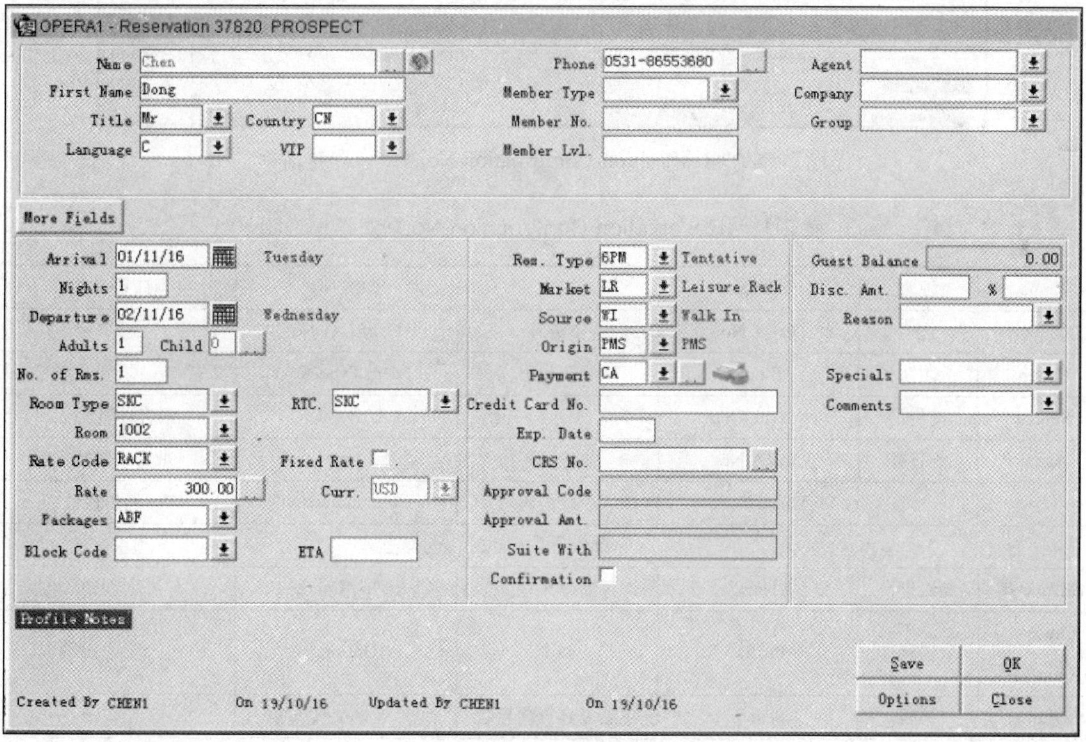

图 2-14 陈冬预订信息

二、查找/修改预订

在 Opera PMS 系统中，王红查询客人陈冬的预订记录，将预订天数改为 2 天。

1. 打开查询对话框

在图 2-1 中，单击“Reservations”命令，选择“Update Reservation”命令，弹出如图 2-15 所示的“Reservation-Confirmation No. 37321”对话框，单击“Search”命令按钮后，陈冬的预订信息就显示在其中，图 2-15 的说明见表 2-1。

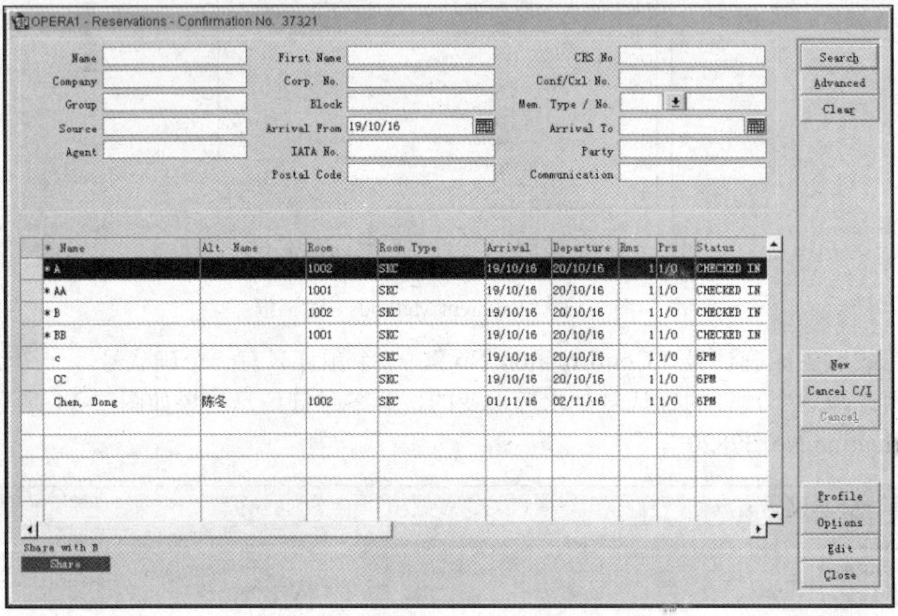

图 2-15 “Reservation-Confirmation No. *****”对话框

表 2-1 “Reservation-Confirmation No.”对话框说明

Name	姓名	First Name	名	CRS No	中央预订系统预订确认号
Company	公司	Corp. No	公司号	Conf/Cx1 No	预订号
Group	团队	Block	团队代码	Mem.Type/No.	会员号
Source	销售员	Arrival From	到店时间从···开始	Arrival To	到店时间到···结束
Agent	旅行社	IATA No	旅行社号	Party	散客小团队代码
		Postal Code	邮政编码	Communication	通信地址
命令选项说明：					
Advanced	高级查询	New	新建预订	Check In / Cancel C/I	入住/取消入住
Cancel / Reinstate	取消预订	Profile	档案	Options	选项
Edit	编辑	Search	重新回到查询界面	Close	关闭

注：名字前带“*” 表示该名客人与别人合住，合住人在左下角显示（蓝色）。

2. 高级查询

在图 2-15 中单击“Advanced”命令按钮，弹出如图 2-16 所示的“Reservations”对话框，此时在“Room No”文本框中录入陈冬预订房号“1002”后按回车键，关闭“Reservations”对话框，返回到图 2-15，该对话框中只显示 1002 房间的预订信息。

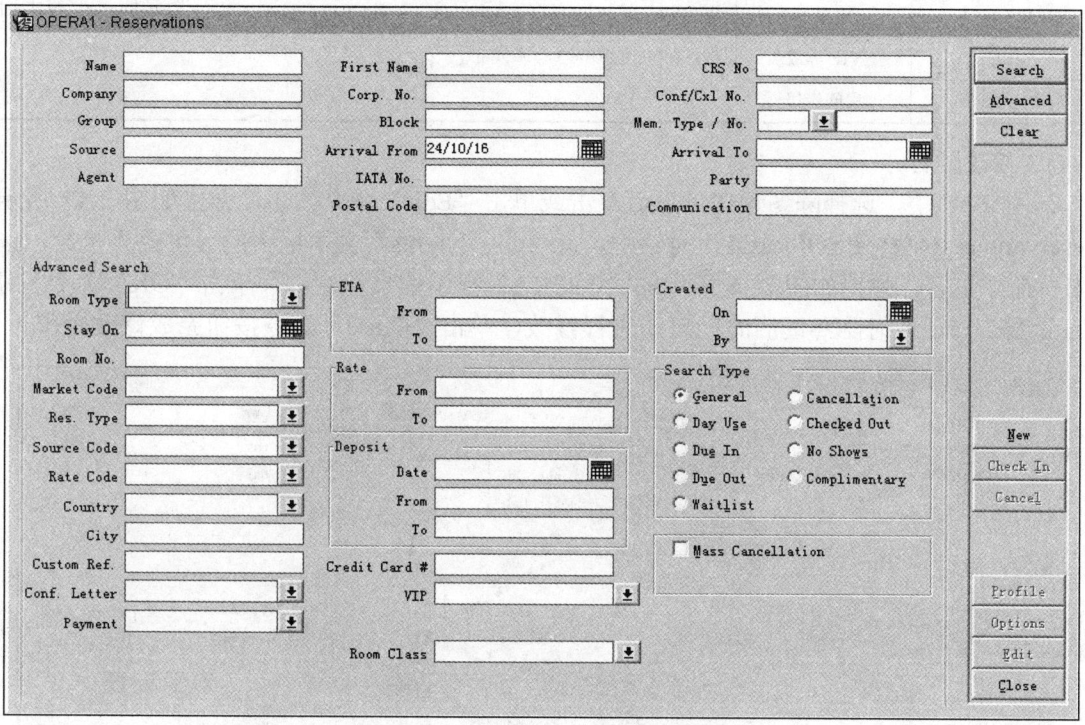

图 2-16 “Reservations”对话框

Advanced Search：高级，更多的查询条件说明见表 2-2。

表 2-2 Advanced Search 说明

Room Type	房间类型	ETA：From/To：预抵时间从……到……
Stay On	在店日期	
Room No.	房间号	Rate：From/To：价格从……到……
Market Code	市场代码	
Res. Type	预订类型	Deposit： Date：预订押金录入时间； From/To：预订押金从……到……
Source Code	来源代码	
Rate Code	价格代码	
Country	国家	
City	城市	Created：On/By：何时做的预订/何人做的预订

续表

Custom Ref.	预订编号	
Conf. Letter	确认信	Search Type： General：普通；Day Use：当天来当天走；Due In：预抵；Due Out：预离；Waitlist：候补预订；Cancellation：取消；Checked Out 退房；No Shows：预订未出现；Complimentary：免费
payment	付款	
Credit Card #	信用卡	
VIP	VIP 等级	
Room Class	房间等级	

3．修改预订

在图 2-15 中，选择陈冬预订信息后双击或单击“Edit”命令按钮，弹出如图 2-17 所示的“Reservations ***** PROSPECT”对话框，此时将“Nights”文本框中的数字改为“2”，单击“OK”命令按钮，弹出如图 2-18 所示的“OPERA”提示信息对话框，单击“OK”命令按钮，返回到图 2-15，此时陈冬离店时间自动进行修改，单击“Close”命令按钮完成修改操作。

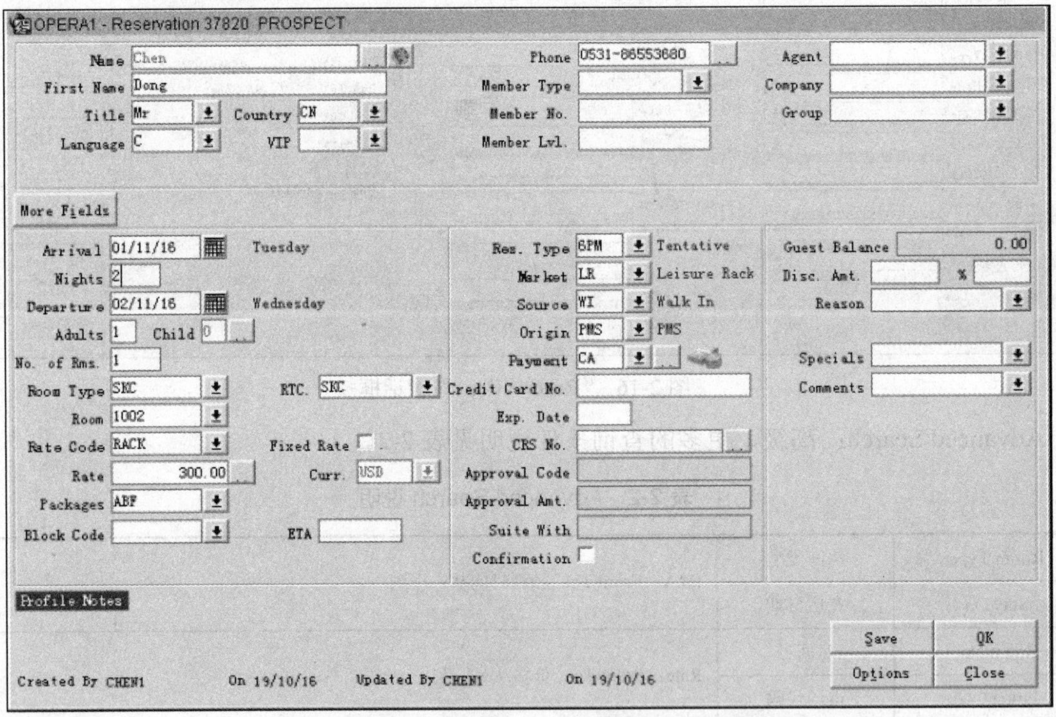

图 2-17 “Reservations***** PROSPECT”对话框

图 2-18 “OPERA”对话框

三、取消预订

在 Opera PMS 系统中，王红取消陈冬的预订。

在图 2-15 中，选择陈冬的预订记录后单击“Cancel C/I”命令按钮，弹出如图 2-19 所示的“Cancellation”对话框，单击“Reason”文本框右边的“⬇”按钮，弹出如图 2-20 所示的“Cancellation Reasons”对话框，选择“PLANS”（计划改变）后，单击“OK”命令按钮，弹出如图 2-21 所示的“OPERA”对话框，单击“OK”命令按钮后，弹出如图 2-22 所示的“Reservations-Confirmation No.*****”对话框。在此选择陈冬记录双击，弹出如图 2-23 所示的“Cancellation”对话框，在此可以看到取消预订的原因。

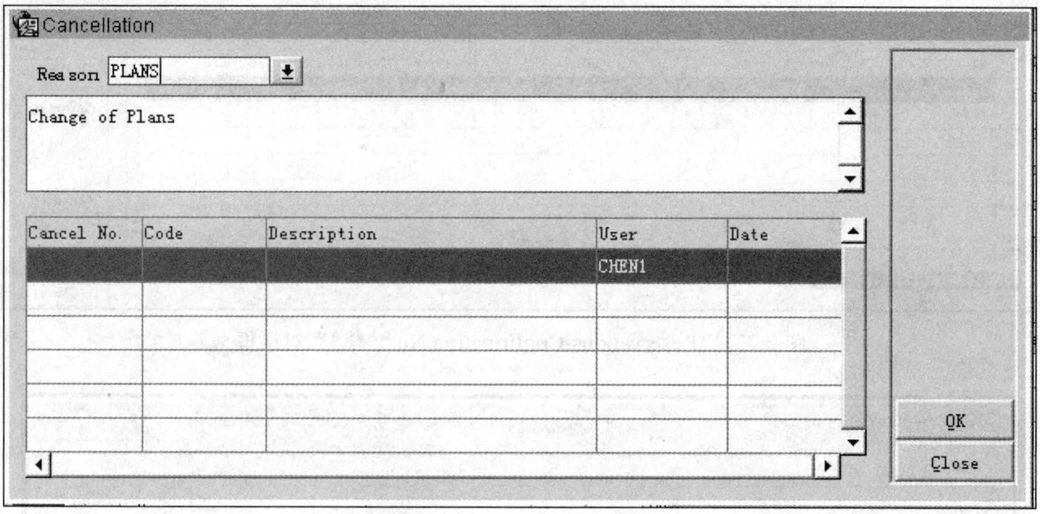

图 2-19 “Cancellation”对话框

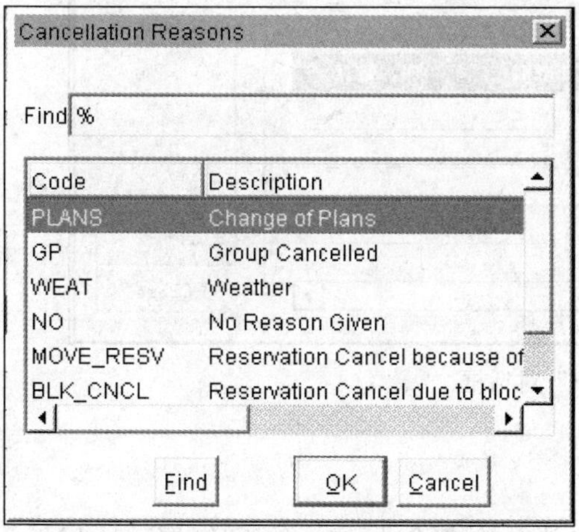

图 2-20 “Cancellation Reasons”对话框

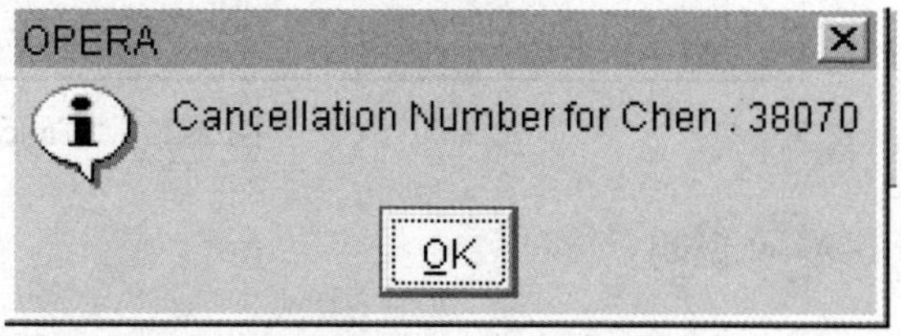

图 2-21 “OPERA”对话框

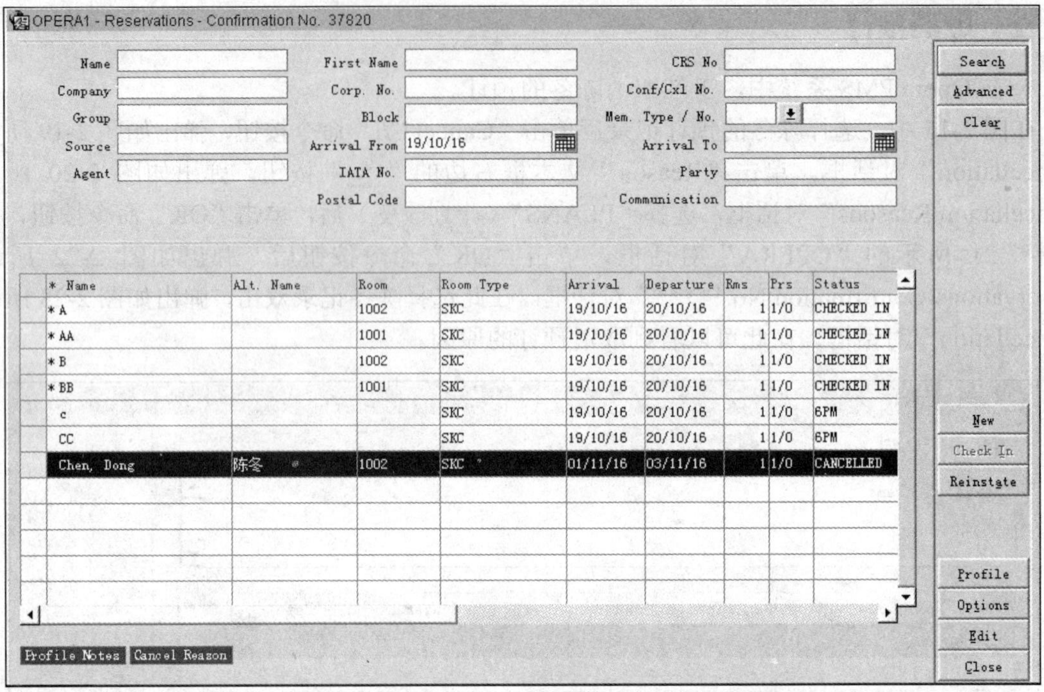

图 2-22 “Reservations-Confirmation No.*****”对话框

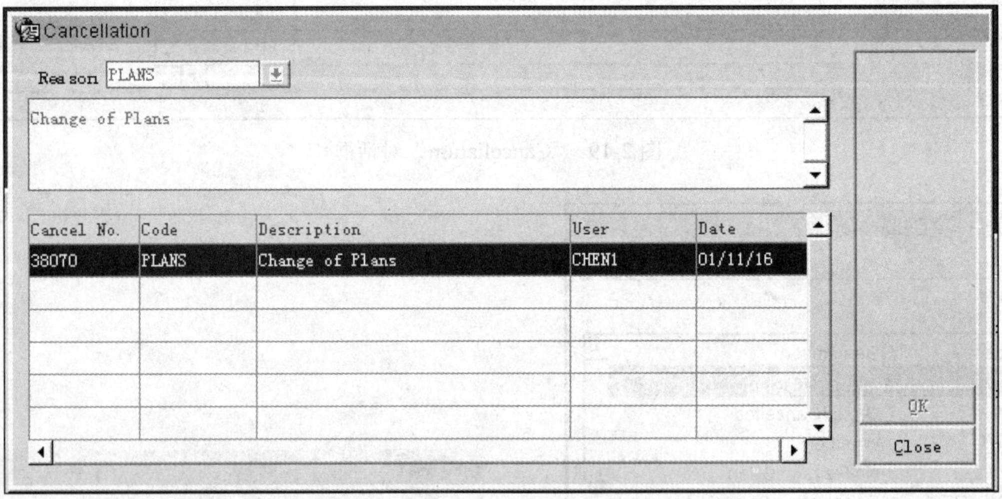

图 2-23 “Cancellation”对话框

说明：

取消的预订会生成一个“Cancel No.”，预订每取消一次都会生成一个新的“Cancel No.”，每当打开这个取消的预订时，就会弹出取消原因的提示框。

取消预订之前一定要核对预订状态是否是担保预订，如果是担保预订又不在我们免费取消的时间内，就要通知相关人员收取客人的担保费用；取消预订必须要填写取消原因。

四、恢复预订

在 Opera PMS 系统中，王红恢复客人陈冬的预订。

在图 2-22 中，选择陈冬预订记录，单击“Reinstate”命令按钮，弹出如图 2-24 所示的“OPERA”对话框，单击“Yes”命令按钮后，弹出如图 2-25 所示的“OPERA”对话框，单击“Yes”命令按钮，再单击“Close”命令按钮，完成恢复预订操作。

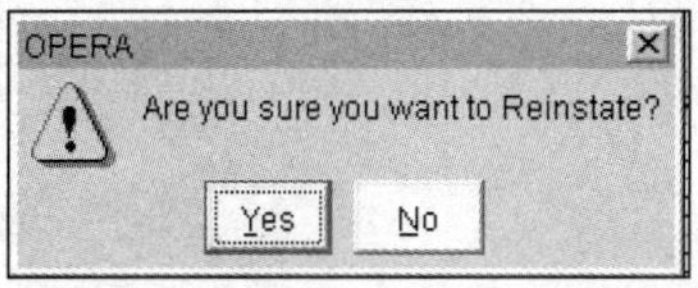
OPERA
Are you sure you want to Reinstate?
Yes
No

图 2-24 “OPERA”对话框

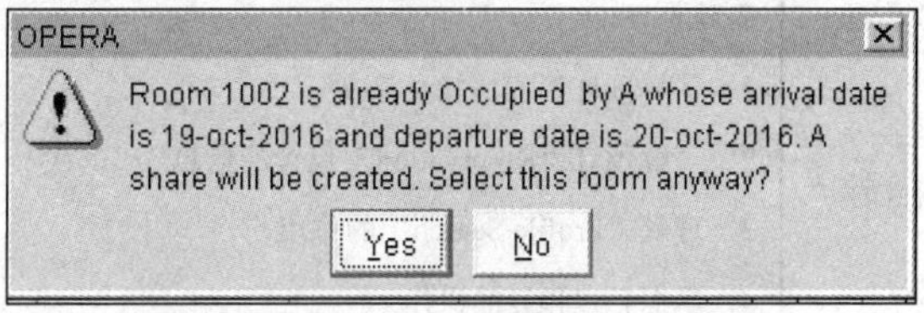
OPERA
Room 1002 is already Occupied by A whose arrival date is 19-oct-2016 and departure date is 20-oct-2016. A share will be created. Select this room anyway?
Yes
No

图 2-25 “OPERA”对话框

任务三 实训

实训一 新建预订

一、实训报告

年 月 日

姓 名		专 业		班 级	
实训课题	新建预订				
实训目的	1．了解预订管理功能及意义 2．了解预订“Reservation”包含的信息 3．理解“Profile Search”的作用 4．掌握新建预订的操作				
实训设备	Opera PMS 酒店前台管理系统				
相关知识	1．“Reservation”对话框 2．“Profile Search”查询 3．新建预订操作方法				
实训步骤	一、登录“Opera PMS”系统 二、打开“Reservation”对话框 三、查询“Profile Search” 四、录入客人预订信息				
实训反思					

二、实训检测

1．实训过程评估

项　　目	学生自评	小组评估	教师评估	得　分
1．登录“Opera PMS”系统（10 分）				
2．打开“Reservation”对话框（10 分）				
3．查询“Profile Search”（10 分）				
4．录入客人预订信息（70 分）				
合计（100 分）				

说明：实训过程评估项目得分=（学生自评+小组评估+教师评估）/3

2．实训效果测试

（1）在“Opera PMS”系统“Reservations”预订管理中，新建预订命令的选项是_____。

A．New Reservation　　B．Update Reservation　　C．Blocks　　D．Profiles

（2）在“Reservation”对话框中，打开查询“Profile Search”的选项是_____。

A．First Name　　B．Company　　C．Group　　D．Name

（3）酒店给客人的房间进行了免费升级时，“Room Type”与“RTC.”选项_____。

A．相同　　B．不同

C．两者没有关系　　D．以上三个都不对

（4）“Reservation”对话框中，付款方式为现金的选项是_____。

A．Check　　B．Cash　　C．Visa card　　D．Master card

（5）预订操作完成后生成确认号“Confirmation No.”，预订号_____。

A．可以修改　　B．随时变化

C．有一个且永远不变　　D．有多个

实训二　预订管理

一、实训报告

年　　月　　日

姓　名		专　业		班　级	
实训课题	预订管理				
实训目的	1．了解预订管理包含的内容 2．掌握预订管理中的查询、编辑修改、取消、恢复等相关操作				
实训设备	Opera PMS 酒店前台管理系统				
相关知识	1．“Reservation”对话框 2．“Advanced Search”高级查询条件 3．预订管理知识点：查询、编辑修改、取消、恢复				
实训步骤	一、登录“Opera PMS”系统 二、查询预订（查询实训一操作结果） 三、高级查询（查询当天预订信息） 四、修改预订（就你今天办理的预订进行修改） 五、取消预订（就你今天办理的某一预订进行取消） 六、恢复预订（就你取消的预订进行恢复预订）				
实训反思					

二、实训检测

1. 实训过程评估

项　　目	学生自评	小组评估	教师评估	得　分
1. 登录“Opera PMS”系统（10分）				
2. 查询预订（10分）				
3. 高级查询（20分）				
4. 修改预订（20分）				
5. 取消预订（20分）				
6. 恢复预订（20分）				
合计（100分）				

说明：实训过程评估项目得分=（学生自评+小组评估+教师评估）/3

2. 实训效果测试

（1）在“Opera PMS”系统的“Reservation”预订管理对话框中，预订查询的命令是_____。

A. New Reservation　B. Update Reservation　C. Blocks　D. Profiles

（2）在“Reservation”对话框中，高级查询的命令是_____。

A. Search　B. Clear　C. Advanced　D. New

（3）在“Reservation”对话框中，预订修改的命令是_____。

A. Edit　B. Close　C. Options　D. Profile

（4）取消预订时，生成的号是_____。

A. Cancel No.　B. 预订号

C. 确认号　D. 以上三个都不是

（5）在“Reservations-Confirmation No.”对话框中，恢复预订的命令是_____。

A. Check In　B. Options　C. Edit　D. Reinstate

项目三 前台管理

项目概述

在 Opera PMS 系统中，酒店前台接待员王红，为有预订客人陈冬先生和无预订客人黄伟先生办理入住手续；查看客人的入住信息，取消客人黄伟的入住信息，记录客人陈冬朋友的留言信息；利用 Opera PMS 系统内部留言功能，告知下一班次前台接待员，客人陈冬朋友留言交代的事情没有完成，请下班次跟进处理此事。

本项目包括以下主要内容：

1．前台管理简介；
2．入住（有预订和无预订入住）；
3．在店客人查询；
4．取消入住；
5．客人留言；
6．内部留言。

任务一 前台管理简介

一、前台管理模块的功能

Opera PMS 中的前台服务功能，用于为到达和已入住客户提供服务。此模块不仅可以处理个人客户、集团客户及未预约客户的入住服务，还设有房间分配、客户留言管理、叫醒服务、电话簿信息及部门间沟通跟进服务等功能。

二、前台管理窗口简介

双击桌面上的“Opera Login”快捷方式“”，打开“Opera Login”窗口。录入用户名和密码后，弹出“Opera Full Service Edition”窗口，单击该窗口中的“PMS”命令按钮，弹出“Opera PMS”窗口，在此单击工具栏上的“Front Desk”命令后，弹出如图 3-1 所示的“Front Desk”前台管理窗口。

“Front Desk”前台管理由 8 个模块构成：当日抵店客人（Arrivals）、排队预订（Queue Reservations）、住店客人（In House Guests）、客人账户（Accounts）、排房（Room Assignment）、留言（Messages）、部门间留言（Traces）、叫醒电话（Wake-up Calls）。

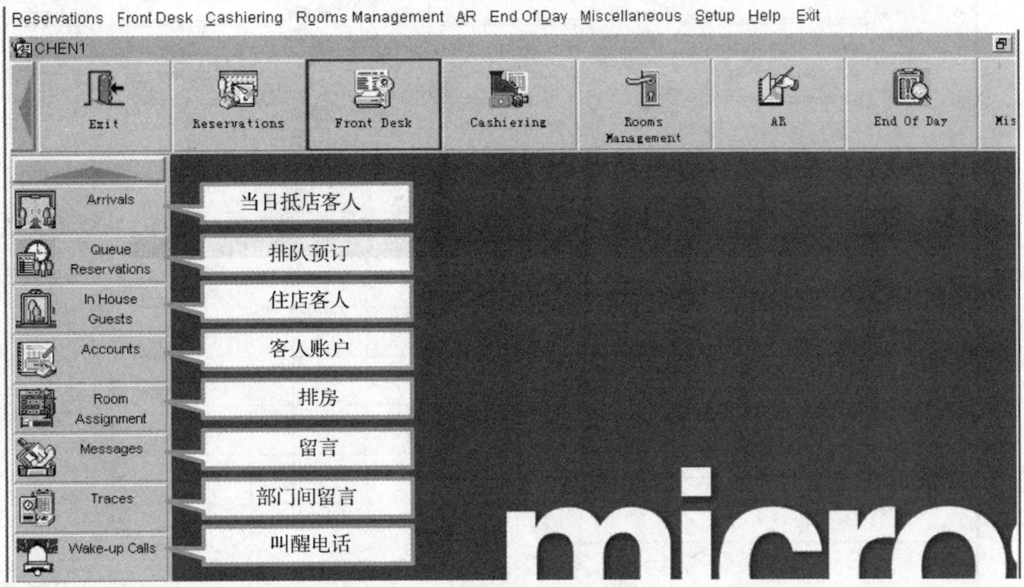

图 3-1 “Front Desk”窗口

任务二 入住管理

一、入住

客人抵达酒店，前台为客人办理登记入住手续时，首先要询问客人有无预订，然后在系统中查询、核实有无预订，从而确定办理登记的操作方式，即有预订入住和无预订入住的操作。

（一）有预订入住

在 Opera PMS 系统中，王红为客人陈冬先生办理入住手续（现金结账，房价、房型自选）。

询问预订信息：客人姓名、房间数量、房间类型、房价、抵/离店日期及时间、付费方式、有无特殊要求、预订人姓名及联系方式。

1．登录“Opera PMS”系统

2．打开“Arrivals”对话框

在图 3-1 中，选择工具栏中的“Front Desk”命令，单击“Arrivals”命令，弹出如图 3-2 所示的“Arrivals”对话框。

3．查看预订记录

在图 3-2 中，单击“Search”命令按钮后，陈冬先生的信息显示在图 3-2 中。

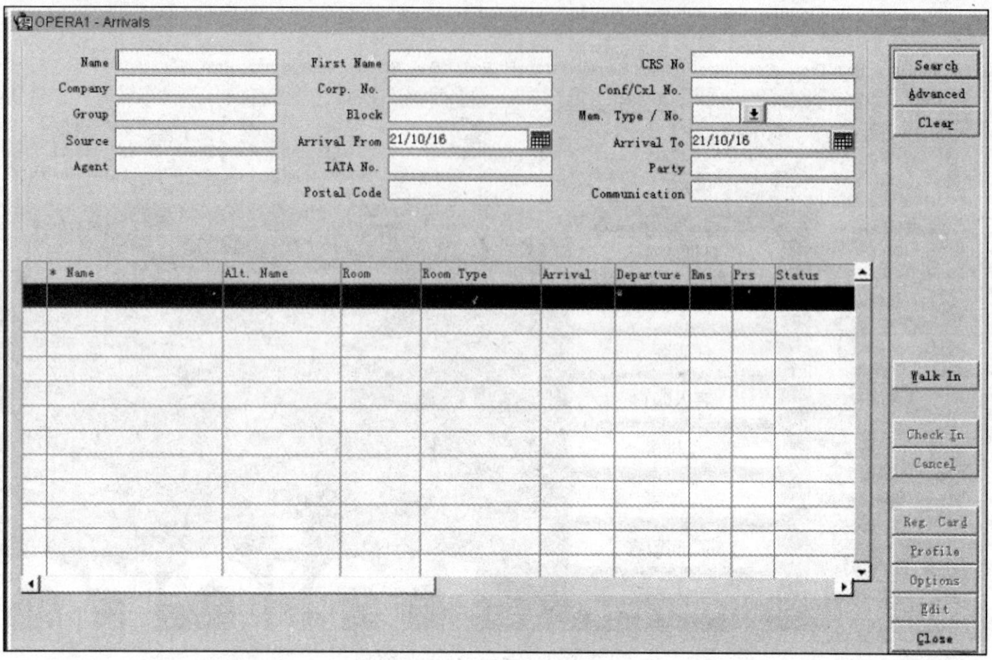

图 3-2 “Arrivals”对话框

说明：

在图 3-2 中可以用姓名、公司、日期等进行高级搜索。

4．办理入住手续

在图 3-2 中，选择陈冬记录，单击“Check In”命令，弹出如图 3-3 所示的“Payment Method”对话框，单击“OK”命令按钮后，返回到图 3-2，此时陈冬入住办理完成，其记录在图 3-2 中消失。

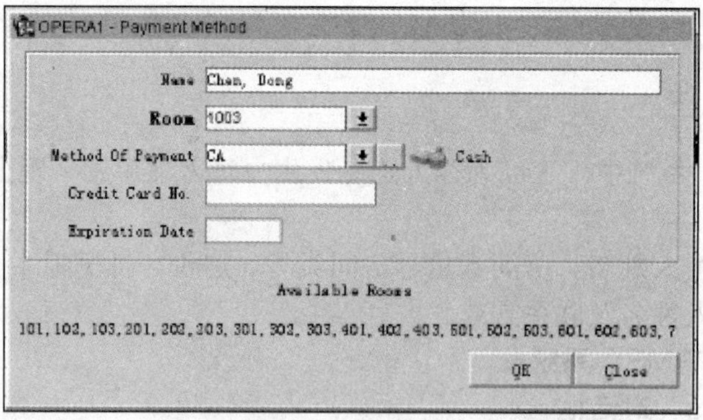

图 3-3 “Payment Method”对话框

“Payment Method”对话框的说明如下：

（1）Room：房号；系统自动显示一个当前可用房，下面蓝色显示其他可选房，可直接输入这些房号，也可用下拉箭头选择其他符合条件的房间。

（2）Method Of Payment：付款方式。

（3）Credit Card No.：信用卡号。

（4）Expiration Date：信用卡有效期。

（二）无预订入住

黄伟先生来到酒店，要求入住 2 天，请王红为其办理入住手续（黄伟身份证：370103199112080017，住址：山东省济南市历下区，电话：15615771234，现金结账，房价、房型自选）。

1．确认是否有预订

在图 3-1 中，选择工具栏中“Front Desk”命令，单击“Arrivals”命令，弹出如图 3-2 所示的“Arrivals”对话框，在“Name”中录入“%”，单击“Search”命令按钮，弹出如图 3-4 所示的“OPERA”对话框，选择“Perform another Search”单选按钮，单击“OK”命令按钮。

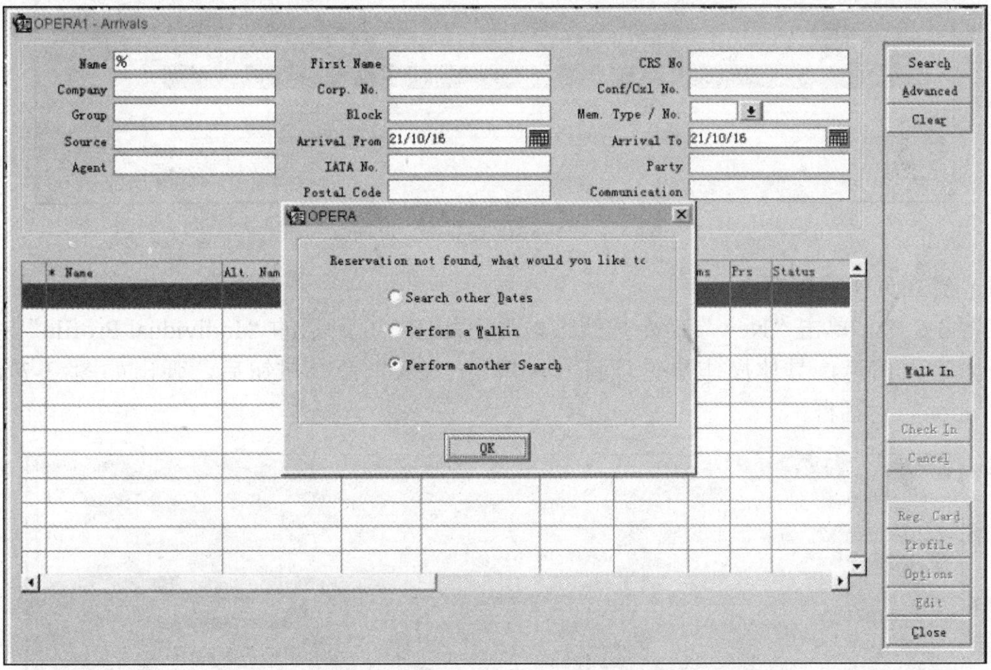

图 3-4 “OPERA”对话框

“OPERA”对话框的说明如下：

（1）Reservation not found，what would you like to：预订未找到，是否做上门散客入住。

（2）Search other Dates：查询其他到店日期。

（3）Perform a Walkin：执行 Walkin。

（4）Perform another Search：执行其他搜索。

2．办理入住操作

查询确认没有预订后，单击图 3-4 中“Walk In”命令按钮，弹出如图 3-5 所示的“Profile Search”对话框，在此没有查到黄伟的“Profile”。

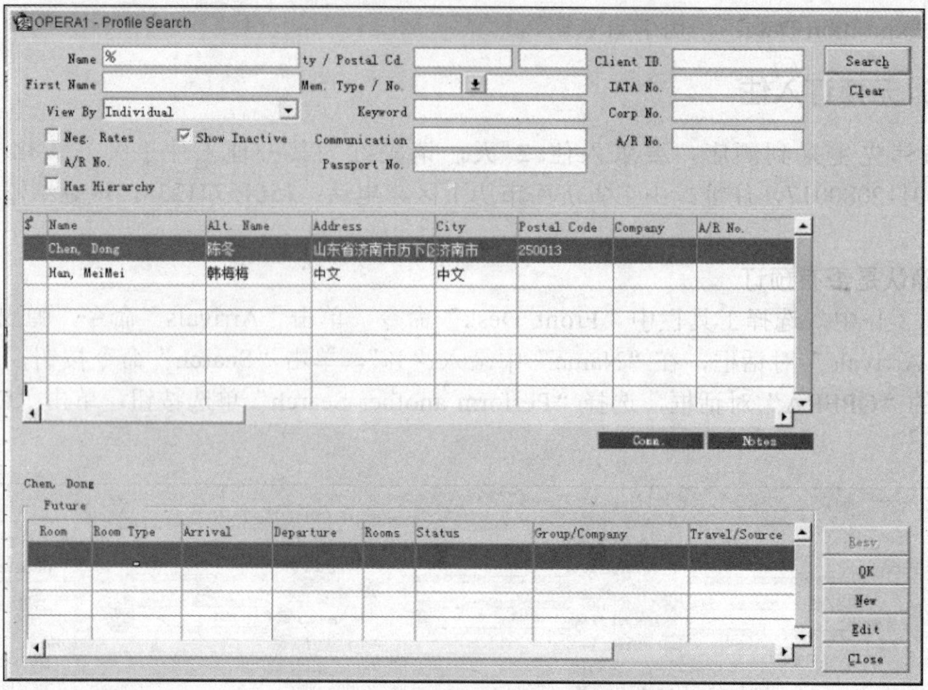

图 3-5 “Profile Search”对话框

（1）建立黄伟的档案。

在图 3-5 中，单击“New”命令按钮后，弹出如图 3-6 所示的“Individual Profile”对话框，在此录入客人信息，具体操作参见项目一，单击“OK”命令按钮后，弹出如图 3-7 所示的“Reservation”对话框。

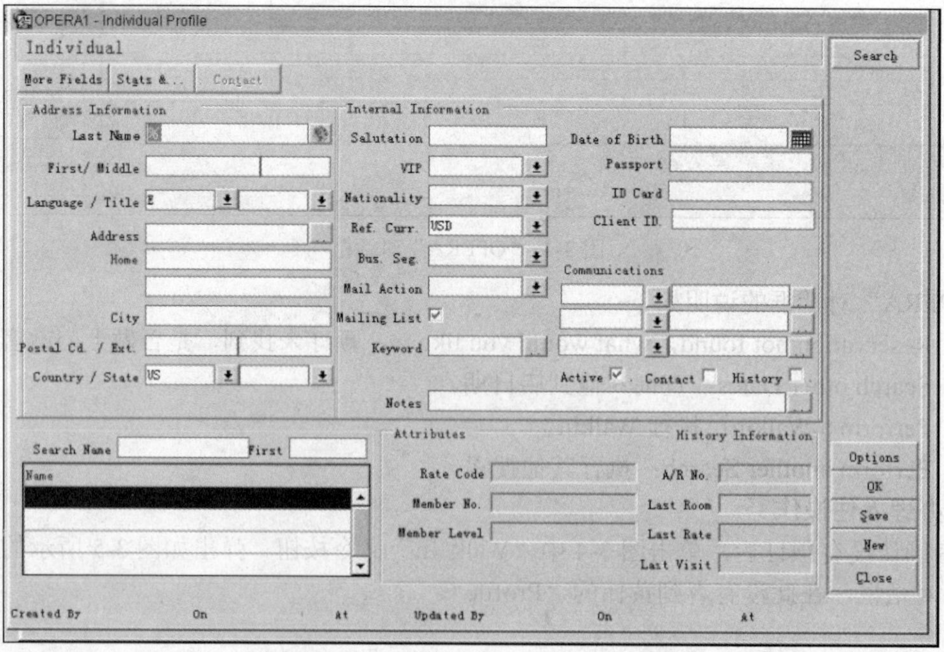

图 3-6 “Individual Profile”对话框

（2）录入“Reservation”信息。

在此录入黄伟的“Reservation”信息后，单击“OK”命令按钮（具体操作参见项目二），弹出如图 3-8 所示的“OPERA”对话框，单击“OK”命令按钮后，完成入住操作。

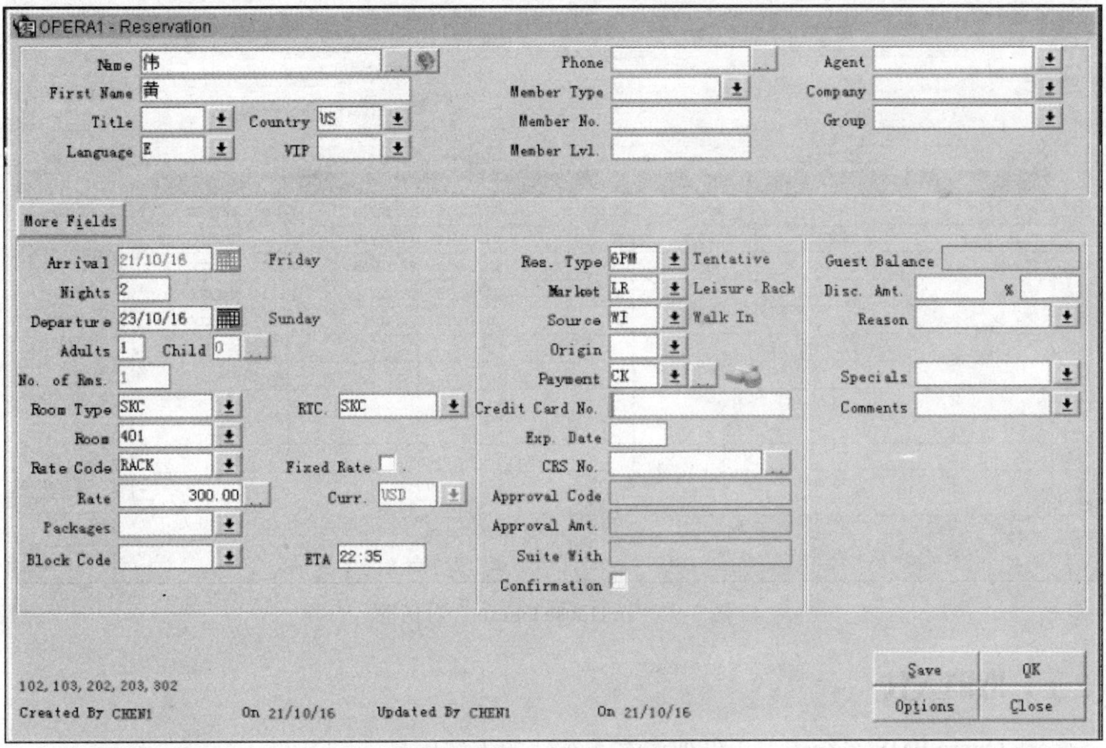

图 3-7　“Reservation”对话框

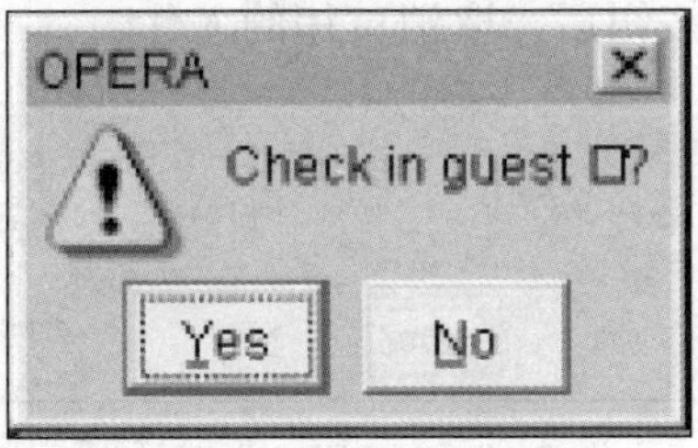

图 3-8　“OPERA”对话框

二、在店客人查询

在 Opera PMS 系统中，王红查看客人黄伟的入住信息。

在图 3-1 中，选择工具栏中的“Front Desk”命令，单击“In House Guests”命令，弹出如图 3-9 所示的“In House Guests”对话框，此时单击“Search”命令按钮后，黄伟的入住信息显示在其中，双击黄伟的记录，即可打开“Reservation *****　CHECKED IN”对话框。

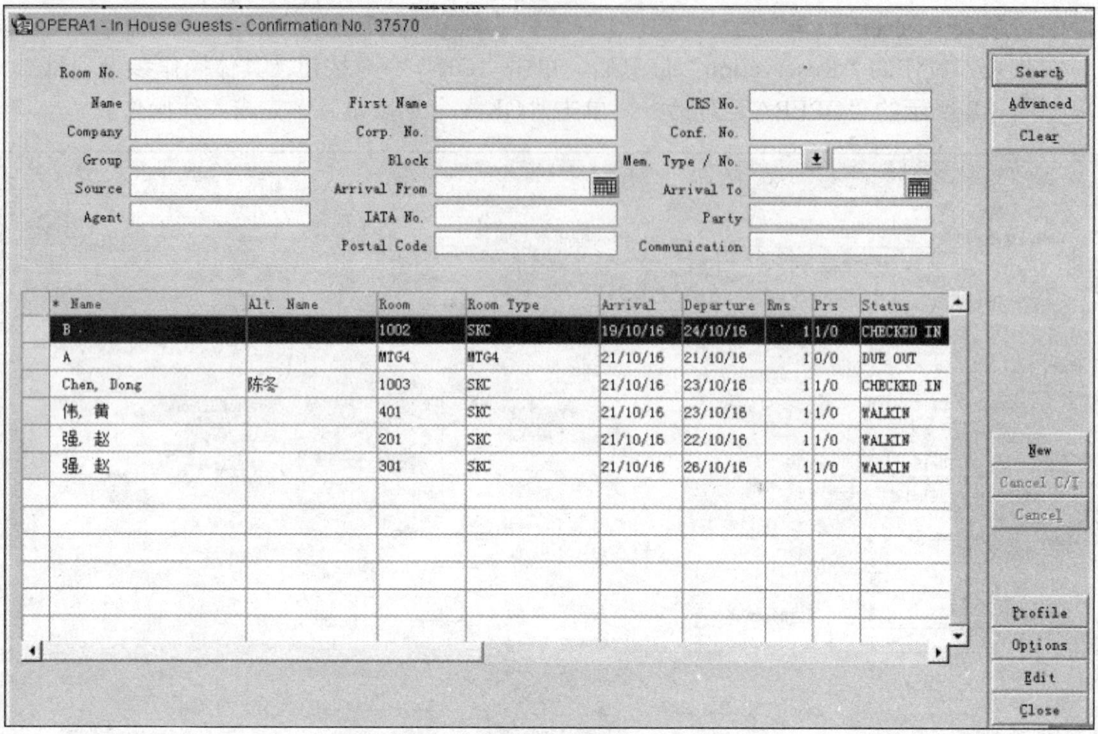

图 3-9 “In House Guests”对话框

三、取消入住

在 Opera PMS 系统中，王红取消客人黄伟的入住信息。

在图 3-9 中，选择客人黄伟的记录，单击“Cancel C/I”，弹出如图 3-10 所示的“OPERA”信息对话框，单击“Yes”命令按钮后，取消黄伟的入住。

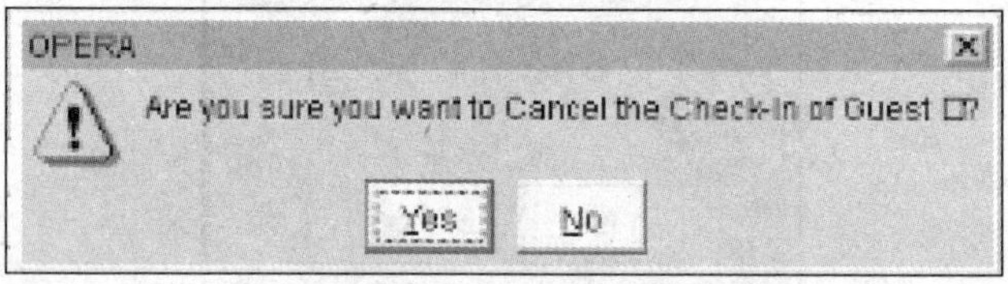

图 3-10 “OPERA”对话框

说明：

取消入住只能对当天没有产生费用（账目）的入住记录进行操作。

四、客人留言

住店客人陈冬不在酒店时，他的朋友来访，为他带来当地特产，酒店前台接待员王红接待了他的朋友，并在 Opera PMS 中录入留言信息。

留言内容为：住店客人陈冬的朋友来访，留下当地特产交代转交给陈冬，来访者姓名：陈芳，联系电话：15615778099。

录入留言：

在图 3-1 中，选择工具栏中的“Front Desk”命令，单击“Messages”命令，弹出如图 3-11 所示的“Messages”对话框，单击“New”命令按钮后，弹出如图 3-12 所示的“Select Guests”对话框，在“Name”中录入“%”，单击“Search”命令按钮后，显示出住店客人信息，选择“陈冬”后，单击“OK”命令按钮，弹出如图 3-13 所示的“New Message”对话框，录入留言内容后单击“OK”命令按钮，返回到图 3-11 所示的“Messages”对话框，此时留言记录显示在其中。

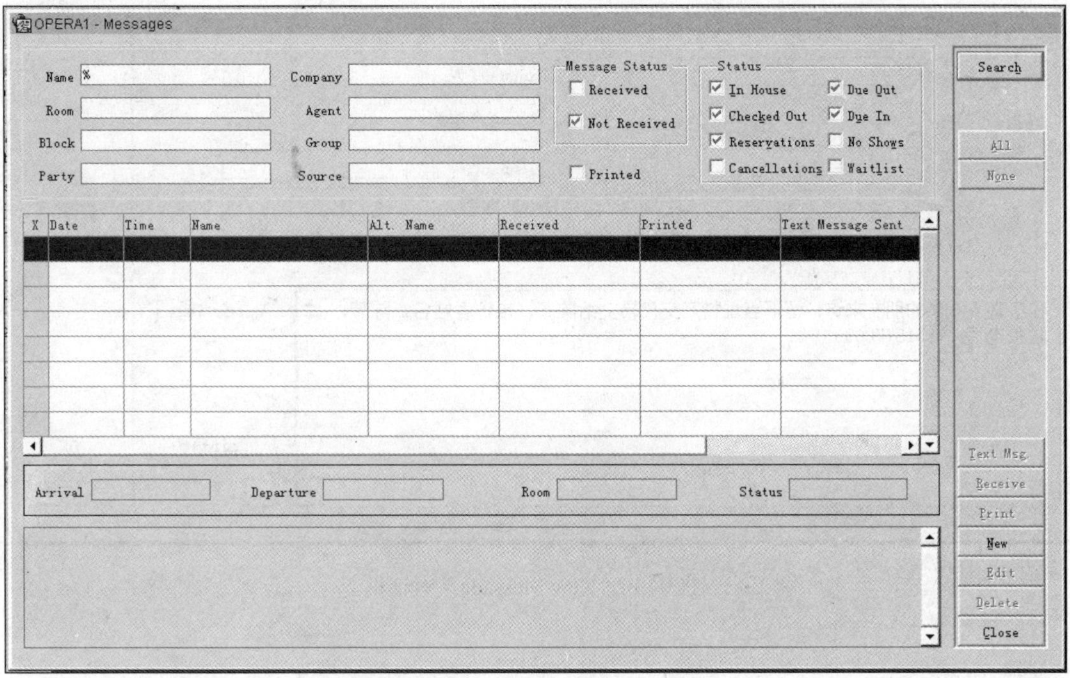

图 3-11 “Messages”对话框

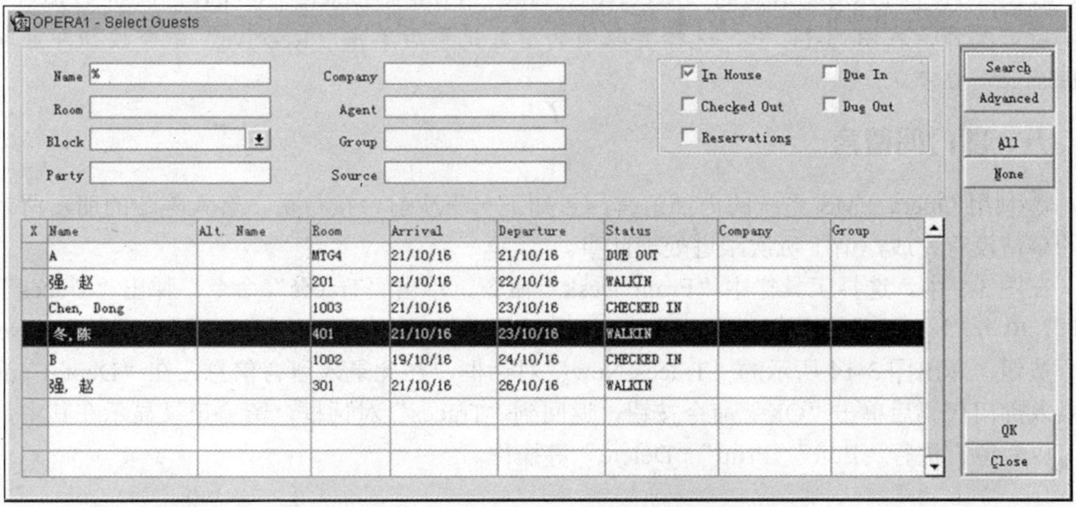

图 3-12 “Select Guests”对话框

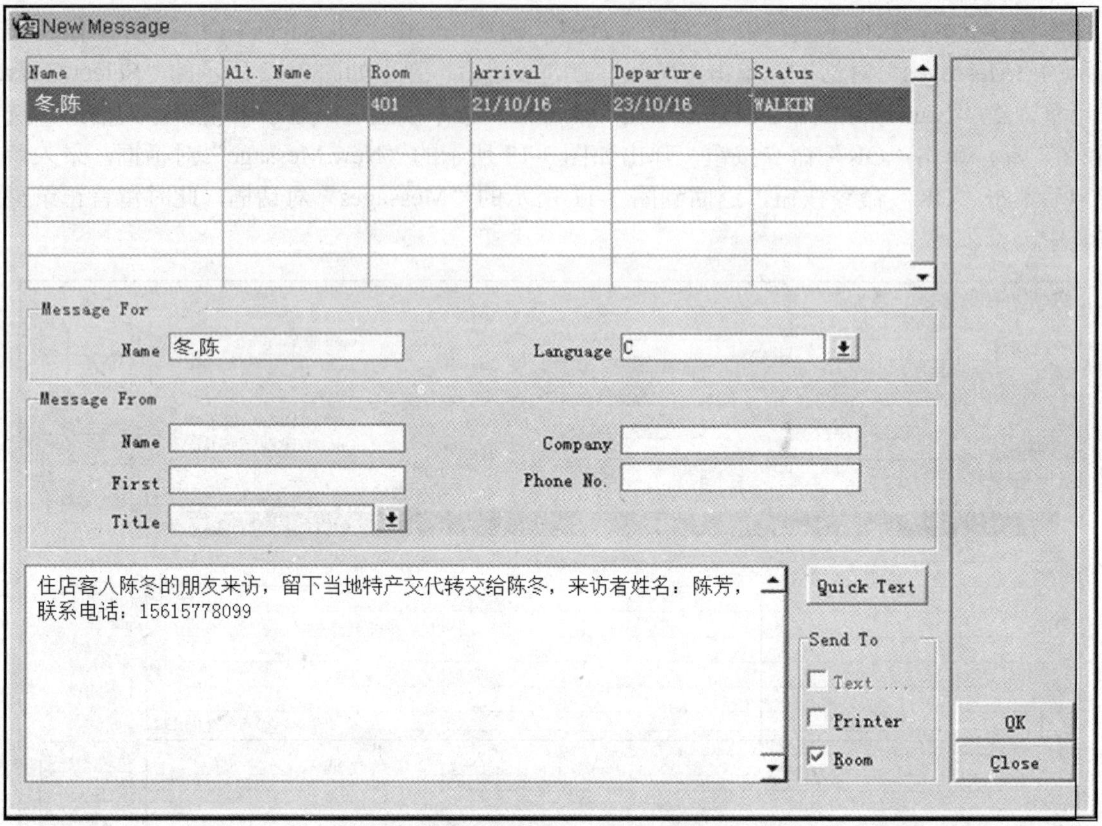

图 3-13 “New Message”对话框

说明：

在图 3-11 中可以对留言进行“Receive”“Edit”“Print”“Delete”等操作。例如，“Receive”取消留言操作，在图 3-11 中，选择要取消的留言记录后单击“Receive”命令按钮即可取消“Message”留言。

五、部门间留言

利用 Opera PMS 系统的内部留言，告知下一班次前台接待员，客人陈冬的朋友留言交代的事情没有完成，请下班次跟进处理此事。

在图 3-1 中，选择工具栏中“Front Desk”命令，单击“Traces”命令，弹出“Traces”对话框，单击“New”命令按钮，弹出“Select Guests”对话框，在此选择客人陈冬后单击“New”命令按钮，弹出图 3-14 所示的“Traces-New”对话框，在此录入留言信息，在“Dept Code”中录入部门代码后单击“OK”命令按钮，返回到“Traces”对话框，留言记录显示在其中，此时可以对留言进行“Edit”“Print”“Delete”等操作。

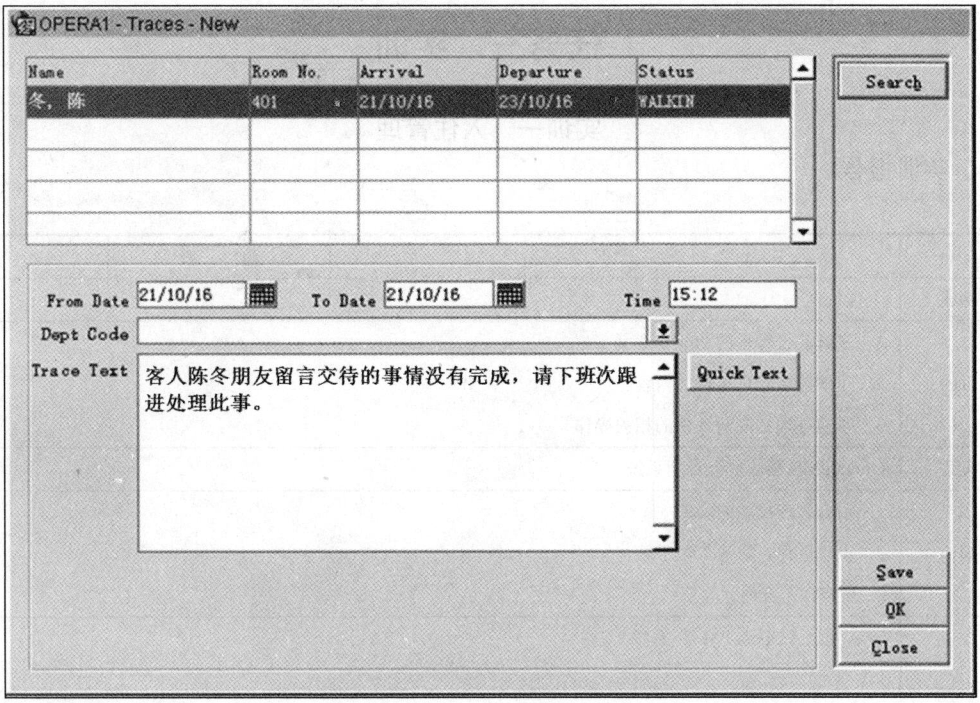

图 3-14 “Traces-New”对话框

说明：

留言主要有“MESSAGE”、“TRACE”、“ALERT”和“COMMET”4种形式。

（1）MESSAGE：对客留言。

如果客人不在房间，此时会有找他的电话或是有他的传真、信件等，都可以采用给客人作留言的方式来通知客人，同时单击“LAMB”，把他房间电话的留言灯点亮。

（2）TRACE：用于需要酒店内部其他部门员工来跟进、完成的工作。

“TRACE”—“NEW”—“FROM DATE/TO DATE”（如果是一天就是两个日期一样），“FRONT DESK”里有“TRACES”，它是显示出来，你想看时就单击“TRACE”红色标识，直接单击“RESOLVE”可把“TRACE”取消。

（3）在“OPTION”里有“ALERT”，提醒同事注意（留言提示），ALERT的事一般为尚未解决的事情，并且无论你想看与否，它都会跳出来，一点就出来。一般“VIP”的客人用“ALERT”，从“RXVN”到“C/O”一直显示。

（4）Comment：也是给同事的留言，告知同事已做完的事，一般有特殊要求和改动都要做“COMMENT”。

任务三　实训

实训一　入住管理

一、实训报告

年　　月　　日

姓　名		专　业		班　级	
实训课题	入住管理				
实训目的	1．了解前台管理的功能及意义 2．了解前台管理包含的内容 3．掌握办理和取消入住的相关操作				
实训设备	Opera PMS 酒店前台管理系统				
相关知识	1．前台管理模块的功能 2．办理入住、取消入住手续 3. 在店客人查询				
实训步骤	一、登录“Opera PMS”系统 二、有预订入住 三、无预订入住 四、在店客人查询 五、取消入住				
实训反思					

二、实训检测

1．实训过程评估

项　　目	学生自评	小组评估	教师评估	得　分
1．登录“Opera PMS”系统（10 分）				
2．有预订入住（20 分）				
3．无预订入住（40 分）				
4．在店客人查询（20 分）				
5．取消入住（10 分）				
合计（100 分）				

说明：实训过程评估项目得分=（学生自评+小组评估+教师评估）/3

2．实训效果测试

（1）在“Opera PMS”系统中，前台管理模块是_____。

A．Front Desk　B．Reservations　C．AR　D．Cashiering

（2）在“Arrivals”对话框中，办理入住的命令是_____。

A．Walk In　B．Check In　C．Edit　D．Cancel

（3）无预订入住使用的命令是_____。

A．Walk In　B．Check In　C．Edit　D．Cancel

（4）在前台管理模块“Front Desk”中，查看客人的入住信息的命令是_____。

A．Messages　B．Traces

C．Wake-up Calls　D．In House Guests

（5）取消当天入住没有产生费用的命令是_____。

A．Edit　B．Clear　C．Cancel C/I　D．Search

实训二　留言管理

一、实训报告

年　　月　　日

姓　　名		专　　业		班　　级	
实训课题	留言管理				
实训目的	1．了解留言的作用及分类 2．掌握留言的相关操作				
实训设备	Opera PMS 酒店前台管理系统				
相关知识	1．客人留言 2. 部门间留言				
实训步骤	一、登录“Opera PMS”系统 二、客人留言 1．录入留言 2．取消留言 三、部门间留言 1．录入留言 2．取消留言				
实训反思					

二、实训检测

1．实训过程评估

项目		学生自评	小组评估	教师评估	得分
1．登录“Opera PMS”系统（10分）					
2．客人留言	录入留言（20分）				
	取消留言（20分）				
3．内部留言	录入留言（30分）				
	取消留言（20分）				
合计（100分）					

说明：实训过程评估项目得分=（学生自评+小组评估+教师评估）/3

2．实训效果测试

（1）在“Opera PMS”系统中，前台管理模块客人留言的命令是_____。

A．Arrivals　B．Queue Reservations　C．Messages　D．Traces

（2）在“Opera PMS”系统中，前台管理模块中部门间留言的命令是_____。

A．Arrivals　B．Queue Reservations　C．Messages　D．Traces

（3）“Messages”留言功能针对的是_____。

A．所有客人　B．一个客人　C．指定的客人　D．部分客人

（4）取消“Messages”留言的命令是_____。

A．Edit　B．Receive　C．Print　D．Delete

（5）“Traces”部门间留言对话框中，可以看到住店客人信息是_____。

A．所有客人　B．一个客人　C．指定的客人　D．部分客人

项目四 收银管理

项目概述

在 Opera PMS 系统中，酒店前台接待员王红为客人办理了续交押金，进行了消费入账和收银结账等操作；查看了客人的交费情况；一天的工作结束后，进行了关账及夜审操作。

本项目包括以下主要内容：

1. 收银管理简介；
2. 续交押金；
3. 消费入账；
4. 收银结账；
5. 查账；
6. 关账；
7. 夜审。

任务一 收银管理简介

一、收银管理模块的功能

Opera PMS 的收银功能包括客人账单录入、账单金额调整、预付定押金管理、费用结算、退房及账单打印等。收银功能可以支持多种支付方式，包括现金、支票、信用卡及应收挂账。在多酒店模式环境下，可以支持各营业场所跨酒店相互入账。

二、收银管理窗口简介

双击桌面上的“Opera Login”快捷方式“ ”，打开“Opera Login”窗口。录入用户名和密码，弹出“Opera Full Service Edition”窗口，单击该窗口中的“PMS”命令按钮，弹出“Opera PMS”窗口，在此单击工具栏上的“Cashiering”命令后，弹出如图 4-1 所示的“Cashiering”收银管理窗口。

“Cashiering”收银管理由 8 个模块构成：结账（Billing）、快速入账（Fast Posting）、物品快速入账（Post lt）、收银（Cashier Functions）、收银员换班（Cashier Shift Functions）、过路账单（Passer By）、快速结账（Quick Check Out）、预约结账离店（Scheduled Check Out）。

每个交易日期开始的时候，系统都会提示进入账单界面时要“启动收银”。每一班次结束的时候，每个收银员一定要关闭自己的登录界面。

图 4-1 “Cashiering”窗口

1．Billing：结账

单击“Billing”结账，就可以进入住店客人查询界面，收银员可通过客人的房号、姓名、团队号等方式来查询客人的账单，为客人办理结账手续。

2．Fast Posting：快速入账

客人消费后，通过“Fast Posting”可以快速将费用录入。

3．Post It：物品快速入账

用于在客人房账上录入各种酒店向客人出售的物品。

4．Cashier Functions：收银功能

“Cashier Functions”收银功能有 13 个选项，如图 4-2 所示。

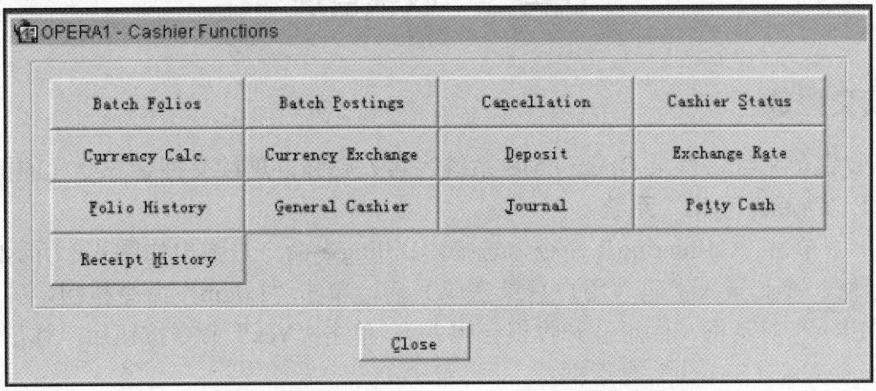

图 4-2 “Cashier Functions”对话框

“Cashier Functions”对话框的说明如下：

（1）Batch Folios：批量打印账单。

（2）Batch Postings：批量入账。

（3）Cancellation：取消客人不再需要的预订。

（4）Cashier Status：收银员状态。

（5）Currency Calc.：外币兑换计算。

（6）Currency Exchange：外币兑换。

（7）Deposit：押金/取消。

（8）Exchange Rate：汇率。

（9）Folio History：账单历史。

（10）General Cashier：总出纳。

（11）Journal：查账，对账工具（日记账）。

（12）Petty Cash：零用现金。

（13）Receipt History：收据历史。

5. Cashier Shift Functions：收银员换班

（1）Cashier Shift Close：班次结束后关闭收银。

（2）Cashier Shift Report：班次结束后报表。

（3）Reprint Reports：重印报表。

6. Passer By：过路账单

（1）用来处理非住店客人在酒店的消费交易，给这些交易打印账单。

（2）用于住店客人支付一些他们不希望出现在住店账单上的服务费用。

7. Quick Check Out：快速结账

显示当日要结账离店的客人名单。

8. Scheduled Check Out：预约结账离店

为客人在指定的时间内自动结账离店，如果在指定时间内客人账单尚未结清，系统就不会为客人自动结账。

任务二 收银管理

一、续交押金

酒店收银员王红，登录 Opera PMS 系统为客人赵强办理续交押金 300 元的操作。

1. 登录“Opera PMS”系统

在图 4-1 中单击“Cashiering”命令，选择“Billing”命令，弹出如图 4-3 所示的“Cashier Login”对话框，在此录入密码（用户登录密码）后，单击“Login”命令按钮，弹出如图 4-4 所示的“OPERA”对话框（你想打开收银台吗？），单击“Yes”命令按钮后，弹出如图 4-5 所示的“In House Guest Search”对话框。

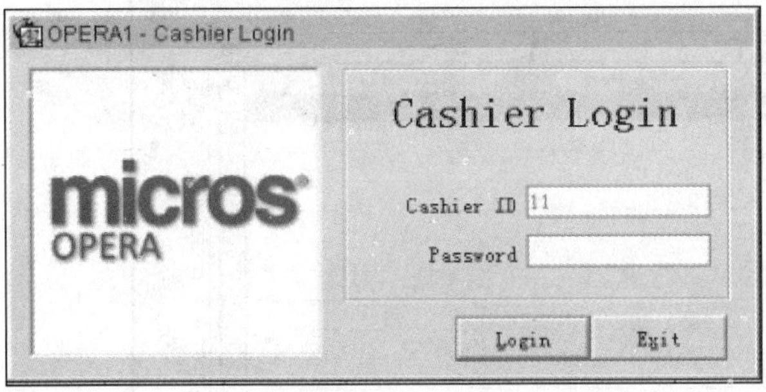

图 4-3 “Cashier Login”对话框

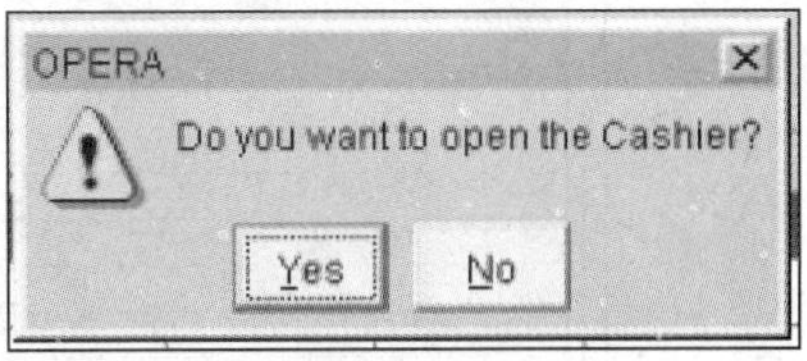

图 4-4 “OPERA”对话框

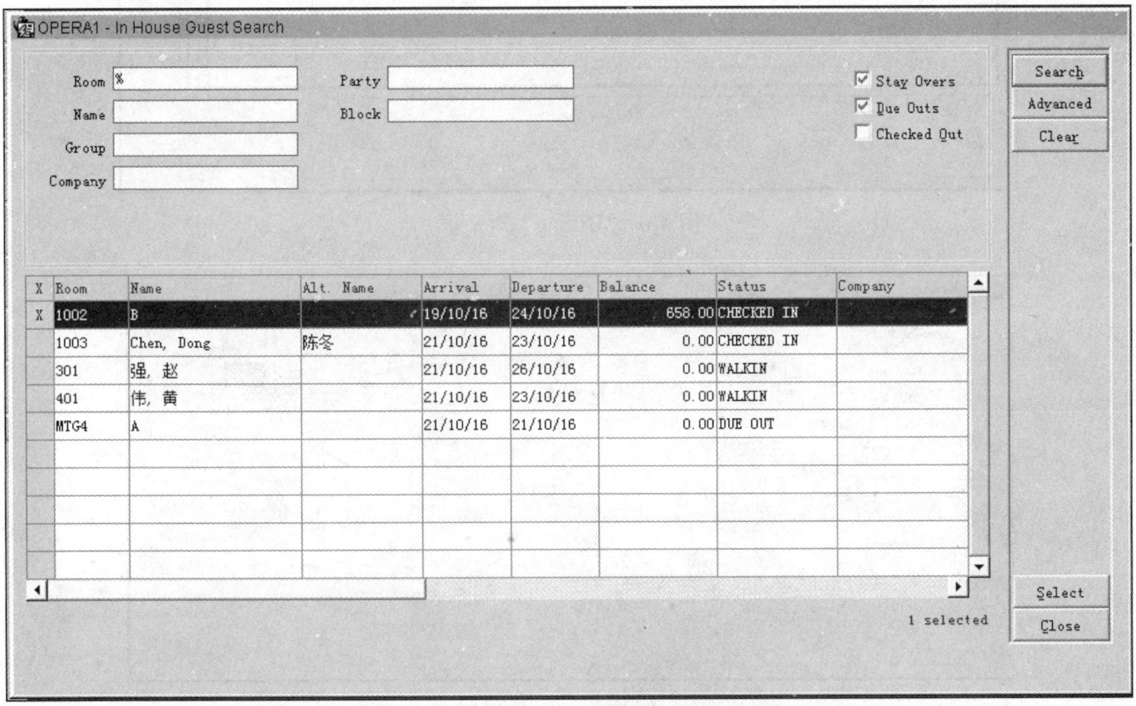

图 4-5 “In House Guest Search”对话框

2．为客人赵强办理续交押金

在图 4-5 中的“Name”文本框中录入“%”，单击“Search”命令按钮，住店客人信息显示在图 4-5 中，从中选择客人赵强的信息，单击“Select”命令按钮后，弹出如图 4-6 所示的“Billing”（结账）对话框，单击该对话框中的“Payment”命令按钮，弹出如图 4-7 所示的“Payment”（付款）对话框，选择支付方式为现金“”，在“Amount”文本框中录入“300”，单击“Post”命令按钮后自动返回到“Billing”结账对话框，交费记录显示其中，单击“Close”命令按钮后完成全部操作。

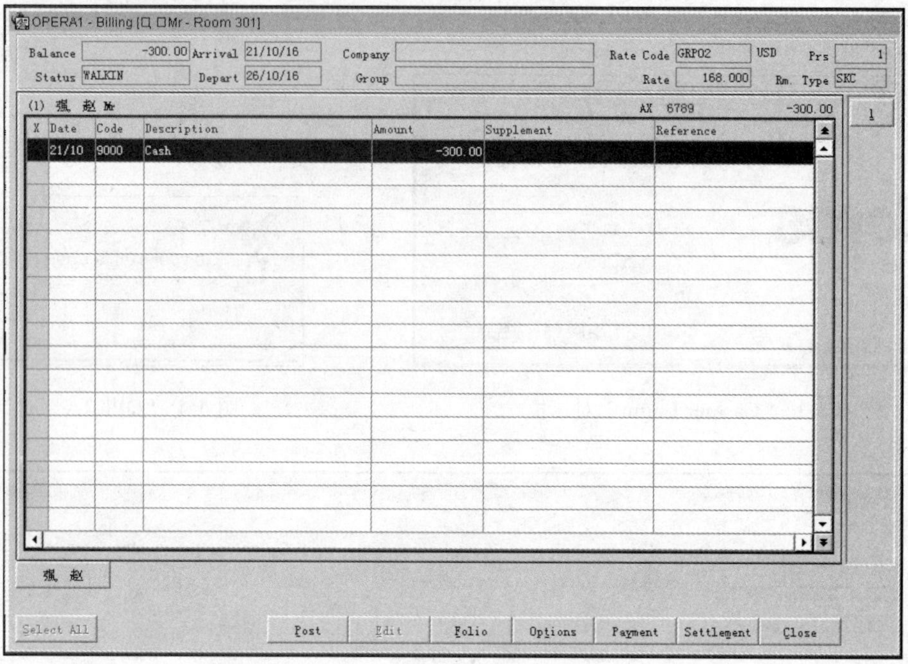

图 4-6 “Billing”对话框

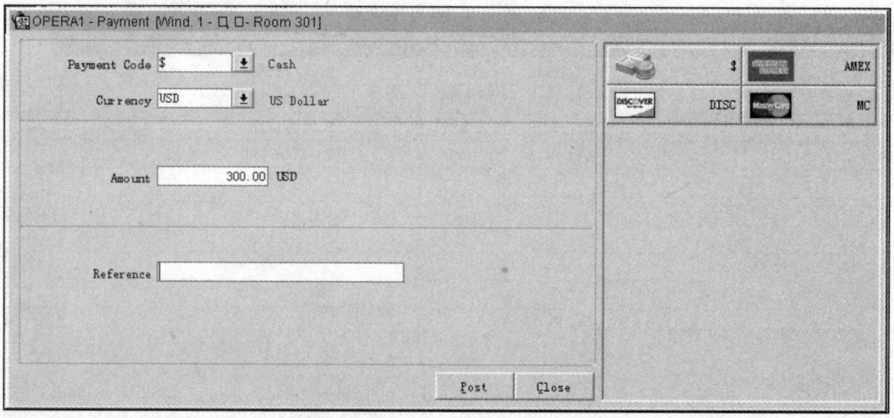

图 4-7 “Payment”对话框

“Billing”结账对话框的说明如下：

（1）收银界面。

Balance：总余额；Status：状态；Arrival：到店时间；Depart：离店时间；Company：公司；Group：团队；Rate Code：价格代码；Rate：房价。

（2）明细栏标题。

Date：日期；Code：入账代码；Description：描述；Amount：消费金额。

Supplement：账目信息备注，手工输入账目的一些备注信息。

Reference：账目单据备注，手工输入或系统自动生成；用于存放单据号及操作痕迹，不能修改。

+：账单相同的号记录合并显示，双击“+”可展开成明细；展开后双击“-”可合并。

二、消费入账

酒店收银员王红为客人赵强办理200元服务费入账操作。

在图4-1中单击“Cashiering”命令，选择“Fast Posting”（快速入账）命令，弹出如图4-3所示的“Cashier Login”对话框，在此录入密码（用户登录密码）后，单击“Login”命令按钮，弹出如图4-8所示的“Transaction Posting”对话框，在“Room/Name”下方录入“%”号后按回车键，弹出如图4-5所示的“In House Guest Search”对话框，从中选择赵强的记录后双击，弹出如图4-9所示的“OPERA”对话框“Transaction Code cannot be blank”，告知交易代码不能为空白，单击“OK”命令按钮后返回，选择“Code”代码“1011”（Service Charge服务费），在“Amount”中录入“200”，单击“Post”命令按钮，再单击“Close”命令按钮，弹出如图4-10所示的“OPERA”对话框“Do you want to save the changes you have made?”，告知是否保存所做的更改，单击“Yes”命令按钮后，自动关闭对话框完成操作。

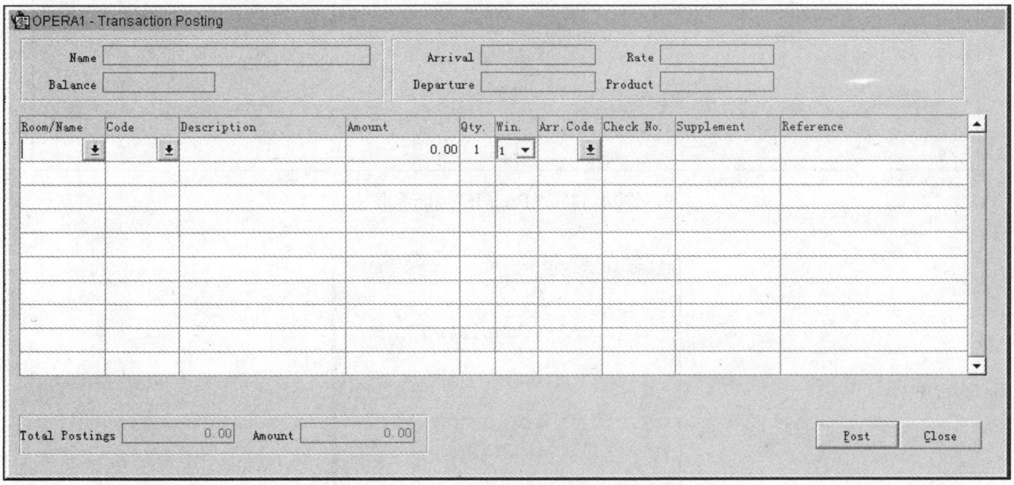

图4-8 “Transaction Posting”对话框

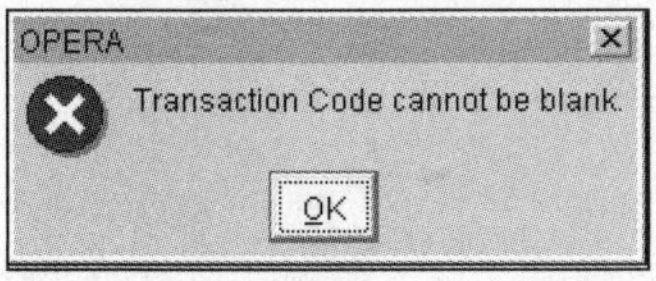

图4-9 “OPERA”对话框

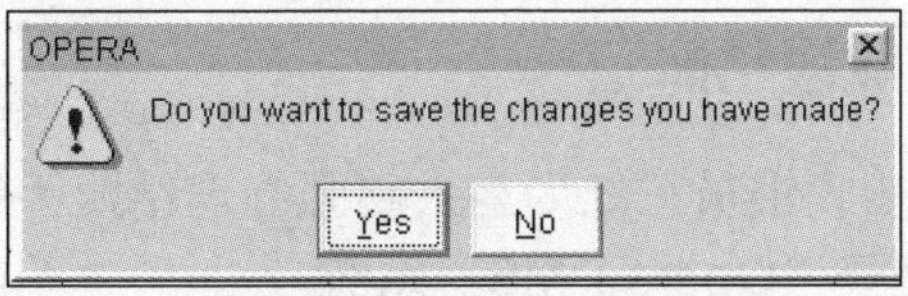

图4-10 “OPERA”对话框

酒店收银员王红为客人赵强录入迷你酒吧消费（Chocolate（巧克力）：2块，Peanuts（花生）：3包）操作。

在图4-1中单击“Cashiering”命令，选择“Post lt”（物品快速入账）命令，弹出如图4-3所示的“Cashier Login”对话框，在此录入密码（用户登录密码）后，单击“Login”命令按钮，弹出如图4-11所示的“Post lt”对话框，在此单击“”Chocolate（巧克力）两次，单击“”Peanuts（花生）三次，单击“Room Charge”后，此时在显示的“Room NO.”中录入“%”号后按回车键，赵强的信息显示在其中，选择赵强的记录，单击“Select Guest”命令按钮后，弹出如图4-12所示的“OPERA”对话框，告知完成销售，单击“OK”命令按钮，最

后单击“Close”命令按钮完成操作。

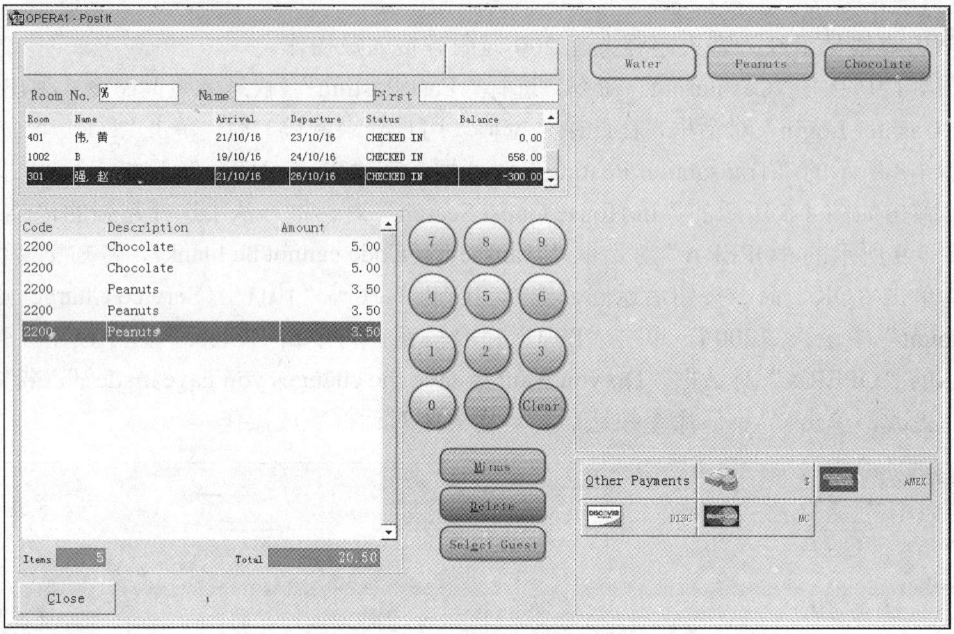

图 4-11 “Post It”对话框

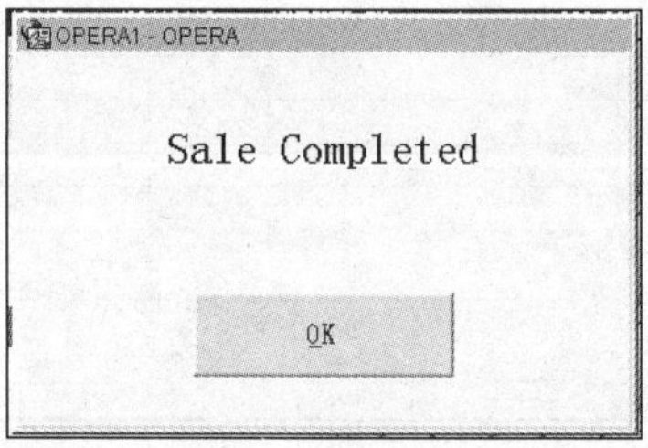

图 4-12 “OPERA”对话框

三、收银结账

酒店收银员王红为客人赵强办理结账手续。

1. 登录“Opera PMS”系统

在图 4-1 中单击“Cashiering”命令，选择“Billing”命令，弹出如图 4-3 所示的“Cashier Login”对话框，在此录入密码（用户登录密码）后，单击“Login”命令按钮，弹出如图 4-4 所示的“OPERA”对话框（你想打开收银台吗？），单击“Yes”命令按钮后，弹出如图 4-5 所示的“In House Guest Search”对话框。

2. 为客人赵强办理结账

在如图 4-5 所示的“Name”文本框中录入“%”，单击“Search”命令按钮，住店客人信息显示在图 4-5 中，从中选择客人赵强的信息，单击“Select”命令按钮后，弹出如图 4-13 所示的“Billing”结账对话框（之前操作结果显示在其中），在此单击“Settlement”命令按钮，弹出如图 4-14 所示的“Folio Type”对话框，我们选择“Early Departure”（提前退房结账离店），单击“OK”命令按钮，弹出如图 4-15 所示的“OPERA”对话框“Room and Tax charges have been posted.”，单击“OK”命令按钮，弹出如图 4-16 所示的“OPERA”对话框“Do you want to post the early departure penalty of 672.00 USD?”，单击“Yes”命令按钮，弹出如图 4-7 所示“Payment”（付款）对话框，在此选择付款方式“现金”，收取“Amount”中显示的金额后，单击“Post”命令按钮，弹出如图 4-17 所示的“OPERA”对话框“Would you like to schedule a checkout time or continue with the checkout?”，单击“Continue”命令按钮继续，弹出如图 4-18 所示的“Room Status”对话框“Change room status for room 301 from Inspected to?”，在此单击“Dirty”命令按钮，“Billing”（结账）对话框显示交纳的金额以负数体现，单击“Close”命令按钮关闭对话框，此时返回到图 4-5 所示的“In House Guest Search”对话框，赵强的记录从中消失，结账操作完成。

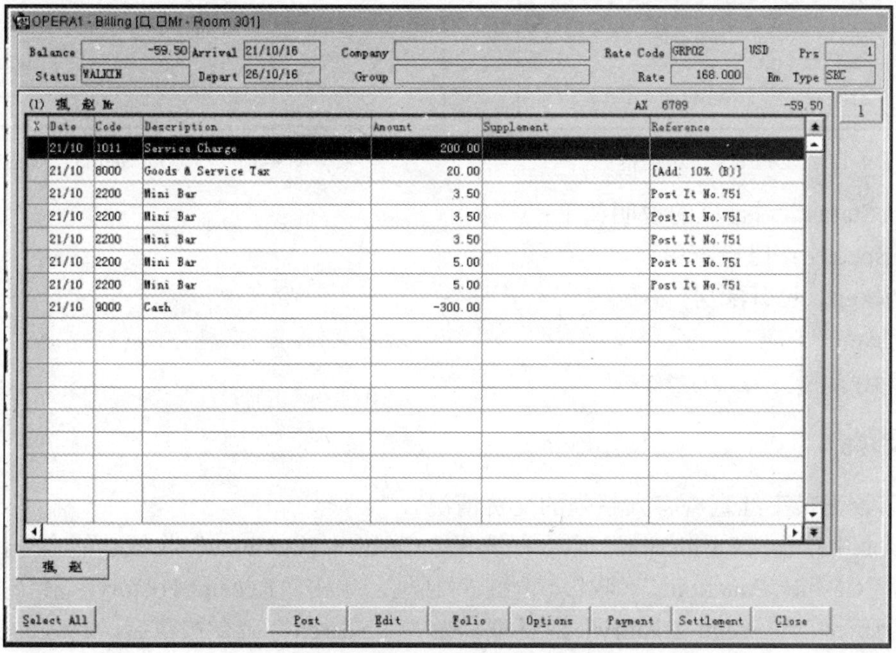

图 4-13 “Billing”对话框

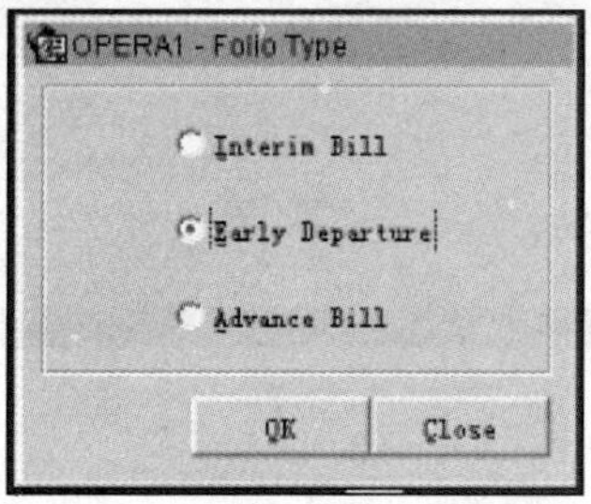

图 4-14 “Folio Type”对话框

“Folio Type”对话框的说明如下：

（1）Interim Bill：暂结账，不退房；付款方式默认预订时设置（等同“Payment”操作，结算当前账单，此操作可连接账单打印选择）。

（2）Early Departure：提前退房结账，提前离店。

（3）Advance Bill：追加房费，提前结账（“Advance Bill”一旦操作，房费（一晚或多晚）将提前过账，系统夜审时不会再有房费过账）。

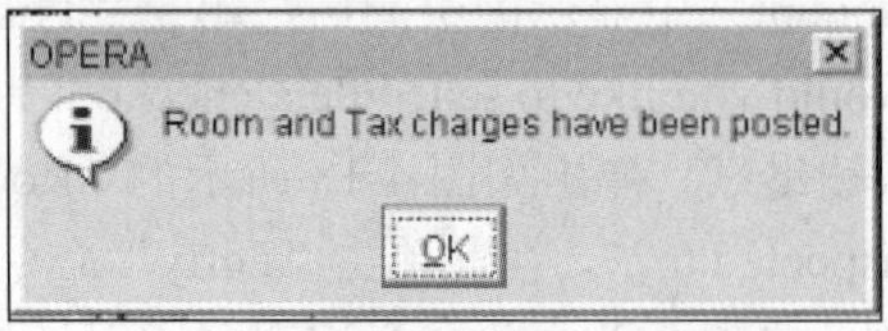

图 4-15　“OPERA”对话框

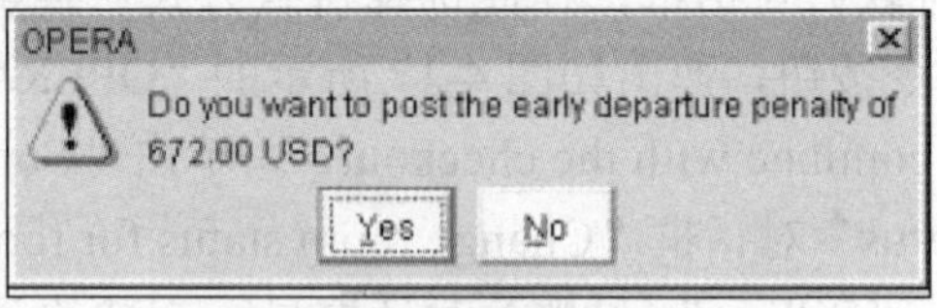

图 4-16　“OPERA”对话框

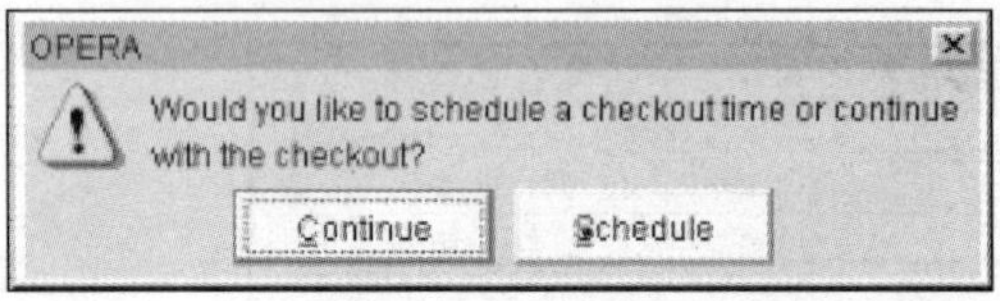

图 4-17　“OPERA”对话框

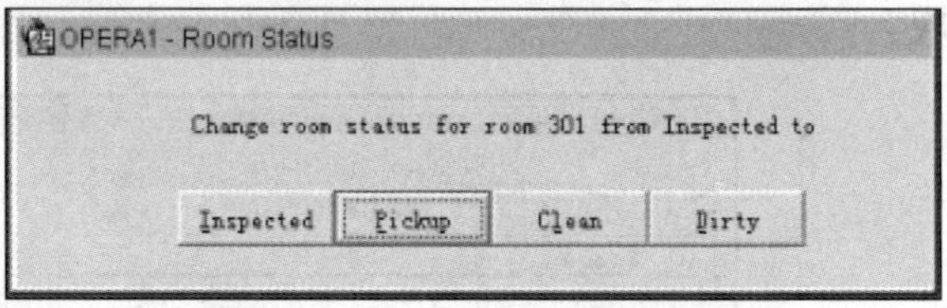

图 4-18　“Room Status”对话框

“Room Status”对话框的说明如下：

（1）Inspected：已检查房。

（2）Pickup：已分配房。

（3）Clean：干净。

（4）Dirty：脏。

四、查账

酒店收银员王红查看客人赵强的交费情况。

在图 4-1 中单击“Cashiering”命令，选择“Cashier Functions”收银功能命令，弹出如图 4-2 所示的“Cashier Functions”（收银功能）对话框，单击“Receipt History”命令按钮，弹出如图 4-19 所示的“Receipt History”对话框，单击“Search”命令按钮后，赵强的交费显示在其中。

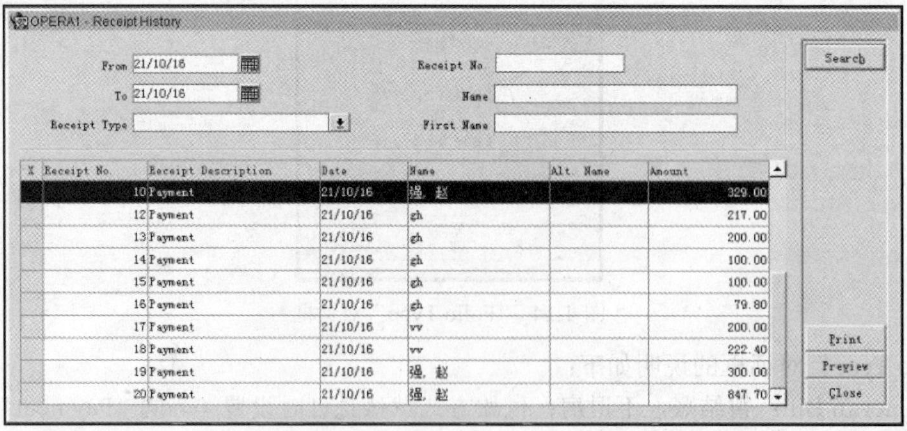

图 4-19　“Receipt History”对话框

五、关账

酒店收银员王红关账。

1．关账操作

在图 4-1 中单击“Cashiering”命令，选择“Cashier Shift Functions”（收银员换班功能）命令，弹出如图 4-20 所示的“Cashier Shift Functions Menu”对话框；单击“Cashier Shift Close”命令按钮，弹出如图 4-21 所示的“Cashier Closure Summary—*”对话框（*为编号），选择“Cash”项后，单击“Details”（详细）命令按钮，弹出如图 4-22 所示的“Journal”（日志）对话框，在此可以看到赵强结账金额信息，选择 301 房间记录（赵强结账房间），单击“Details”命令按钮，弹出如图 4-23 所示的“Edit Transaction Details”对话框，赵强结账交费信息显示其中。单击“Close”命令按钮后，返回到图 4-21，单击“OK”命令按钮，弹出如图 4-24 所示的“Cashier Closure—*”对话框，核对“Cash”（现金收入）、“Paid Out”（现金退款）、“Total Cash Drop”（合计现金收入）、“Checks”（支票）等信息无误后，单击“OK”命令按钮，弹出如图 4-25 所示的“OPERA”对话框“Please verify your cash drop before closing. Is it correct?”告知“关账之前请核实您的现金，没有算错吧？”，单击“Yes”命令按钮后，弹出如图 4-26 所示的“OPERA”对话框，“Do you want to print cashier report?”告知“您要打印收银报告吗？”单击“Yes”命令按钮后，弹出如图 4-27 所示的打印窗口“Opera Report”（由于没有安装打印机，出现错误提示信息），同时弹出如图 4-28 所示的“OPERA”对话框，“Cashier Closed!”告知“关账”，单击“OK”命令按钮，自动关闭所有窗口，完成操作。

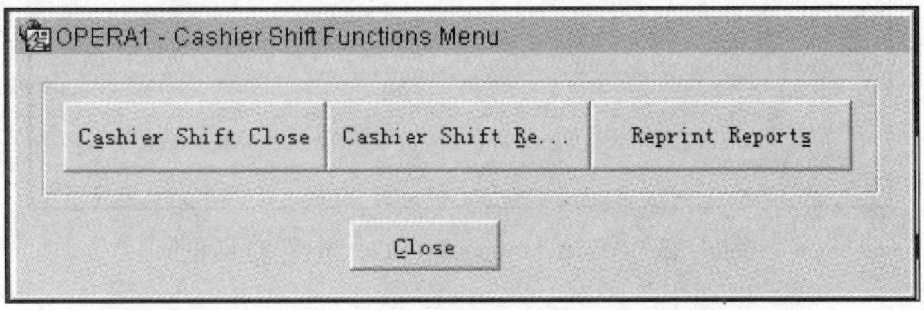

图 4-20 “Cashier Shift Functions Menu”对话框

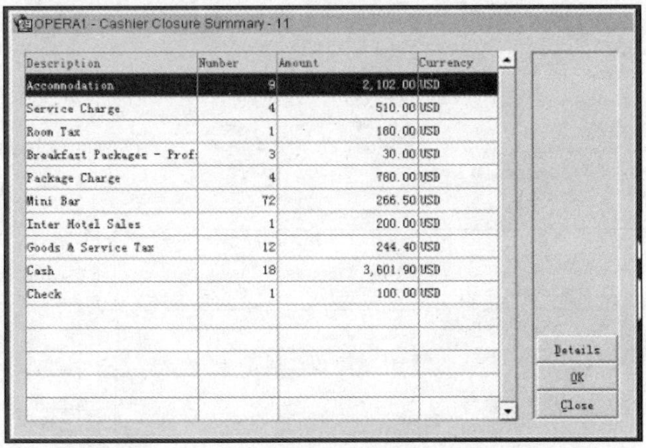

图 4-21 “Cashier Closure Summary—*”对话框

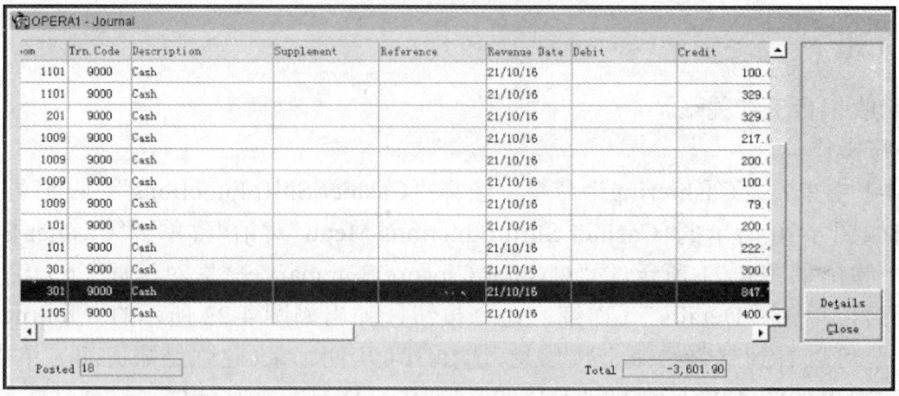

图 4-22 “Journal”对话框

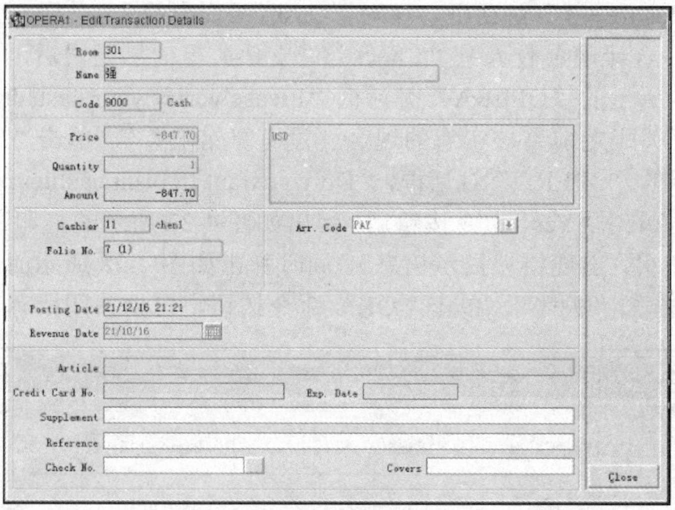

图 4-23 “Edit Transaction Details”对话框

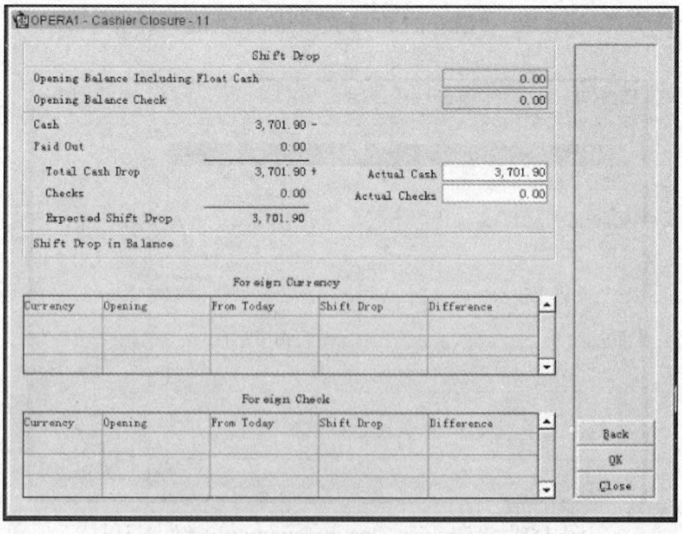

图 4-24 “Cashier Closure—*”对话框

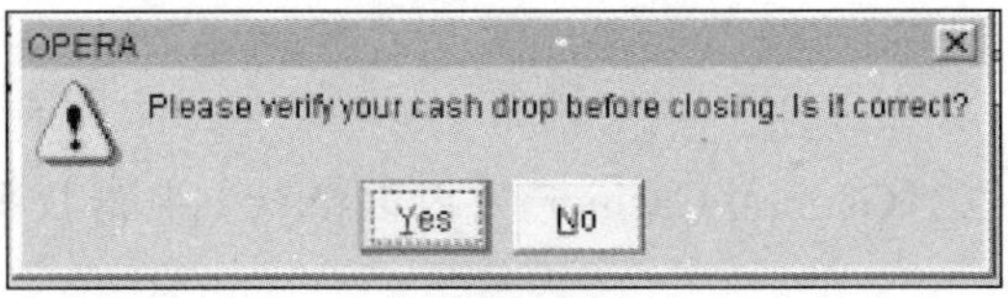

图 4-25 “OPERA”对话框

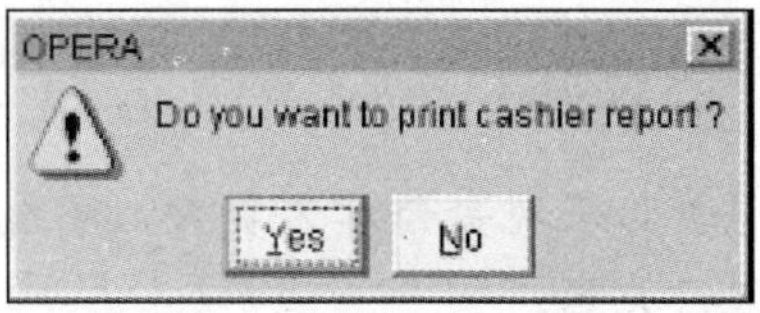

图 4-26 “OPERA”对话框

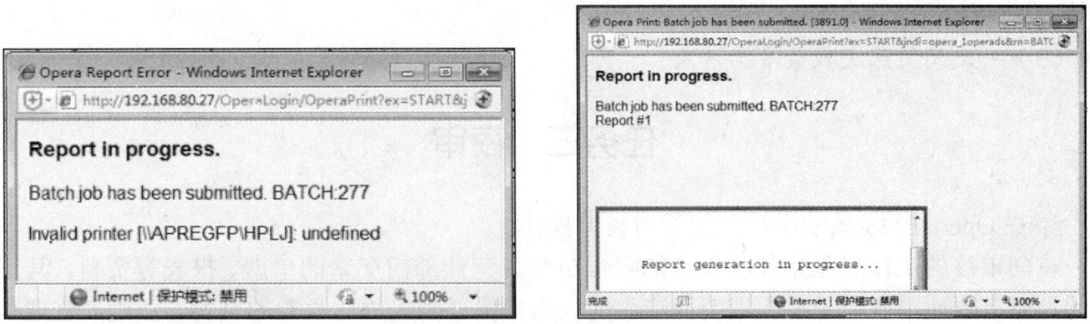

图 4-27 “Opera Report”打印窗口

图 4-28 “OPERA”对话框

2．确认完成关账

在图 4-1 中单击“Cashiering”命令，选择“Cashier Functions”命令，弹出如图 4-2 所示的“Cashier Functions”（收银功能）对话框，在此单击“Cashier Status”命令按钮，弹出如图 4-29 所示的“Cashier Status”对话框，其中没有收银员的信息，说明该收银员已关账。

“Cashier Shift Functions Menu”对话框的说明如下：

（1）Cashier Shift Close：班次结束后关闭收银。

（2）Cashier Shift Report：班次结束后报表。

（3）Reprint Reports：重印报表。

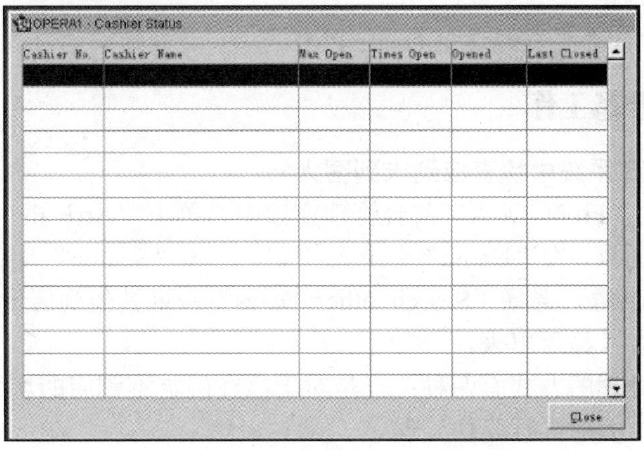

图 4-29 “Cashier Status”对话框

说明：

（1）如果现金合计为负数，不能关账，要在“General Cashier”（内部银行）内借款平账后才能进行关账。

（2）关账后系统打印关账报告，如果关账报告由于某种原因未能打印出来，将无法再次打印。

（3）一天的关账次数最多为3次。

任务三 夜审

在Opera PMS系统中，王红学习夜审操作。

夜间审核的工作对象是各收银点的收银员及各营业部门交来的单据、报表等资料，其工作目的是要有效地审核由于客人消费而产生的收入，保证当天酒店收益的真实、正确、合理和合法。夜审是每个酒店必须进行的，Opera PMS系统的夜审是严格按照工作流程执行的。

Opera PMS系统夜审工作流程如下：

（1）检查在店客人的国家、州或省份。

（2）查看应到而未到客人。

（3）检查应离而未离客人。

（4）天气与备注信息。

（5）更换营业日。

（6）录入房费及税金。

（7）酒店内部进行数据计算（所有数据）。

（8）打印夜审最终报表。

在学习Opera PMS系统的过程中，由于我们的操作不到位，有一些信息录入不全，在执行夜审工作流程过程中就会反映出来，此时就要做相应的处理，将遇到的问题及时解决后才能顺利完成夜审的操作，才能实现让酒店的营业日更换到次日。

说明：

在教学过程中，学习者要全部退出Opera PMS系统，由教师或学习者其中一人做夜审操作。

一、夜审前的准备工作

1．在Opera PMS系统中检查应到未到客人

在Opera PMS的“Front Desk”前台管理窗口中，单击“Arrivals”命令，弹出如图4-30所示的“Arrivals”对话框，在“Name”中录入“%”，单击“Search”命令按钮，弹出如图4-31所示的“OPERA”对话框，选择“Search other Dates”查询其他到店日期选项，单击“OK”命令按钮，应到未到客人显示出来。

与前台沟通进行处理的方式有两种：一是对于已经确定不到店的客人，进行Cancel操作；二是对晚到错过夜审时间的进行延住处理。

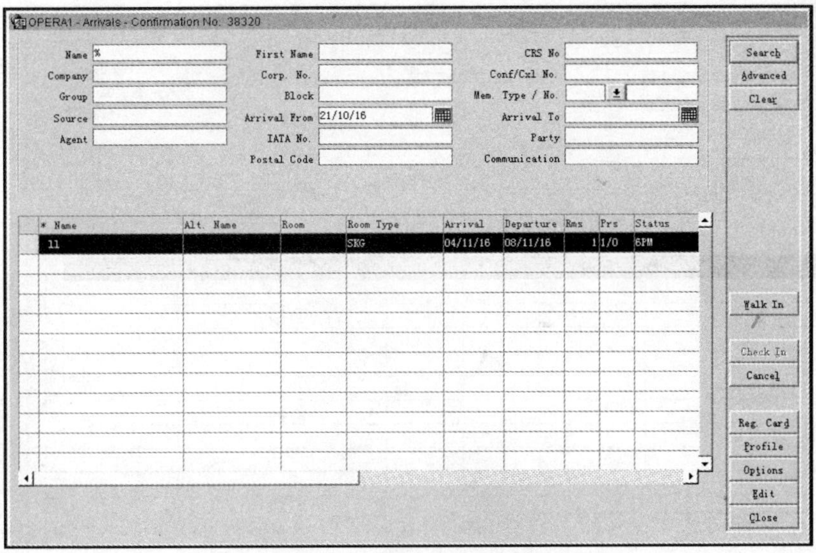

图 4-30 “Arrivals”对话框

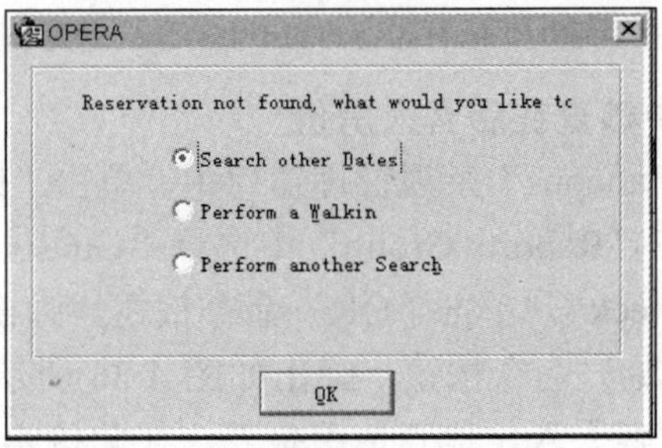

图 4-31 “OPERA”对话框

“OPERA”对话框的说明如下：

（1）Search other Dates：查询其他到店日期。

（2）Perform a Walkin：执行 Walkin。

（3）Perform another Search：执行其他搜索。

2．在 Opera PMS 系统中检查应离未离客人

在 Opera PMS 的“Cashiering”收银管理窗口中，单击“Billing”命令，弹出如图 4-32 所示的“Cashier Login”对话框，在此录入登录密码，单击“Login”命令按钮，弹出如图 4-33 所示的“In House Guest Search”对话框，在“Room”中录入“%”，只勾选“Due Outs”项，单击“Search”命令按钮，应离而未离客人显示在其中。此时有两种处理方式：一是延住客人，修改离店日期（修改后记录消失）；二是催促客人离店。

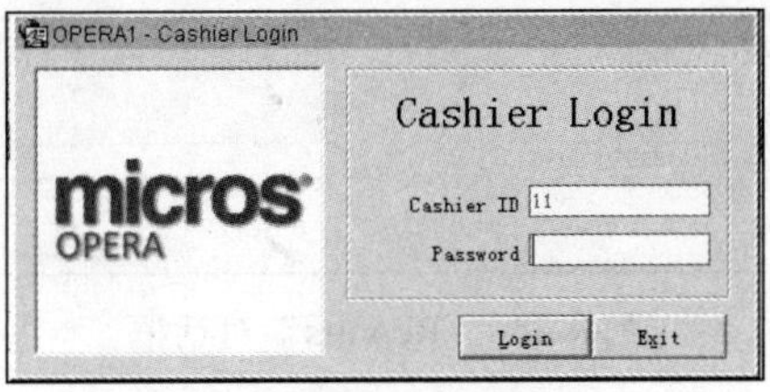

图 4-32 “Cashier Login”对话框

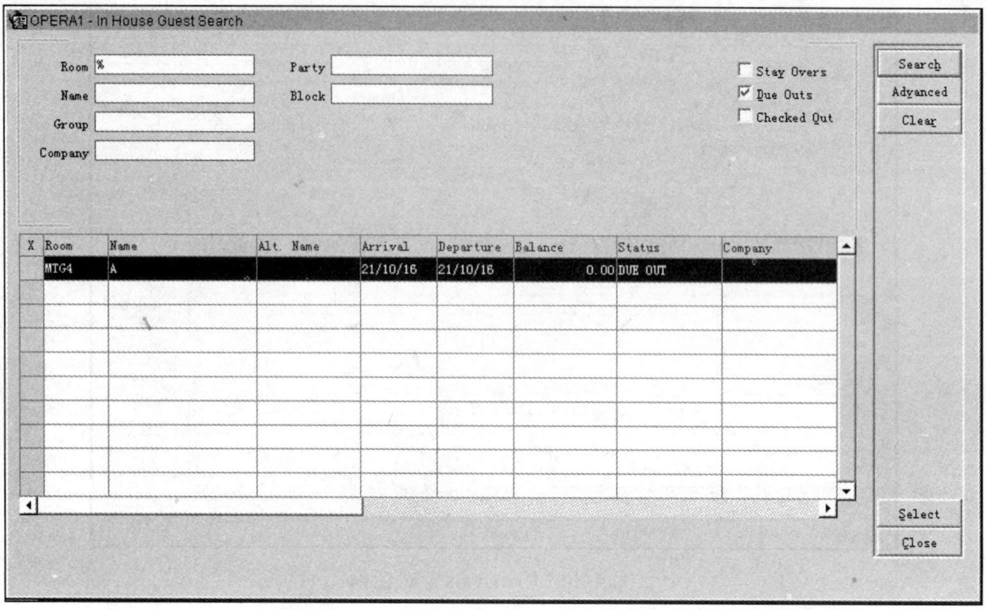

图 4-33 “In House Guest Search”对话框

3．在 Opera PMS 系统中核查在店客人房价

在 Opera PMS 的“Miscellaneous”杂项管理窗口中，单击“Reports”命令，弹出如图 4-34 所示的“Reports”对话框，在“Reports Group”中选择“Guests in House”选项，在列表框中选择“Guests In House Rate Check”，单击“OK”命令按钮，弹出如图 4-35 所示的“In house”对话框，单击“Preview”（预览）命令按钮，弹出如图 4-36 所示的 IE 浏览器窗口，其中显示“Guests in House Rate Check”客人入住检查情况报表，在此核实情况。

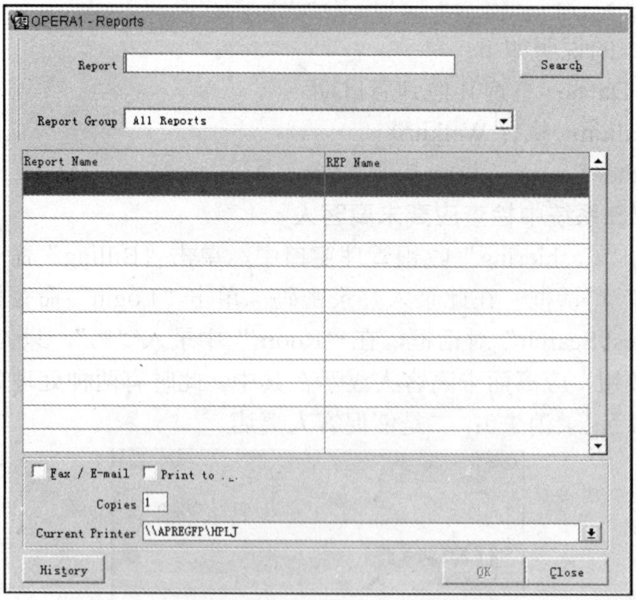

图 4-34 “Reports”对话框

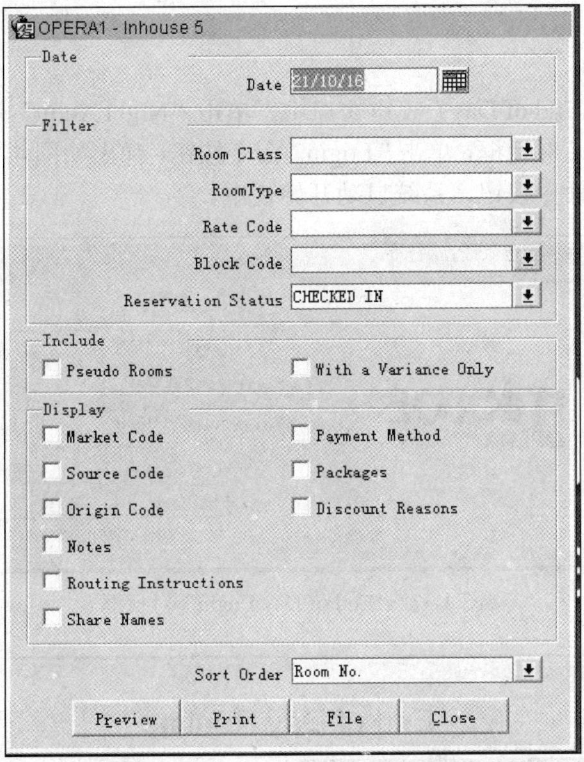

图 4-35 “In house”对话框

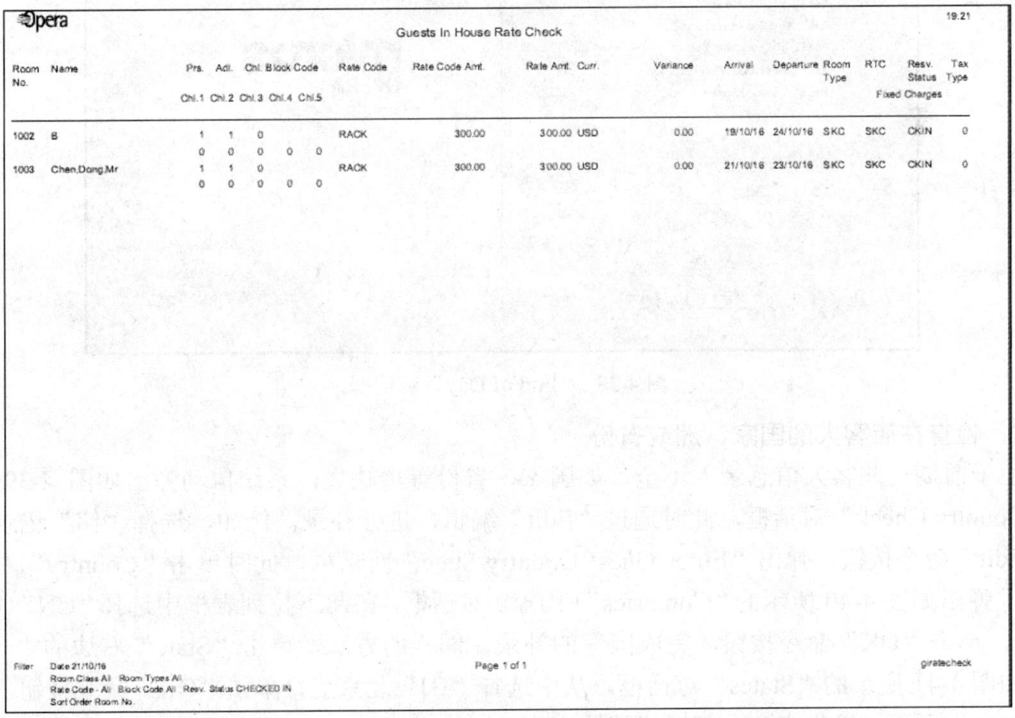

Opera 19:21

Guests In House Rate Check

Room No.	Name	Prs. / Chl.1	Adl. / Chl.2	Chl. / Chl.3	Block Code / Chl.4	Chl.5	Rate Code	Rate Code Amt.	Rate Amt.	Curr.	Variance	Arrival	Departure	Room Type	RTC	Resv. Status / Fixed Charges	Tax Type
1002	B	1	1	0			RACK	300.00	300.00	USD	0.00	19/10/16	24/10/16	SKC	SKC	CKIN	0
		0	0	0	0	0											
1003	Chen,Dong,Mr	1	1	0			RACK	300.00	300.00	USD	0.00	21/10/16	23/10/16	SKC	SKC	CKIN	0
		0	0	0	0	0											

Filter Date 21/10/16
Room Class All Room Types All
Rate Code - All Block Code All Resv. Status CHECKED IN
Sort Order Room No.

Page 1 of 1

giratecheck

图 4-36 IE 浏览器“Guests in House Rate check”信息

二、夜审操作

在 Opera PMS 的“End of Day”夜审窗口中，单击“Night Audit”命令，弹出如图 4-37 所示的“End of Day Login”对话框，单击“Login”命令按钮，弹出如图 4-38 所示的“End of Day”对话框，单击“Start”命令按钮，系统自动开始夜审。

图 4-37 “End of Day Login”对话框

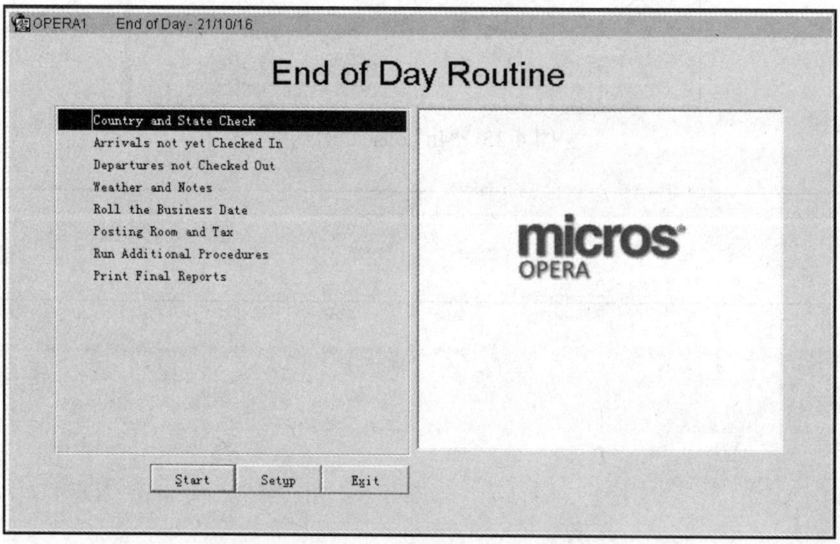

图 4-38 “End of Day”对话框

1．检查在店客人的国家、洲或省份

由于前期一些客人信息录入不全，如国家、省份等项缺失，系统自动弹出如图 4-39 所示的“Country Check”对话框，此时通过“Edit”编辑，进行补录。例如，选择“伟”记录，单击“Edit”命令按钮，弹出“Enter Guest Country/State”对话框，此时单击“Country”右边的“ ”，弹出如图 4-40 所示的“Countries”（国家）对话框，在此下拉列表框中选择“CN”（China 中国），单击“OK”命令按钮，完成国家的补录，同样的方法，单击“State”右边的“ ”，弹出如图 4-41 所示的“States”对话框，从中选择“BJ”北京后，单击“OK”命令按钮，此记录消失，下面逐一操作直到全部完成补录为止。

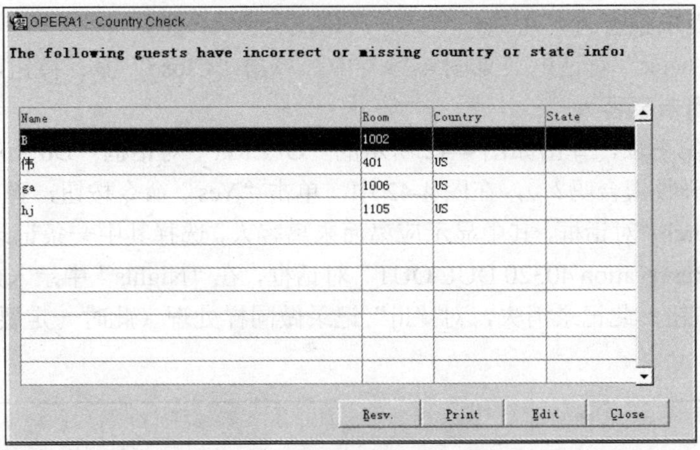

图 4-39 “Country Check”对话框

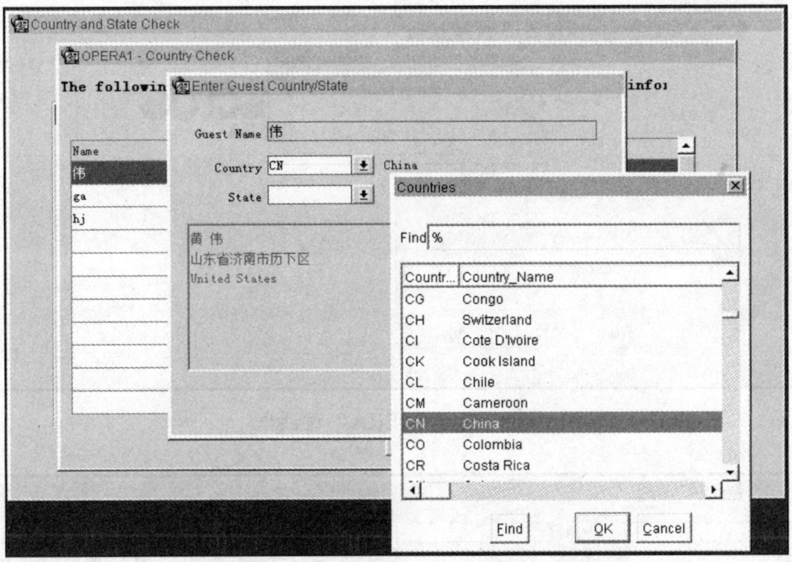

图 4-40 “Countries” 对话框

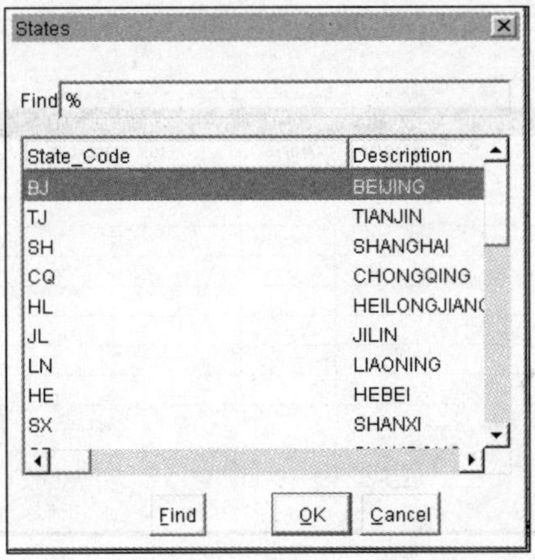

图 4-41 “States”对话框

2. 查看应到而未到客人

在“Country Check”对话框（见图4-39）中，单击“Close”命令按钮，此项没有问题。

3. 检查应离而未离客人

系统自动进行第三项，弹出如图4-42所示的“OPERA”对话框“Do you want to open the Cashier?”（你想打开收银台吗？），在图4-42中，单击“Yes”命令按钮，弹出如图4-43所示的“In House Guest Search”对话框，其中显示应离而未离客人，选择其中一条记录“ga”，单击“Res”命令按钮，弹出“Reservation 40320 DUE OUT”对话框，在“Nights”中录入延期离店天数“5”，单击“OK”命令按钮，此记录消失，对“hj”记录做同样处理（此时一定要与前台交流后再做处理）。

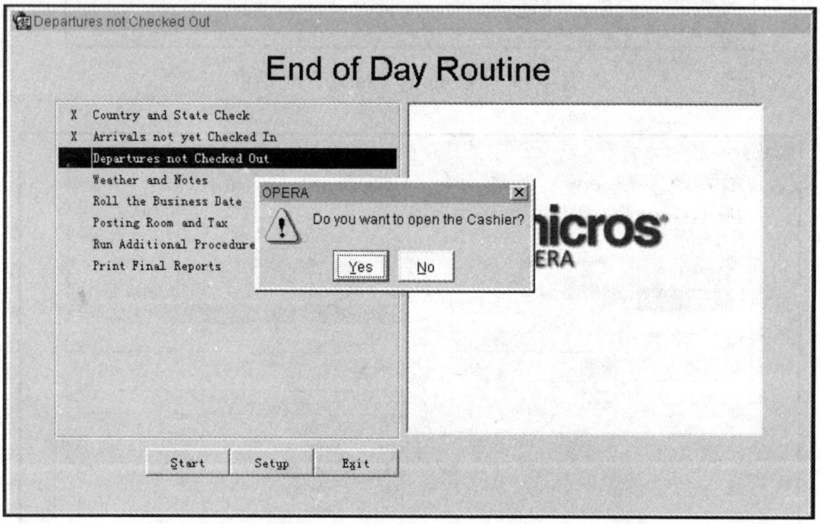

图4-42 “OPERA”对话框

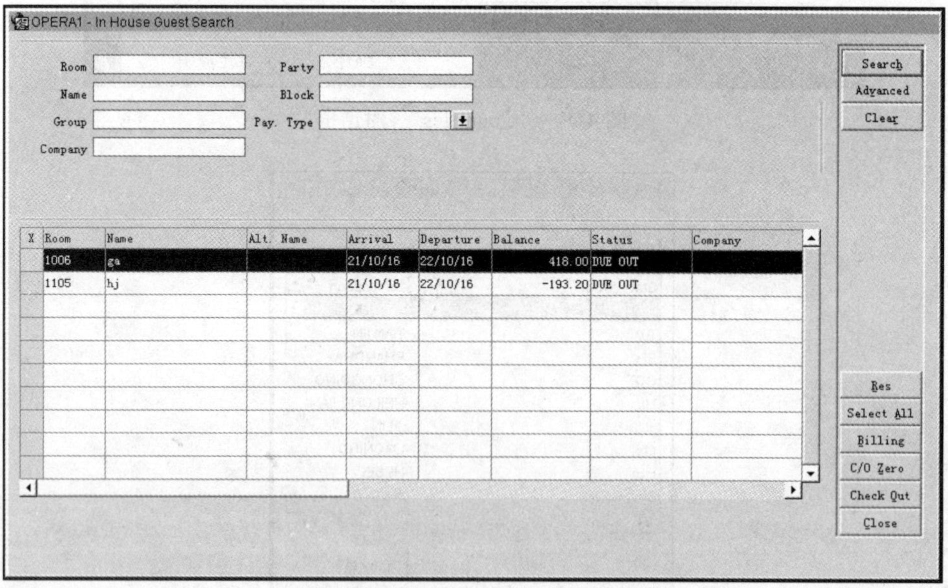

图4-43 “In House Guest Search”对话框

4．天气与备注信息

处理应离而未离客人情况后，单击图 4-43 中的“Close”命令按钮，弹出如图 4-44 所示的“Close Cashier”提示“Do you want to Close Cashier 11？”（你想关闭收银台 11 吗？）对话框。单击“Yes”命令按钮，弹出如图 4-45 所示“Cashier Closure Summary-11”对话框，单击“OK”命令按钮，弹出如图 4-46 所示“Cashier Closure -11”对话框，单击“OK”命令按钮，弹出如图 4-47 所示的“OPERA”提示信息“Please verify you cash drop before closing. Is it correct?”对话框，单击“Yes”命令按钮，弹出如图 4-48 所示的“OPERA”提示信息“Do you want to print cashier report?”对话框，单击“Yes”命令按钮，没有安装打印机，错误信息如图 4-49 所示的“Opera Report Error”窗口，关闭该窗口，此时出现如图 4-50 所示“OPERA”提示信息“Cashier Closed!”（关账）对话框，单击“OK”命令按钮，弹出如图 4-51 所示的“End of Day Weather and Notes”对话框，此时可以录入天气情况及夜审出现的情况（文本记录），单击“Close”命令按钮。

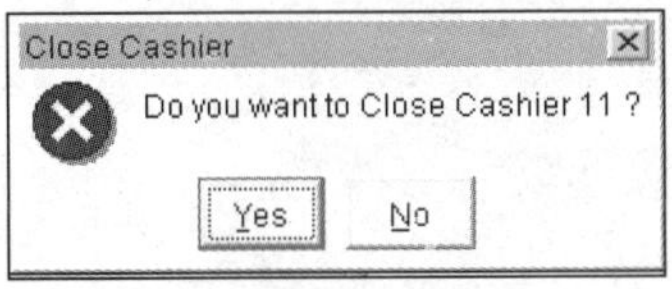

图 4-44 “Close Cashier”对话框

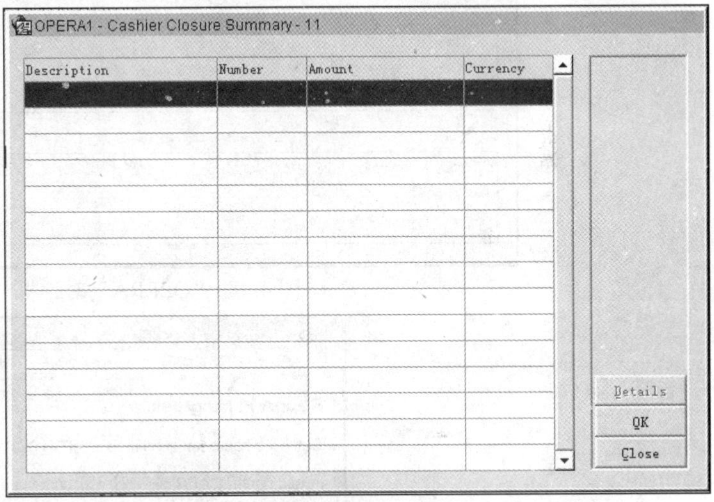

图 4-45 “Cashier Closure Summary-11”对话框

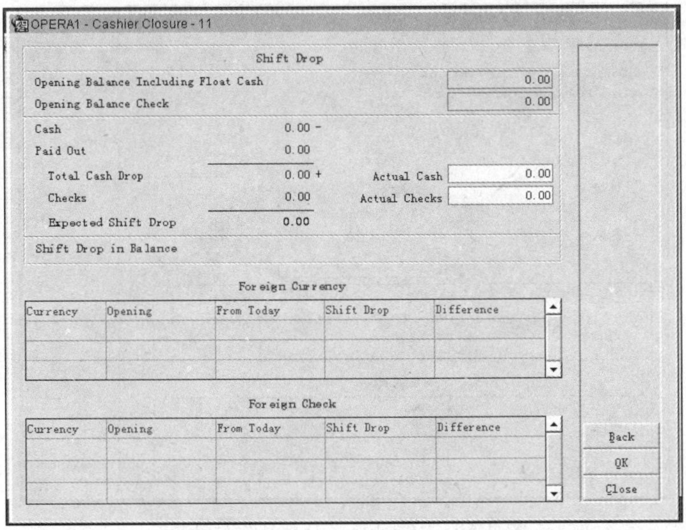

图 4-46 “Cashier closure -11”对话框

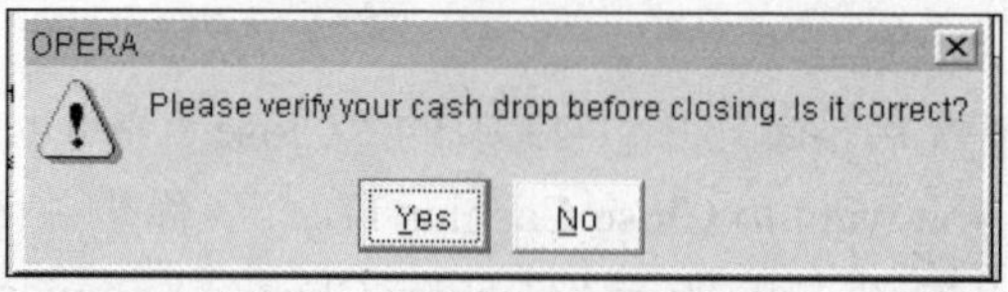

图 4-47 “OPERA”对话框

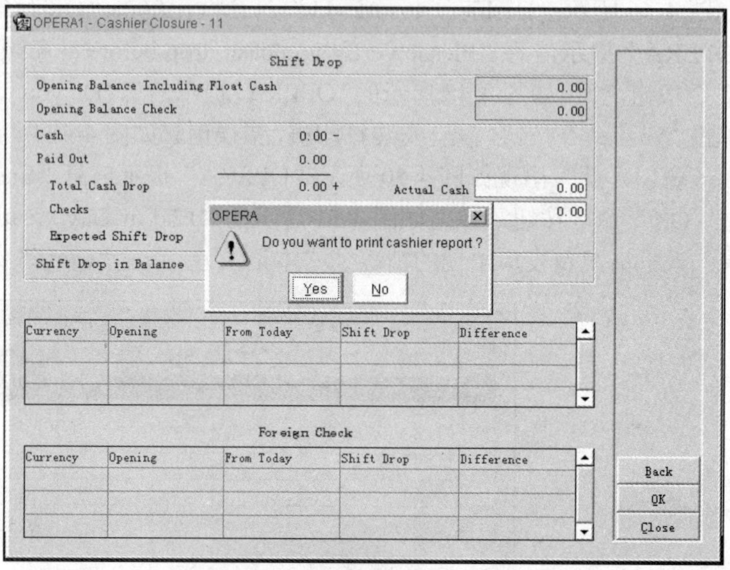

图 4-48 “OPERA”对话框

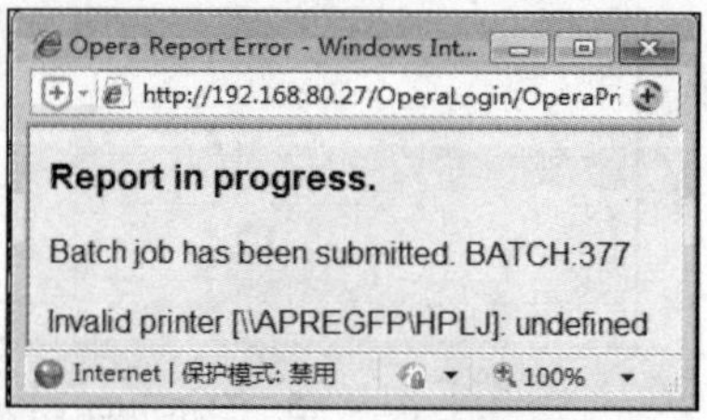

图 4-49 “Opera Report Error”窗口

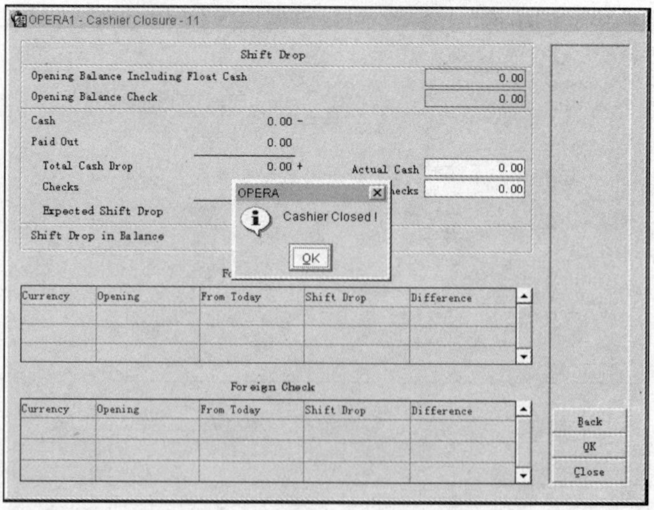

图 4-50 “Cashier Closed!”对话框

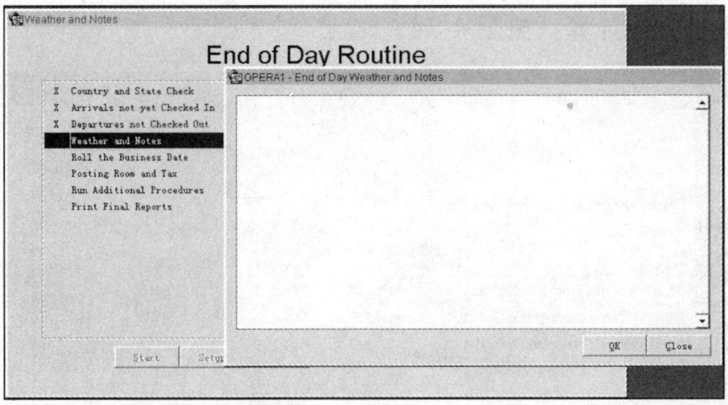

图 4-51　天气与备注信息

系统依次自动运行下面的选项。

5．更换营业日（见图 4-52）

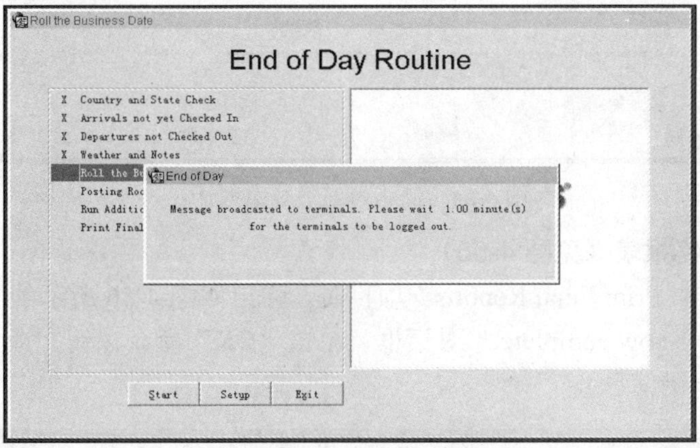

图 4-52　更换营业日

6．录入房费及税金（见图 4-53）

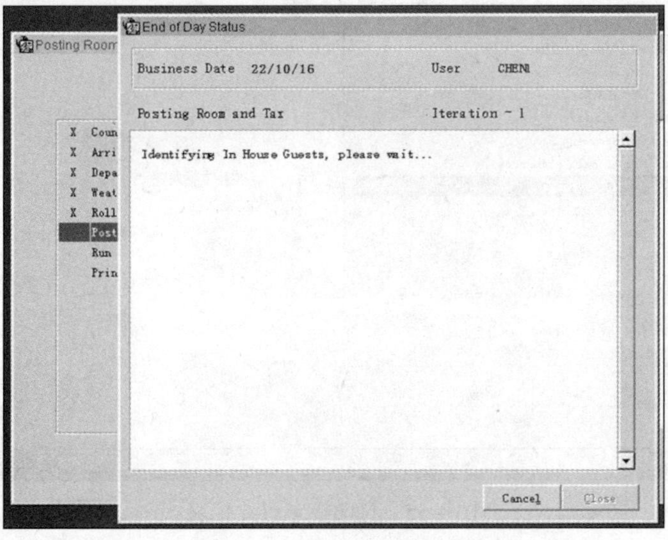

图 4-53　录入房费及税金

7. 酒店内部进行数据计算（见图 4-54）

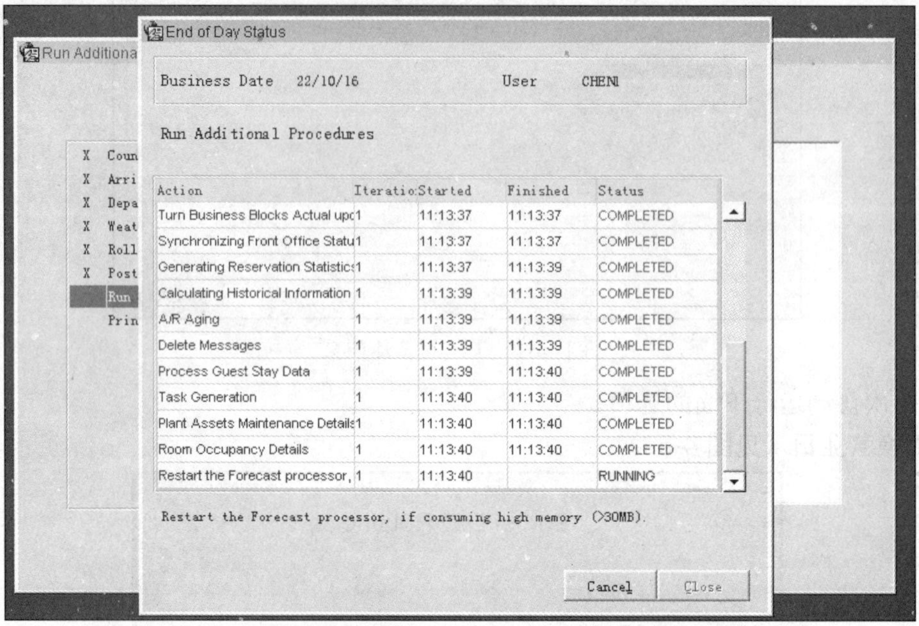

图 4-54 酒店内部进行数据计算

8. 打印夜审最终报表（见图 4-55）

系统自动运行到“Print Final Reports”项目时，弹出如图 4-56 所示的“OPERA”信息提示“End of Day Routine is now complete.”对话框，单击“OK”命令按钮完成全部夜审操作（没有安装打印机将出现报错信息）。

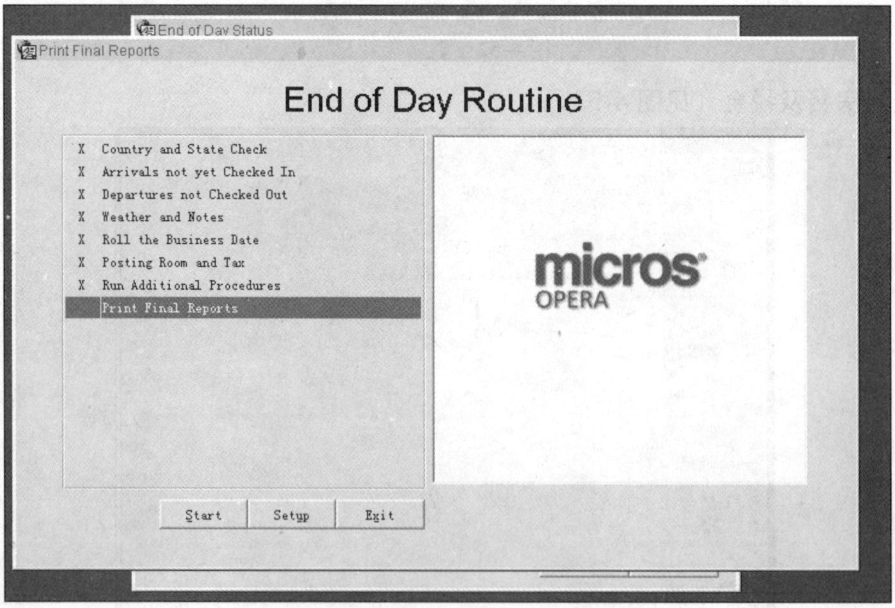

图 4-55 打印夜审最终报表

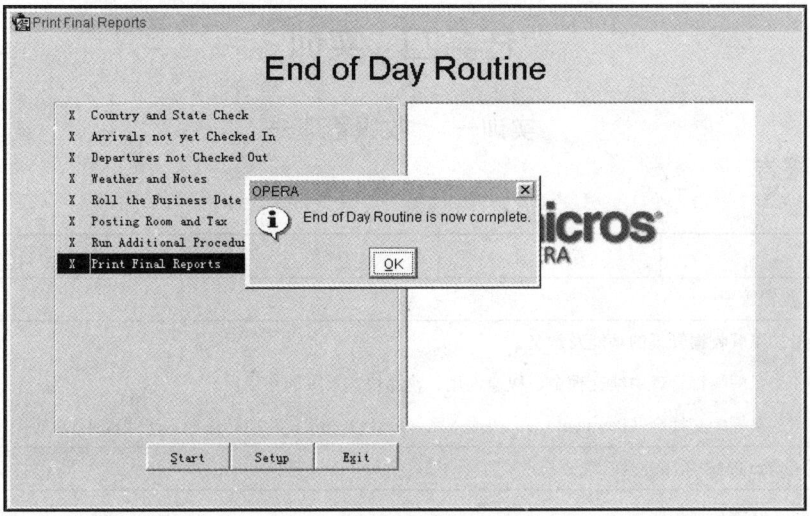

图 4-56　“End of Day Routine is now complete.”对话框

任务四 实训

实训一 收银管理一

一、实训报告

年 月 日

姓　名		专　业		班　级	
实训课题	收银管理一				
实训目的	1．了解收银管理的功能及意义 2．了解收银管理中续交押金、快速入账、物品快速入账的作用 3．掌握续交押金（Payment）、 快速入账（Fast Posting）、物品快速入账（Post It）的操作方法				
实训设备	Opera PMS 酒店前台管理系统				
相关知识	1．收银管理功能 2．续交押金 3．快速入账 4．物品快速入账				
实训步骤	一、登录“Opera PMS”系统 二、续交押金 三、快速入账 四、物品快速入账				
实训反思					

二、实训检测

1. 实训过程评估

项　　目	学生自评	小组评估	教师评估	得　　分
1. 登录“Opera PMS 系统”（10 分）				
2. 续交押金（30 分）				
3. 快速入账（30 分）				
4. 物品快速入账（30 分）				
合计（100 分）				

说明：实训过程评估项目得分=（学生自评+小组评估+教师评估）/3

2. 实训效果测试

（1）在“Opera PMS”系统中收银管理命令是_____。

A. Reservations　　B. Front Desk　　C. Cashiering　　D. End of Day

（2）收银管理模块中的结账命令是_____。

A. Quick Check Out　　B. Post lt　　C. Fast Posting　　D. Billing

（3）“Cashiering Login”对话框中的密码是_____。

A. 计算机开机密码　　B. Opera PMS 用户登录密码

C. Windows 用户密码　　D. 不用录入密码

（4）在“Billing”对话框中，续交押金的命令是_____。

A. Payment　　B. Post　　C. Edit　　D. Folio

（5）迷你酒吧消费入账的命令是_____。

A. Billing　　B. Fast Posting　　C. Post lt　　D. Cashier Functions

实训二　收银管理二

一、实训报告

年　月　日

姓　名		专　业		班　级	
实训课题	收银管理二				
实训目的	1．了解收银管理中结账的功能及意义 2．了解收银管理中查账、关账的作用 3．掌握结账（Billing）、查账（Cashier Functions）、关账（Cashier Shift Functions）的操作方法				
实训设备	Opera PMS 酒店前台管理系统				
相关知识	1．收银管理功能 2．结账 3．查账 4．关账				
实训步骤	一、登录“Opera PMS”系统 二、结账 三、查账 四、关账				
实训反思					

二、实训检测

1．实训过程评估

项　　目	学生自评	小组评估	教师评估	得　　分
1．登录“Opera PMS”系统（10 分）				
2．结账（30 分）				
3．查账（30 分）				
4．关账（30 分）				
合计（100 分）				

说明：实训过程评估项目得分=（学生自评+小组评估+教师评估）/3

2．实训效果测试

（1）在“Billing”结账对话框中，结账命令是_____。

A．Settlement　B．Edit　C．Folio　D．Options

（2）在“Folio Type”对话框中，提前退房结账，提前离店的选项是_____。

A．Interim Bill　B．Early Departure　C．Advance Bill　D．Folio Type

（3）收银管理中，查看交费的命令是_____。

A．Passer By　B．Post lt

C．Quick Check Out　D．Cashier Functions

（4）在“Room Status”房态对话框中，脏房的选项是_____。

A．Inspected　B．Pickup　C．Clean　D．Dirty

（5）一天的关账次数最多是_____。

A．1 次　B．2 次　C．3 次　D．4 次

项目五　客房管理

项目概述

客人结账离店后，客房变为脏房（Dirty），客房服务员打扫干净，经理检查各项指标均达标后，请您将该脏房（Dirty）修改为干净房（Clean）；客房部经理在检查某房间时，发现房间灯有安全隐患问题（漏电），需要维修，请您将该客房设置为待修房（Out of Order）；工程部将“Out of Order”房间修好，经理检查安全、卫生达标，请您将其设置为可销售客房“Clean”。请您制作并打印两个客房服务员清扫任务单；酒店大堂拾到客人物品，请您利用客房出租历史寻找客人联系方式并通知客人来取；在Opera PMS系统中设置酒店客房超额预订。

本项目包括以下主要内容：

1．客房管理简介；
2．房态（修改房态）；
3．客房清扫任务单；
4．客房出租历史；
5．客房超额预订。

任务一　客房管理简介

一、客房管理模块的功能

Opera PMS的客房管理功能是有效识别并监督房态（可用房、正在清洁房、维修房等），以及进行房间设施的管理，还可以在系统中对客房打扫人员的区域分配、用工统计及客房用品进行管理，并且在房间排队的功能中有效协调前台和客房清洁工作，针对已分配给客人的特殊房间，通过系统通知，安排优先打扫次序。

二、客房管理窗口简介

双击桌面上的“Opera Login”快捷方式“”，打开“Opera Login”窗口。录入用户名和密码后，弹出“Opera Full Service Edition”窗口，单击该窗口中的“PMS”命令按钮，弹出“Opera PMS”窗口，在此单击工具栏上的“Rooms Management”命令后，弹出如图5-1所示的“Rooms Management”客房管理窗口。

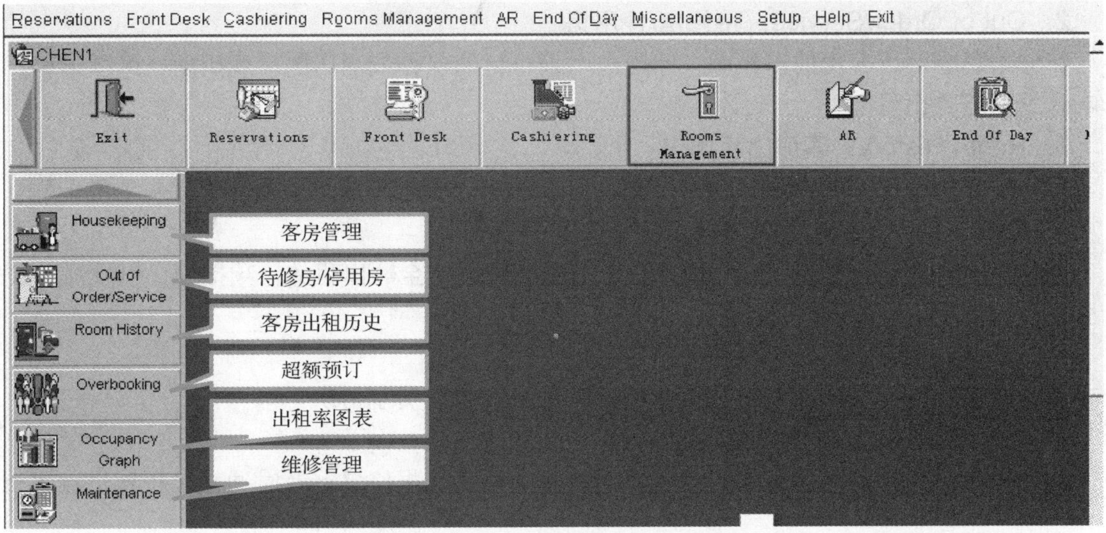

图 5-1 “Rooms Management”窗口

“Rooms Management”客房管理由 6 个模块构成：客房管理（Housekeeping）、待修房/停用房（Out of Order/Service）、客房出租历史（Room History）、超额预订（Overbooking）、出租率图表（Occupancy Graph）、维修管理（Maintenance）。

1．Housekeeping：客房管理

在图 5-1“Rooms Management”客房管理窗口中单击“Housekeeping”命令，弹出如图 5-2 所示的“Housekeeping”（客房管理项目）对话框。

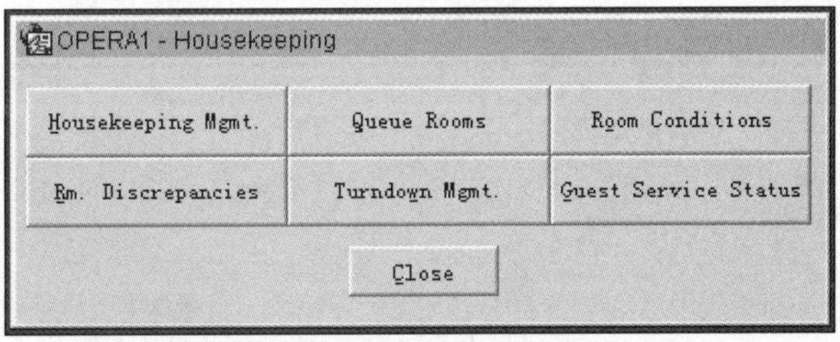

图 5-2 “Housekeeping”对话框

“Housekeeping”对话框的说明如下：

（1）Housekeeping Mgmt.（客房管理）：用于查询、修改房态。

（2）Queue Rooms（等候房）：前台与客房部共同协调，使客人尽快入住。

（3）Room Conditions（客房条件）：用于查看房间的情况。

（4）Rm. Discrepancies（客房差异）：特指客房部与前厅部对房态的描述之间处于差异状况的术语。差异原因有两个：一是客房部的房态信息未能及时通知到前台（遗漏房 Skip）；二是不完整的或不准确的记录造成实际上的差异（沉睡房 Sleep）。

（5）Turndown Mgmt.（分派任务）：预测需要清理的客房数和预计抵达客人数来预报需要清理的客房数目，为服务员排班，并确定打扫房间数。

（6）Guest Service Status（客房服务状态）：可以看到每间客房的服务状态，如请勿打扰，也可以看到每间客房的预订情况。

2．Out of Order/Service：待修房/停用房

待修房影响酒店客房的出租率，停用房用来每日的保养或酒店的参观用房，可以出租，不影响计算酒店的出租率。

3．Room History：客房出租历史

可以查看每个房间的收入和使用历史，可以通过查看客户历史解决客人丢失物品问题。

4．Overbooking：超额预订

酒店为对付预订而不来、取消预订或提前离店而影响全额出租的一项措施，超额预订必须有度，小心处理。

5．Occupancy Graph：出租率图表

反映未来几天内酒店的客房出租情况，有助于给客房员工排班。

6．Maintenance：维修管理

客房服务员在打扫客房发现问题时，要及时填写工程报修单，及时通知工程部进行维修。

任务二 修改房态

住店客人赵强结账离店后，客房变为脏房（Dirty），客房服务员打扫干净，经理检查各项指标均达标，请您将该脏房（Dirty）修改为干净房（Clean）。

在图 5-2 所示的“Housekeeping”对话框中，单击“Housekeeping Mgmt.”命令，弹出如图 5-3 所示的“Housekeeping”对话框，在此选择赵强住过的房间（显示房态为脏房 Dirty），在“Rom Status”一栏中单击“▼”，选择下拉选项中的“Clean”，此时房态由脏房的红色变为干净房的浅蓝色，完成操作。

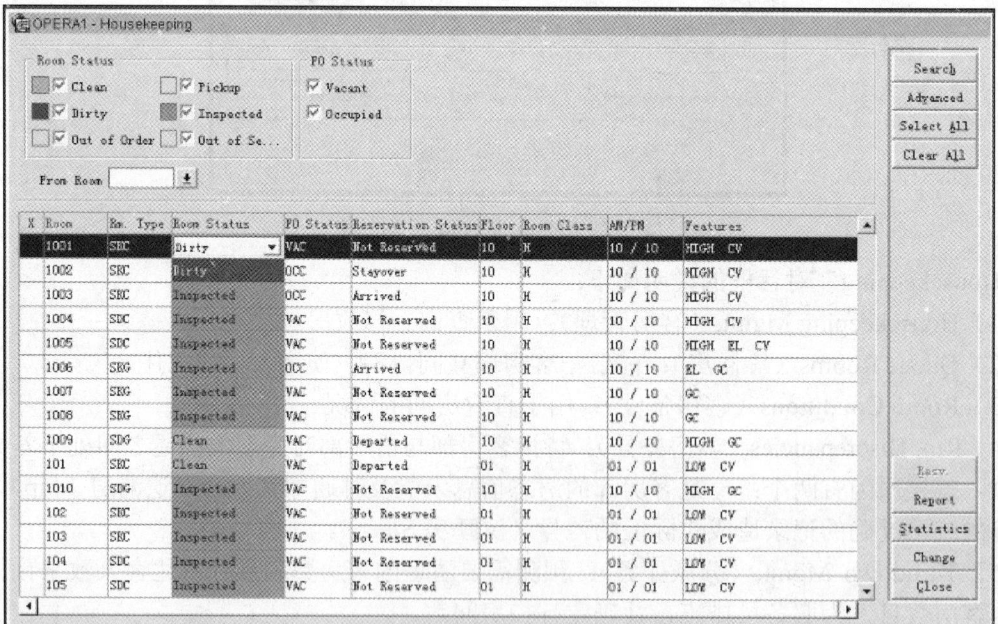

图 5-3 “Housekeeping”对话框

“Housekeeping”对话框的说明如下：

（1）Room States：房间状态有 Clean（干净房）、Dirty（脏房）、Pickup（已分配房）、Inspected（已检查房）、Out of Order（坏房）、Out of Server（暂停服务房）。

（2）FO States：前台状态有 Vacant（空的）、Occupied（占用的，有人住）。

（3）Select All：全选。

（4）Clear All：全清。

客房部经理在检查某房间时，发现房间灯有安全隐患问题（漏电），需要维修，请您将该客房设置为待修房（Out of Order）。

1. 设置待修房操作

在图 5-2 所示的“Rooms Management”窗口中，单击“Out of Order/Service”（待修房/停用房）命令，弹出如图 5-4 所示的“Out of Order/Service”对话框，在此单击“New”命令按钮，弹出如图 5-5 所示的“Out of Order/Service -New”对话框，在“Room list”中录入需要维修的房号，单击“Reason”右边的“”，弹出如图 5-6 所示的“Room Status Change Reason”（房间状态变化原因）对话框，在此选择“MNT”项（Maintenance 维修），单击“OK”命令按钮，返回到图 5-5“Out of Order/Service -New”对话框，此时单击“OK”命令按钮关闭“Out of Order/Service-New”对话框，弹出如图 5-7 所示的“OO-OS Status”对话框，其中显示“Room 1001 updated successfully.”（房间 1001 更新成功）信息，单击“OK”命令按钮，返回到图 5-4“Out of Order/Service”对话框，此时该对话框中“Status”状态栏中显示“OO”维修房，单击“Close”命令按钮完成操作。

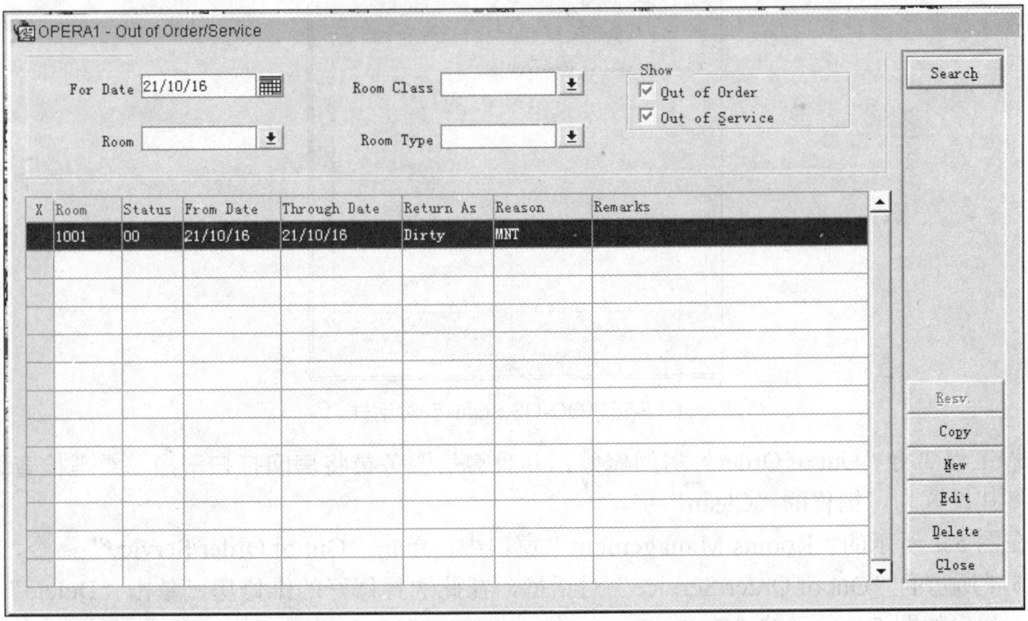

图 5-4 “Out of Order/Service”对话框

2. 查看操作结果

（1）在图 5-1 所示“Rooms Management”窗口中，单击“Out of Order/Service”命令，弹出如图 5-4 所示的“Out of Order/Service”对话框，维修房显示在其中。

（2）在图 5-2 所示“Housekeeping”对话框中，单击“Housekeeping Mgmt.”命令按钮，在弹出的图 5-3 所示“Housekeeping”对话框中，“Room Status”栏房态显示为“Out of Order”。

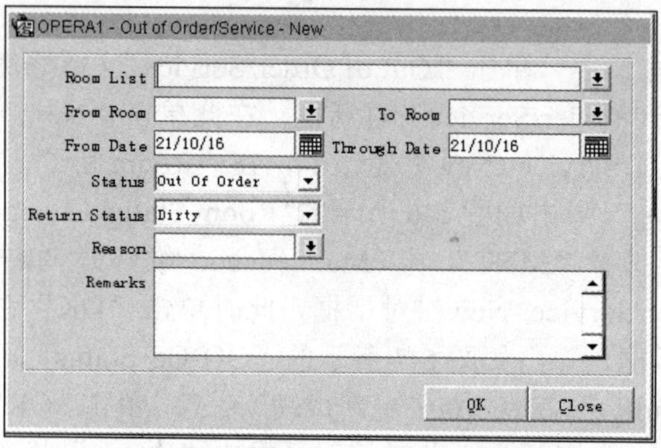

图 5-5 “Out of Order/Service-New”对话框

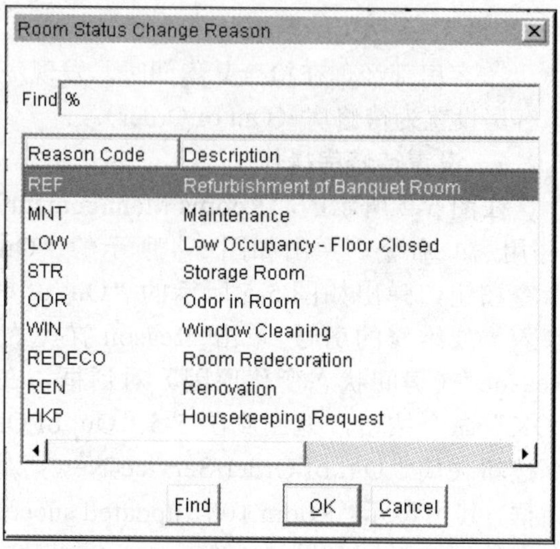

图 5-6 “Room Status Change Reason”对话框

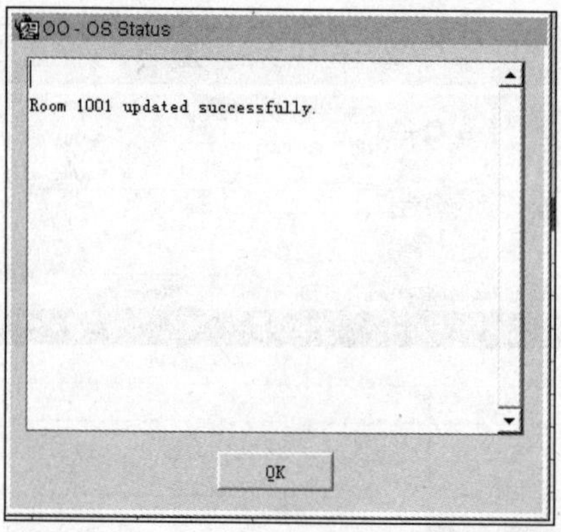

图 5-7 “OO-OS Status”对话框

工程部将“Out of Order”房间修好，并且客房服务员将房间打扫干净，经理检查达标，请您将其设置为可销售的“Clean”房。

在图 5-1 所示的“Rooms Management”窗口中，单击“Out of Order/Service”命令，弹出如图 5-4 所示的“Out of Order/Service”对话框，在此选择修好的维修房，单击“Delete”命令按钮，弹出如图 5-8 所示的“Delete/Return Rooms after Repair.”对话框，单击“Return Status”右边的“▼”，出现如图 5-9 所示的“Return Status”选项，选择“Clean”后，单击“OK”命令按钮，弹出如图 5-10 所示的“OO-OS Status”对话框，显示信息“Repair record deleted/completed for room 1001 with return status Clean.”，单击“OK”命令按钮，维修记录删除，房态修改为干净可售房“Clean”。

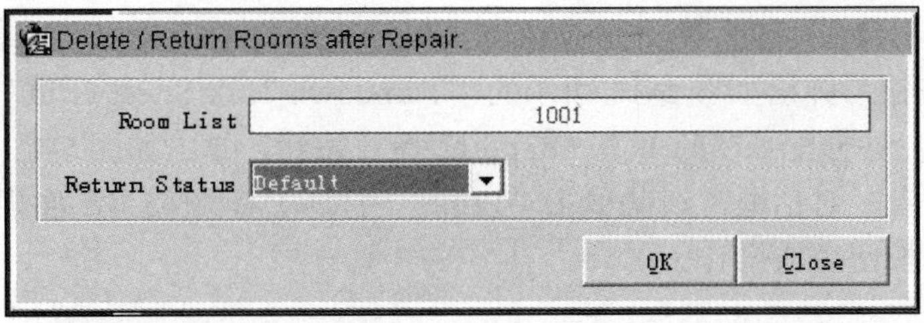

图 5-8 “Delete / Return Rooms after Repair.”对话框

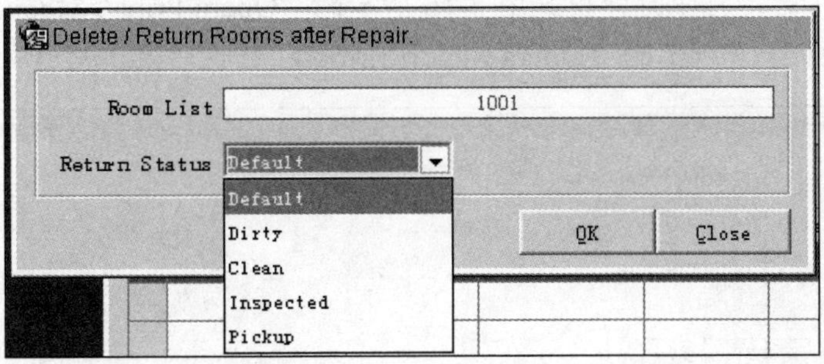

图 5-9 “Return Status”选项

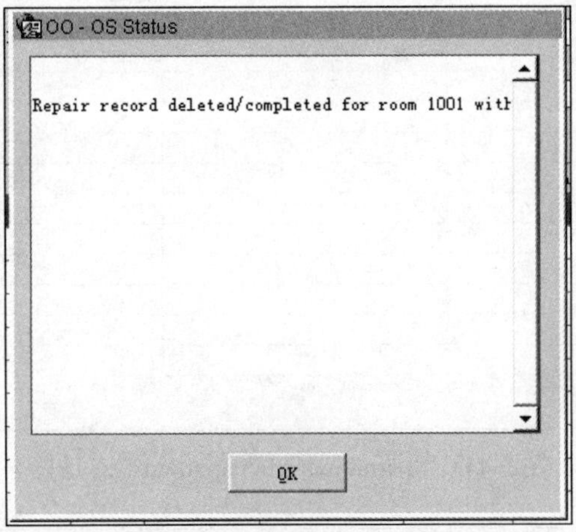

图 5-10 “OO-OS Status”对话框

任务三 浏览房态

请您制作并打印两个客房服务员清扫任务单。

在图 5-2 所示的“Housekeeping”对话框中，单击“Turndown Mgmt.”命令按钮，弹出如图 5-11 所示的“Turndown Management”对话框，勾选上“Not required”与“Completed”选项，单击“Search”命令按钮，再单击“Auto”命令按钮，弹出如图 5-12 所示的“Automatic Generation of Tasks”（自动生成任务）对话框，单击“Total Attendants”右边的“…”，弹出如图 5-13 所示的“Scheduled Housekeeping Attendants”对话框，单击“Room Attendant1”和“Room Attendant2”前面的方格，出现“X”符号，确定选择了两个客房服务员（也可以直接录入“2”），单击“OK”

命令按钮返回到图 5-12 所示的“Automatic Generation of Tasks”对话框（其他为系统默认），单击“OK”命令按钮，弹出如图 5-14 所示的“Turndown Task Sheet Grid”对话框，其中显示两个服务员的工作任务分配；在此单击“Report”命令按钮，弹出如图 5-15 所示的“Task Sheet Report”（任务表报告）对话框，在此单击“Print”（打印）命令按钮，实现打印任务书，最后单击“Close”命令按钮完成操作。

说明：

正确安装打印机时，打印时弹出如图 5-16 所示的“Opera Print”对话框；如果没有安装打印机，系统弹出如图 5-17 所示的“Opera Report Error”（错误信息）对话框。

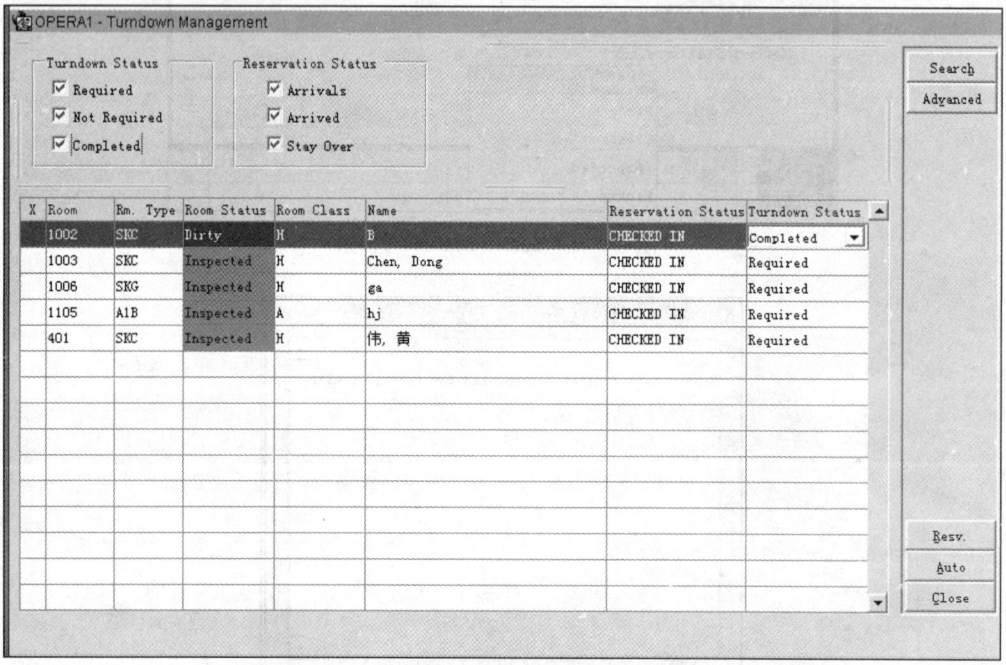

图 5-11 “Turndown Management”对话框

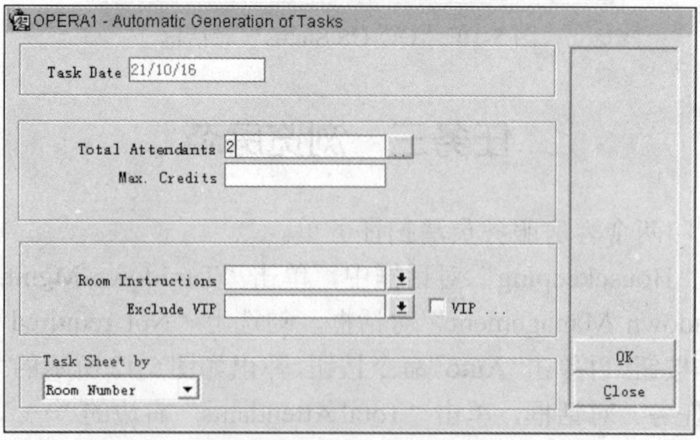

图 5-12 “Automatic Generation of Tasks”对话框

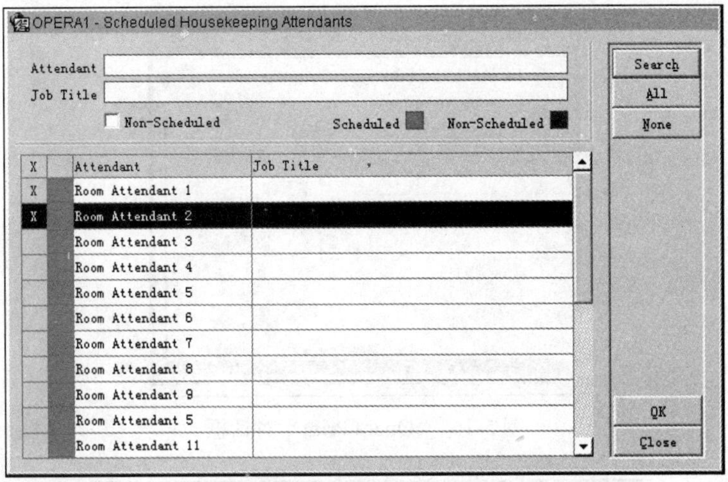

图 5-13 “Scheduled Housekeeping Attendants”对话框

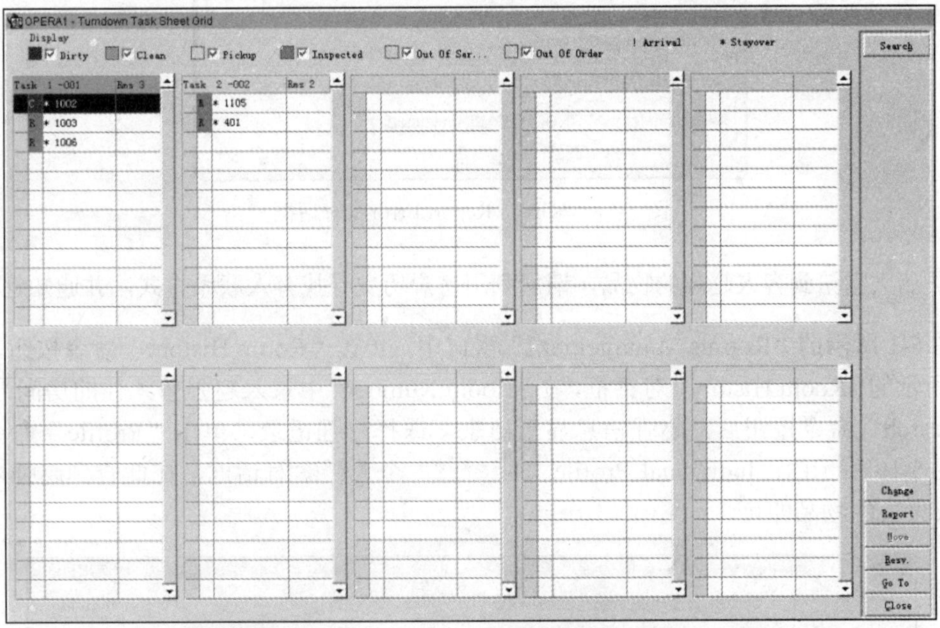

图 5-14 “Turndown Task Sheet Grid”对话框

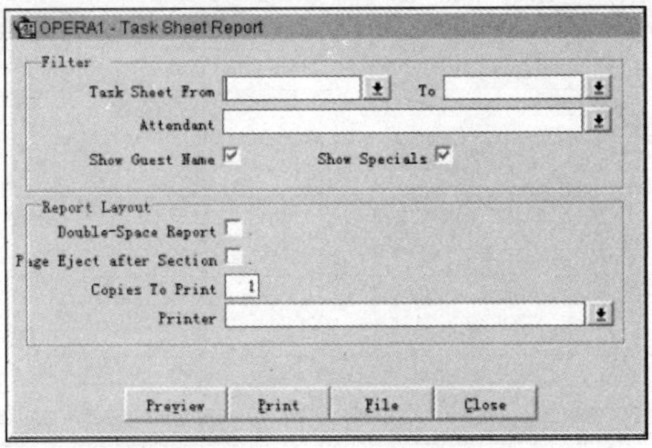

图 5-15 “Task Sheet Report”对话框

图 5-16 “Opera Print”对话框

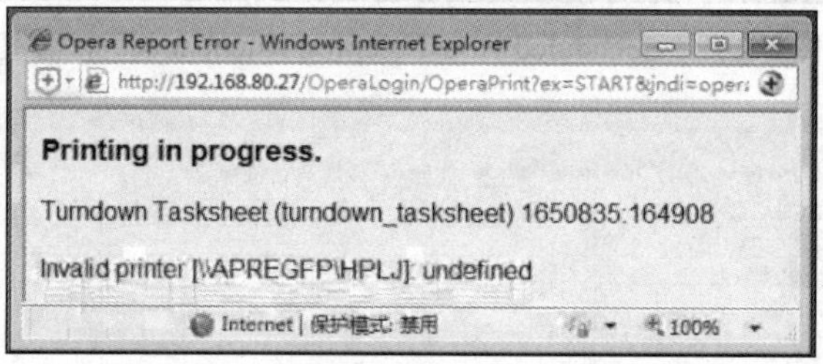

图 5-17 “Opera Report Error”对话框

酒店大堂拾到客人赵强的物品，请您利用客户历史寻找客人联系方式，并通知赵强来取。

在图 5-1 所示的“Rooms Management”窗口中，单击“Room History”命令按钮，弹出如图 5-18 所示的“Room History”对话框，在“Room Number”中录入赵强曾入住的房间号“301”，单击“Search”命令按钮后，赵强信息显示出来，选择赵强记录，单击“Profile”命令按钮，弹出如图 5-19 所示的“Individual Profile ID-*****”个人档案对话框，在此查到赵强电话，联系他来取丢失的物品即可。

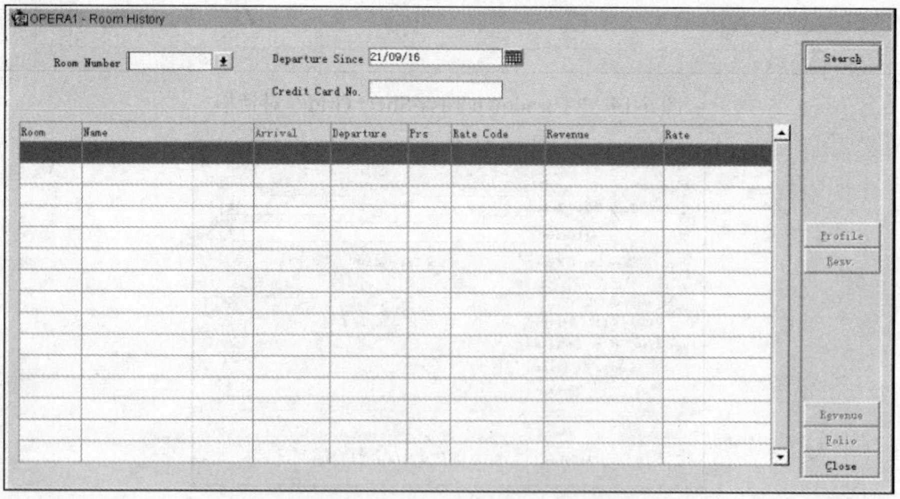

图 5-18 “Room History”对话框

“Room History”对话框的说明如下：

Profile：档案；Resv.：预订；Revenue：收益；Folio：历史账单。

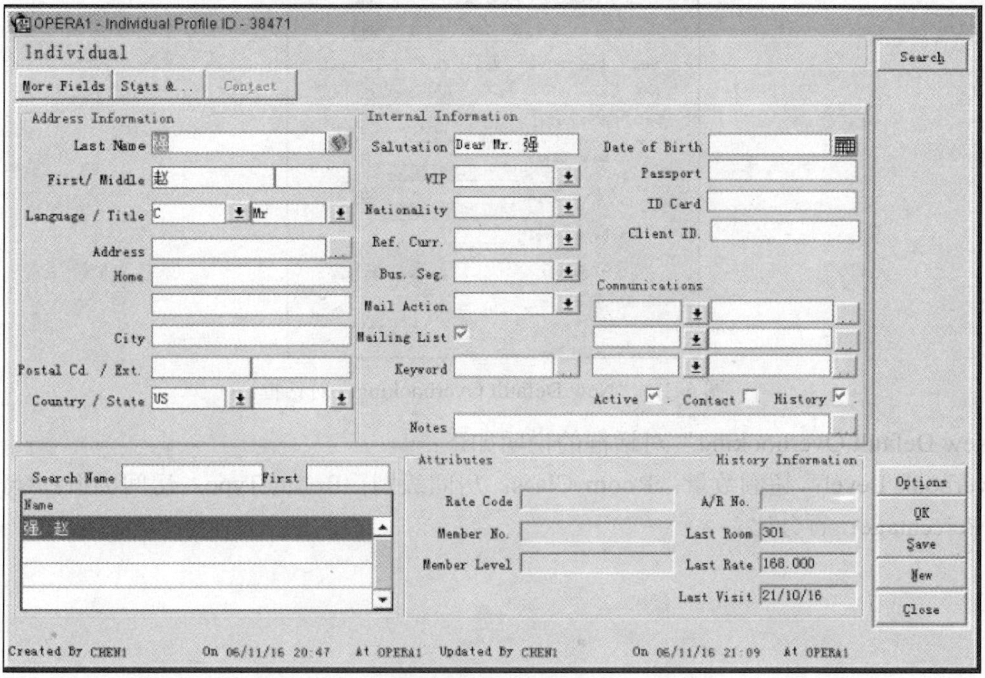

图 5-19 “Individual Profile ID”对话框

在“Opera PMS”系统中设置酒店客房超额预订。

在图 5-1 所示的“Rooms Management”窗口中，单击“Overbooking”命令按钮，弹出如图 5-20 所示的“Overbooking Setup”对话框，在此单击“New”命令按钮，弹出如图 5-21 所示的“New Default Overbooking”对话框，在“Overbook Level”中录入“1”(其他为系统默认)，单击“OK”命令按钮，此时可以超额预订的房间显示在图 5-20 所示的“Overbooking Setup”对话框中，在此可以对超额预订做编辑、删除操作。

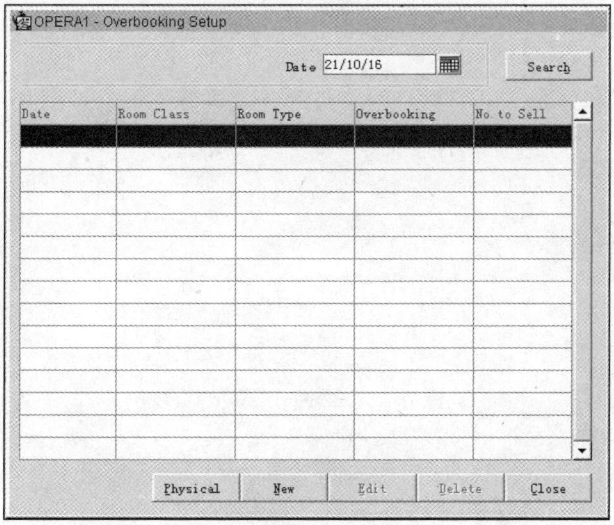

图 5-20 “Overbooking Setup” 对话框

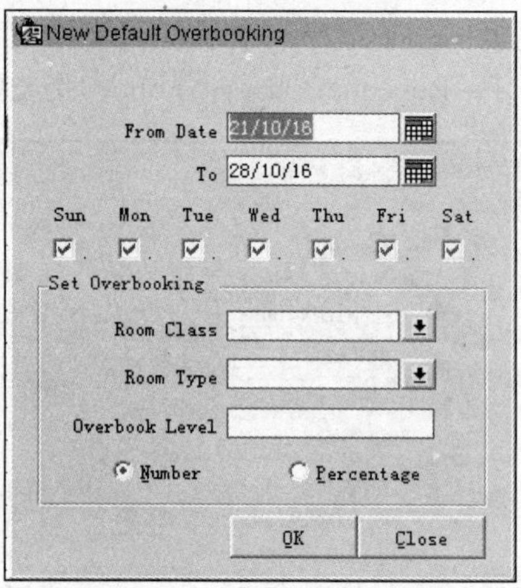

图 5-21 “New Default Overbooking”对话框

“New Default Overbooking”对话框的说明如下：

Overbook Level：超额数量；Room Class：房间级别；Room Type：房间类型；Number：数量；Percentage：百分比。

任务四 实训

实训一 客房管理一

一、实训报告

年 月 日

<table>
<tr><td>姓 名</td><td></td><td>专 业</td><td></td><td>班 级</td><td></td></tr>
<tr><td>实训课题</td><td colspan="5">客房管理一</td></tr>
<tr><td>实训目的</td><td colspan="5">1．了解客房管理功能及意义
2．了解客房管理（Housekeeping）、待修房/停用房（Out of Order/Service）的作用
3．掌握客房管理（Housekeeping）、待修房/停用房（Out of Order/Service）的操作方法</td></tr>
<tr><td>实训设备</td><td colspan="5">Opera PMS 酒店前台管理系统</td></tr>
<tr><td>相关知识</td><td colspan="5">1．客房管理的功能
2．客房管理
3．待修房/停用房</td></tr>
<tr><td>实训步骤</td><td colspan="5">一、登录“Opera PMS”系统
二、将脏房修改为干净房
三、将某安全隐患房设置为待修房
四、查看房态修改结果
五、将修好的“Out of Order”房修改为可销售的“Clean”房</td></tr>
<tr><td>实训反思</td><td colspan="5"></td></tr>
</table>

二、实训检测

1．实训过程评估

项　　目	学生自评	小组评估	教师评估	得　　分
1．登录“Opera PMS”系统（10分）				
2．将脏房修改为干净房（20分）				
3．将某安全隐患房设置为待修房（25分）				
4．查看房态修改结果（25分）				
5．将修好的“Out of Order”房修改为可销售的“Clean”房（20分）				
合计（100分）				

说明：实训过程评估项目得分=（学生自评+小组评估+教师评估）/3

2．实训效果测试

（1）在“Opera PMS”系统中收银管理命令是_____。

A．Reservations　B．Front Desk　C．Cashiering　D．Rooms Management

（2）客房管理中，不完整的或不准确的记录造成实际上的差异称为_____。

A．遗漏房 Skip　B．沉睡房 Sleep

C．等候房 Queue Rooms　D．脏房 Dirty

（3）下列“Guest Service Status”房态中属于脏房的是_____。

A．Vacant（空的）　B．Occupied　C．Dirty　D．Pickup

（4）“Housekeeping”对话框中，用于查询、修改房态的命令是_____。

A．Housekeeping Mgmt.　B．Queue Rooms

C．Room Conditions　D．Rm. Discrepancies

（5）“Housekeeping”对话框中，“Room Status”一栏中红色表示的是_____。

A．Dirty　B．Clean　C．Pickup　D．Inspected

实训二 客房管理二

一、实训报告

年 月 日

姓 名		专 业		班 级	
实训课题	客房管理二				
实训目的	1．了解客房管理功能及意义 2．了解客房管理中制作客房清扫任务单、客房历史、客房超额预订的作用 3．掌握制作客房清扫任务单、客房历史、客房超额预订的操作方法				
实训设备	Opera PMS 酒店前台管理系统				
相关知识	1．客房管理的功能 2．客房清扫任务单 3．客房历史 4．客房超额预订				
实训步骤	一、登录“Opera PMS”系统 二、制作客房清扫任务单 三、利用客房历史查询客人信息 四、客房超额预订				
实训反思					

二、实训检测

1．实训过程评估

项　　目	学生自评	小组评估	教师评估	得　分
1．登录“Opera PMS”系统（10分）				
2．制作客房清扫任务单（30分）				
3．利用客房历史查询客人信息（30分）				
4．客房超额预订（30分）				
合计（100分）				

说明：实训过程评估项目得分=（学生自评+小组评估+教师评估）/3

2．实训效果测试

（1）在“Rooms Management”（客房管理）窗口中，具有超额预订功能的是_____。

A．Overbooking　B．Housekeeping　C．Room History　D．Maintenance

（2）在“Housekeeping”对话框中，制作打印客房清扫任务单使用的命令是_____。

A．Queue Rooms　B．Housekeeping Mgmt

C．Room Conditions　D．Rm. Discrepancies

（3）在“Rooms Management”（客房管理）窗口中，查询客房历史功能的是_____。

A．Overbooking　B．Housekeeping　C．Room History　D．Maintenance

（4）“Task Sheet Report”对话框中的打印命令是_____。

A．Preview　B．Print　C．File　D．Close

（5）“Room History”对话框中的档案命令是_____。

A．Resv.　B．Revenue　C．Folio　D．Profile

第二篇　美萍酒店管理系统

随着经济的发展，人们的经济收入不断增长，人们的生活方式发生着变化，旅游成为一种时尚生活的引领，旅游带动了酒店企业的发展，特别是中小型酒店的发展。由于酒店定位的不同，高星级酒店与中小型酒店管理系统存在一定的差异。在学习了 Opera PMS 的基础上，我们再来学习美萍酒店管理系统，可以正确解读出酒店管理信息系统之间存在的经营理念的不同，从一个侧面了解酒店服务管理的方式。

对于没有 Opera PMS 教学条件的职业院校，借助课件完成第一篇的学习项目后，学生对于高星级酒店管理信息系统就有了一个理性认识，其实训内容可以借鉴第二篇的实训教学，让学生对酒店信息管理操作有一个感性认识，虽然两款系统有着本质的区别，但是它们又有着共性的内容，都具有酒店信息管理的预订、入住、结账等基本功能，也就是说工作主线是相同的，从这点来说两篇的学习有着相同之处，可以相互补充，由此弥补了教学软件条件缺失而无法实现第一篇实训教学的不足。

职业院校学生毕业选择工作时，有一部分去了中小型酒店或经济型链锁酒店做店长，有经济条件的就自主创业开办中小型酒店；本篇通过美萍酒店管理系统的学习，让学习者了解中小型酒店管理信息系统的管理内容、工作流程和管理方法，让学习者对将要从事的工作有一个充分的了解，同时为就业储备管理知识，掌握管理系统的操作技能。

本篇包括来宾登记、收银结算、营销管理、房务中心、营业查询、交班管理、系统维护、商品管理、财务管理九个教学项目；本篇依据管理系统的特点设计了教学项目，旨在传授酒店管理各项功能，让学习者在学习本系统的基础上举一反三自学其他酒店管理系统。

教学目标

1. 了解酒店管理系统的模块构成及功能，掌握启动方法；
2. 了解前台业务，学会预订管理、开单入住、更换房间等操作；
3. 了解收银结算，学会消费录入、转账、合并账单、拆分账单、结账的相关操作；
4. 了解宾客资料管理，学会营销管理，掌握 VIP 会员管理的相关操作；
5. 学会房态浏览的几种操作方法，掌握房态更改和长包房管理的相关操作；
6. 了解营业状态查询的内容，掌握日常查询和财务查询部分操作；
7. 掌握交班管理操作。

软件简介

美萍酒店管理系统主要包括：来宾登记、收银结算、系统维护、营业查询、营销管理、商品管理、财务管理等模块。

项目一 来宾登记

项目概述

从酒店管理软件启动开始，使用酒店管理软件办理前台业务；某天酒店前台服务员，接到阳光旅行社导游钱国净为散客崔玲预订房间的电话，为其办理了预订，后来客人崔玲取消了预订，不久钱国净又带崔玲来到酒店，酒店根据客人崔玲的要求为她办理了恢复预订并入住手续；接下来酒店接待了上门客人张明，并为他办理了散客开单；又一天，导游钱国净带一旅游团来到了酒店，要求酒店为她的旅游团队办理入住手续，钱国净为客人续交了押金，旅游团一名客人要求调换房间，酒店满足客户提出的要求，为她更换了房间。

本项目包括以下主要内容：

1. 美萍酒店管理系统试用版 7.4 的启动方法；
2. 美萍酒店管理系统窗口简介；
3. 来宾登记模块的构成及功能；
4. 来宾登记的使用方法。

任务一 美萍酒店管理系统简介

一、美萍酒店管理系统试用版 7.4 的启动方法

方法一：双击桌面上的美萍酒店管理系统快捷方式图标“ ”，弹出如图 1-1 所示的“登录窗口”对话框，单击“登录”命令按钮，进入美萍酒店管理系统。

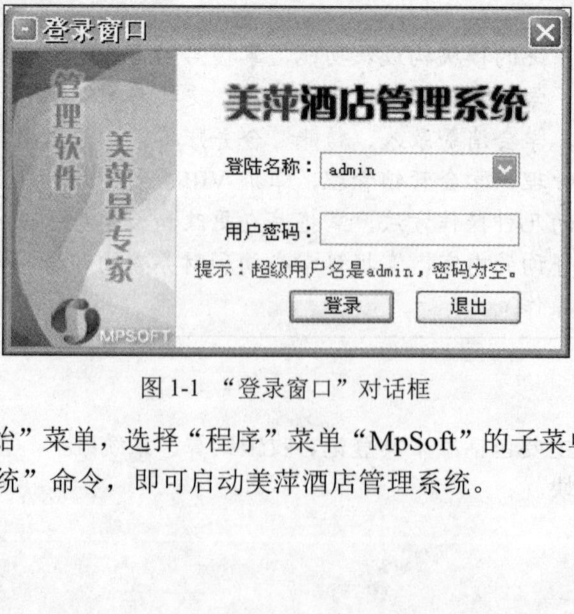

图 1-1 “登录窗口”对话框

方法二：单击“开始”菜单，选择“程序”菜单“MpSoft”的子菜单“美萍酒店管理系统”中的“美萍酒店管理系统”命令，即可启动美萍酒店管理系统。

二、美萍酒店管理系统窗口简介

启动美萍酒店管理系统，弹出如图 1-2 所示的“美萍酒店管理系统”窗口，该窗口由标题栏、菜单栏、工具栏、房间状态区、房态区、房间消费明细区、快速通道 7 部分组成。

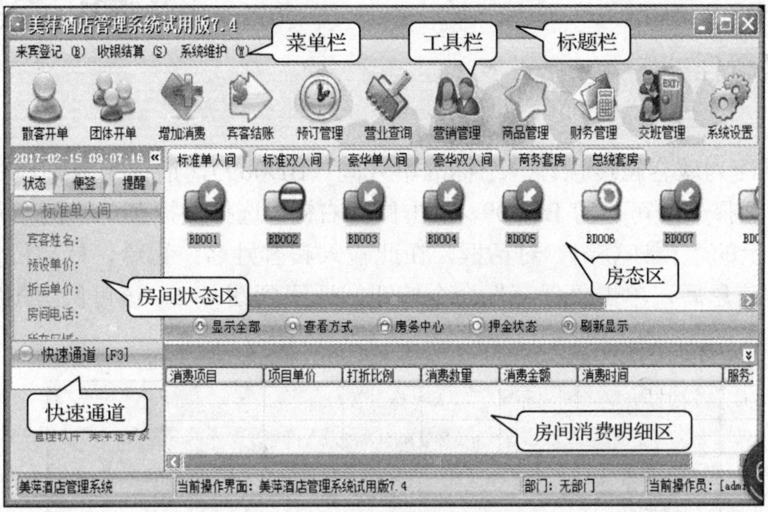

图 1-2 “美萍酒店管理系统”窗口

三、来宾登记模块的构成

来宾登记模块主要由预订管理、散客开单、团体开单、修改登记、续/退押金、更换房间、更改房态、电子提醒、锁定屏幕等构成。来宾登记是酒店管理系统程序中的重要组成部分，该模块提供的更换房间功能方便了客房管理工作；该模块提供的预订、登记功能减少了客人办理预订、入住等待的时间，提高了前台接待服务的工作效率。

四、来宾登记模块的功能

散客（团体）开单功能：建立宾客消费账，本模块为每位来店宾客指定一个房间，是宾客消费的开始。

续/退押金功能：客人住店期间消费超出押金时要及时续交，客人结账时押金要退给客人（收回押金条）。

更换房间功能：假如因为店内原因或客人要求，造成客人当前占用的房间必须终止提供，但客人的消费并未终结，为此，可以通过更换房间来将客人资料及消费信息在不进行结账操作的情况下转到另一新项目下，如换房间。

修改登记功能：如果在顾客开单时填写有误，或者用于修改来宾姓名、押金金额等可通过此项操作完成。

房间状态功能：可手动修改处于非占用状态的房间状态为“可供”“预订”“停用”等状态。

预订管理功能：可以完成增加预订、修改预订、删除预订，以及预订情况的查询、导出、打印等功能。

退出系统功能：可中断本系统的运行并退回到操作系统。

任务二 来宾登记的使用方法

一、前台面对客户提供的服务

（一）预订管理

1．预订

导游钱国净为散客崔玲预订一个标准单人间（BD009），请你为她办理相关手续。

在图 1-2 中选择一个可供房 BD009，单击鼠标右键，选择快捷菜单中的“宾客预订”命令，弹出如图 1-3 所示的“预订登记”对话框，在此输入宾客姓名：崔玲，然后核实预订房间、日期、到达时间等信息后，单击“保存”命令按钮，返回到图 1-2，该可供房图标“”变为预订房图标“”。

图 1-3 “预订登记”对话框

【练习 1】 请你使用工具栏中的预订管理命令“”为客人办理预订手续。

2．取消预订

导游钱国净来电话，要求酒店取消崔玲的预订。

选择“来宾登记”菜单中的“预订管理”命令，弹出如图 1-4 所示的“预订管理”对话框，选择崔玲的记录，单击工具栏取消/还原命令按钮“”，选择取消命令（或右击鼠标，从快捷菜单中选择“取消”命令），弹出“确认[取消]该预订吗？”提示信息对话框，单击“确定”命令按钮后即可取消预订，该预订房图标“”变为可供房图标“”。

3．恢复预订并入住

导游钱国净带崔玲来到酒店，要求恢复崔玲的预订，同时为她办理入住手续。

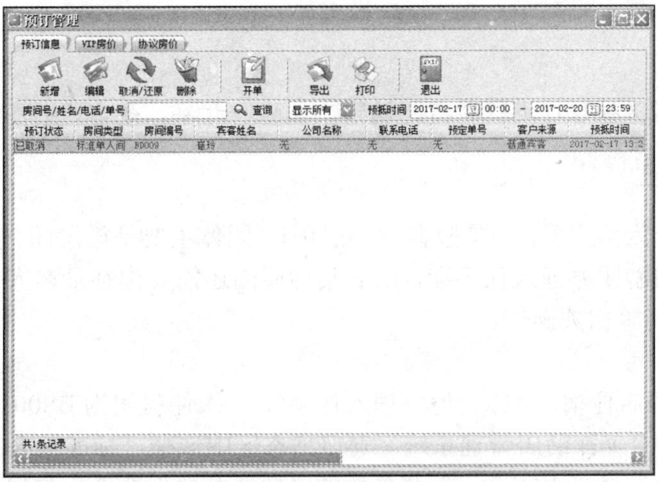

图 1-4 “预订管理”对话框

在图 1-4 中选择崔玲的记录，单击工具栏中取消/还原命令按钮“”，选择“还原”命令，出现“确认[还原]该预订吗”提示信息对话框，单击“确定”命令按钮完成还原预订操作。单击工具栏中的开单命令按钮“”，弹出如图 1-5 所示的“此房间预订情况”对话框，在图 1-5 中选择崔玲，单击“确定”命令按钮后，弹出如图 1-6 所示的“顾客开单”对话框，在此录入顾客信息后，单击“确定”命令按钮完成开单操作，办理了入住手续，这时房态图标由预订“”变为占用“”。

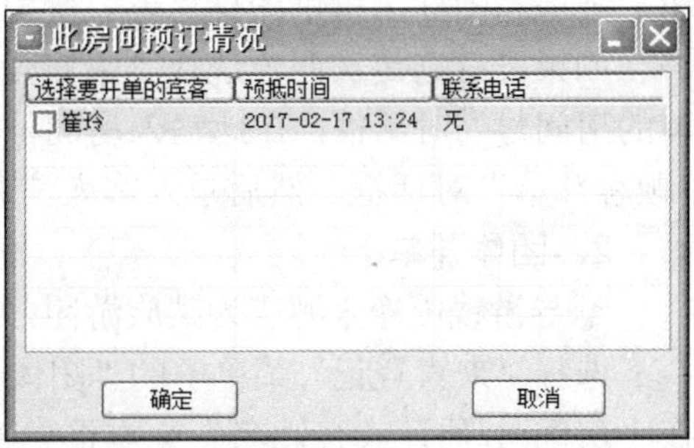

图 1-5 “此房间预订情况”对话框

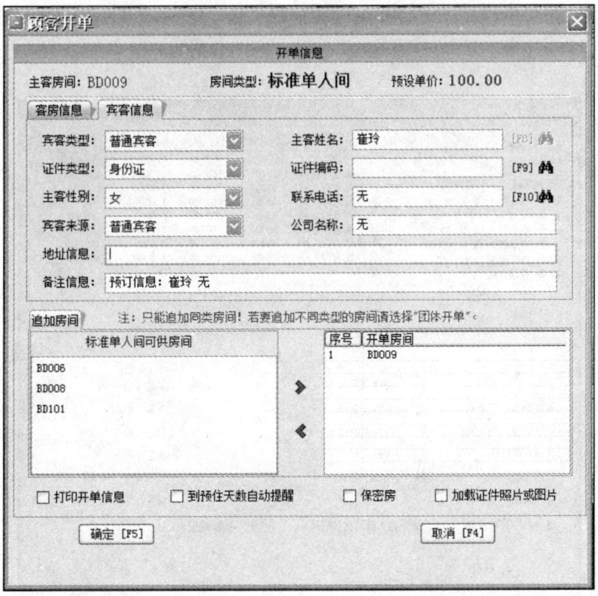

图 1-6 “顾客开单”对话框

说明：

在预订管理中可以对预订进行新增、编辑、删除、开单、导出、打印等相关操作。

（二）客人入住

酒店客人来源分为两大类，一是散客，二是团体（团体主要是旅游团、会议团和商务团等），下面请你为散客及旅游团办理入住手续，由于某种原因还需要你补录客人信息，并为客人办理续/退押金及更换房间等相关操作。

1．散客开单

散客张明来酒店住宿，请你为他办理入住手续。（入住房间为BS001，其他为系统默认）。

在图1-2所示的“美萍酒店管理系统”窗口房态区中选择“标准双人间”选项卡，单击要预订的房间BS001，选择“来宾登记”菜单中的“散客开单”命令，弹出如图1-6所示的“顾客开单”对话框，单击“宾客信息”选项卡，在此输入客人张明的信息后单击“确定”命令按钮，该房态图标由可供图标“”变为占用图标“”。

如果没有选定房间，选择“来宾登记”菜单中的“散客开单”命令，出现“请输入需要开单的房间号”对话框，在此输入房间号BS001后单击“确定”命令按钮，弹出如图1-6所示的“顾客开单”对话框，然后录入客人信息，单击“确定”命令按钮即可。

2．团体开单

导游钱国净来酒店为某旅游团办理入住手续，要求开设6个标准双人间，1个标准单人间。

选择“来宾登记”菜单中的“团体开单”命令，弹出如图1-7所示的“团体开单”对话框，在“房间号/预订宾客姓名”文本框中输入钱国净，在“可供房间”选项卡中选择标准单人间BD101双击、再分别选择标准双人间BS005至BS010双击，所选房间显示在开单房间记录中，在开单房间中单击标准单人间BD101，指定BD101为主客房间，此时，在开单房间区域出现7个记录，单击“确定”命令按钮，返回主系统窗口，图1-2中的BD101、BS005至BS010图标由可供“”变为占用“”。

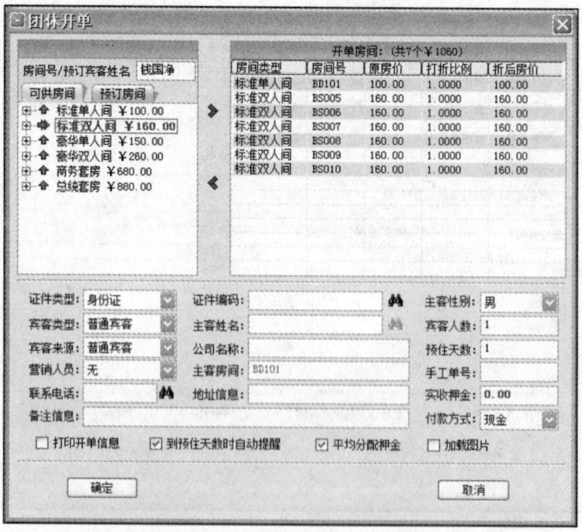

图1-7 “团体开单”对话框

3．修改登记

请你补录旅游团主客 BD101 房间客户信息，姓名：陈某，公司名称：山东省济南商贸学校。

单击需要修改登记的房间 BD101，选择“来宾登记”菜单中的“修改登记”命令，弹出如图 1-8 所示的“修改登记”对话框，在此录入主客姓名：陈某，公司名称：山东省济南商贸学校，完成后单击“确定”命令按钮即可。

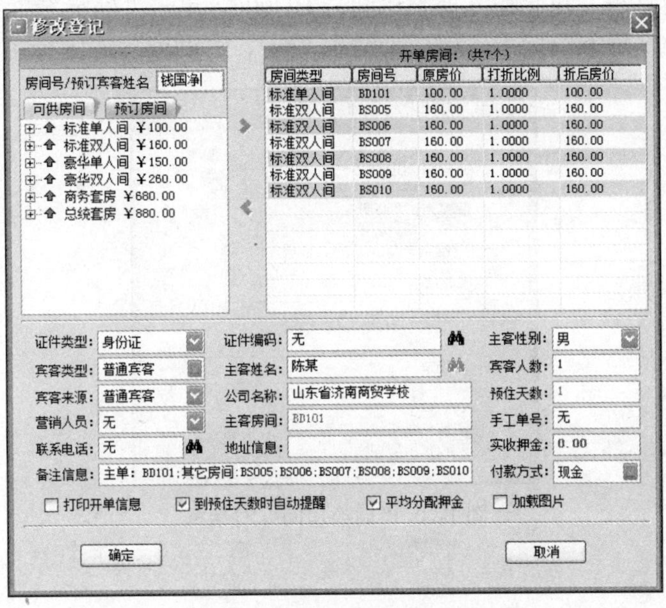

图 1-8 “修改登记”对话框

4．续/退押金

导游钱国净为旅游团 BD101 房间（主客）交 2 天的押金 1000 元。

选择“来宾登记”菜单中的“续/退押金”命令，出现“请输入需要续/退押金的房间号”对话框，输入房间号 BD101，单击“确定”命令按钮，弹出如图 1-9 所示的“续/退押金”对话框，在对话框“续住天数”文本框处输入“2”，此时，续/退押金处显示需要交纳 1000 元，付款方式默认为现金，单击“确定”命令按钮完成操作。

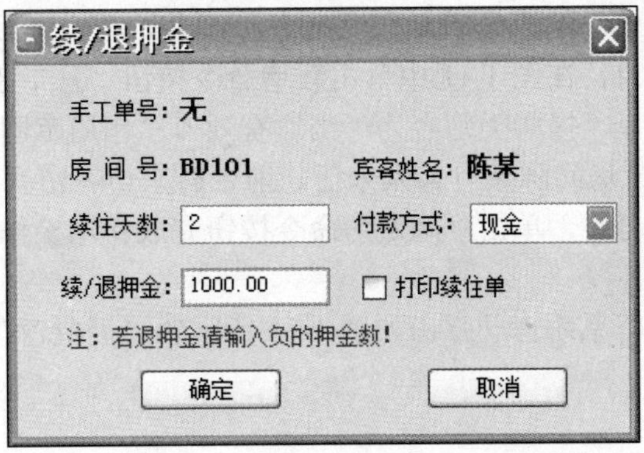

图 1-9 “续/退押金”对话框

【练习 2】 在图 1-2 所示的“美萍酒店管理系统”窗口中单击押金状态命令按钮“押金状态”，弹出“押金状态”对话框，在此可以进行押金总状态、押金收取明细和在店储值卡宾客信息查询，请利用“押金状态”命令查看 BD101 房间押金交纳情况。

5．更换房间

居住 BD101 房间的旅游团客人因某种原因要求更换房间到 BD006。

选定 BD101 房间，然后选择“来宾登记”菜单中的“更换房间”命令，弹出如图 1-10 所示的“调换房间”对话框，在此输入调整房间号 BD006，单击“确定”命令按钮完成更换房间的操作，此时，BD101 房态图标由占用变为清理“”，BD006 房态图标由可供变为占用“”。

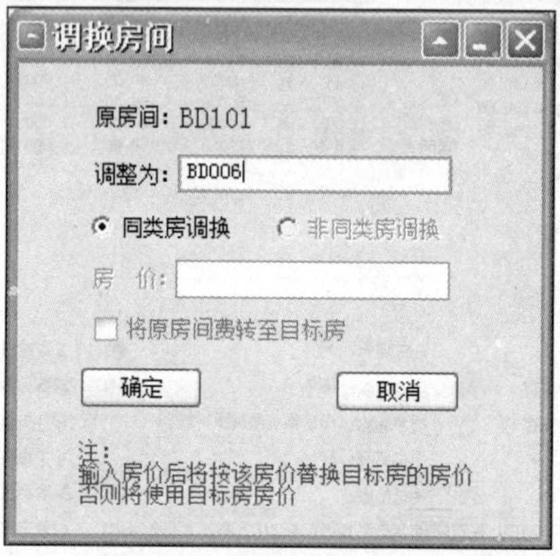

图 1-10 “调换房间”对话框

说明：

同类房调换不存在房间费差价，非同类房调换存在差价，要录入房价。

二、前台内部管理

1．提醒服务

酒店管理系统注重每一个细节管理，为了更好地为客户服务，系统中提供了提醒服务，根据电子提醒的提示信息，前台管理人员进行相关操作。

设置电子提醒信息为“今天 BD006 房间陈某有客人来访，前台有来访者留言，请转交。”

选择“来宾登记”菜单中的“电子提醒”命令，弹出如图 1-11 所示的“电子提醒”窗口，窗口中显示需要提醒的信息，在图 1-11 中单击新增命令按钮“新增”，弹出如图 1-12 所示的“增加提醒”对话框，在此选择“提醒类别”为“当次有效”，“作用范围”为“提醒所有人”，“提醒内容”为“今天 BD006 房间陈某有客人来访，前台有来访者留言，请转交”，“提醒时间”设置为系统默认时间加两分钟，单击“确定”命令按钮完成新增操作，单击“退出”命令按钮关闭电子提醒窗口。

电子提醒时间到达时，系统自动弹出如图 1-13 所示的“提醒窗口”。

图 1-11 “电子提醒”窗口

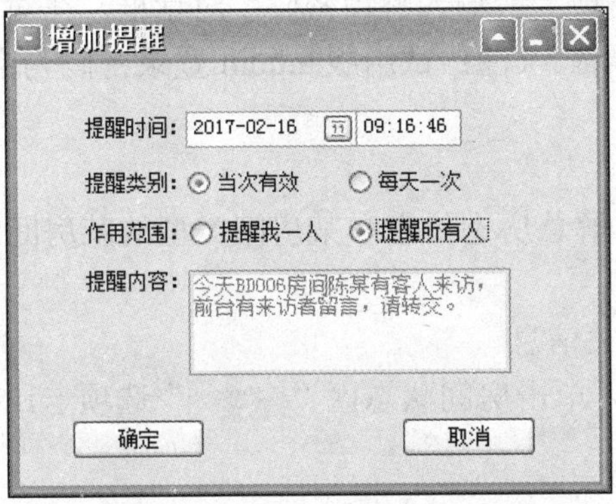

图 1-12 “增加提醒”对话框

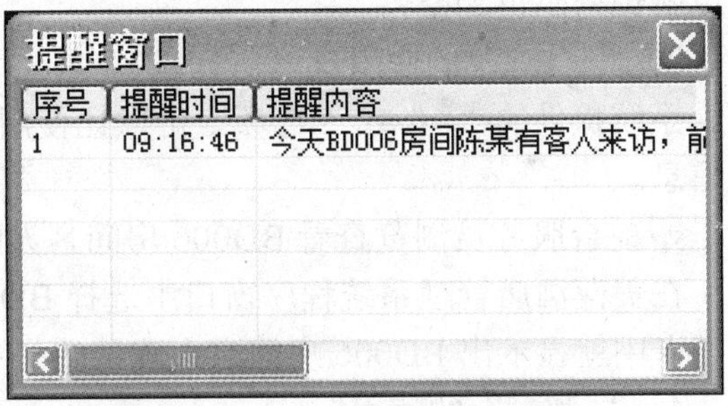

图 1-13 提醒窗口

说明：

- 在图 1-2 所示的房间状态区，单击“提醒”选项卡，提醒信息也显示在如图 1-14 所示的“提醒”选项卡中。
- 设置日期为当前日期，时间为当前时间+2 分钟，这样设置的目的是 2 分钟后我们就可以看到提示信息（见图 1-13）。
- 电子提醒可以随时提供某房间预住到期提示信息，方便前台管理，另外根据实际情况可以对提醒记录进行新增、编辑、删除、查询等操作。

2．锁定屏幕

酒店管理系统在正常运行时，除当前操作者外其他任何人员无权使用，前台管理过程中服务员在没有客人来访或短暂离开时，可以利用锁屏功能，保护酒店管理系统不被其他人使用，从而保证系统数据的安全。

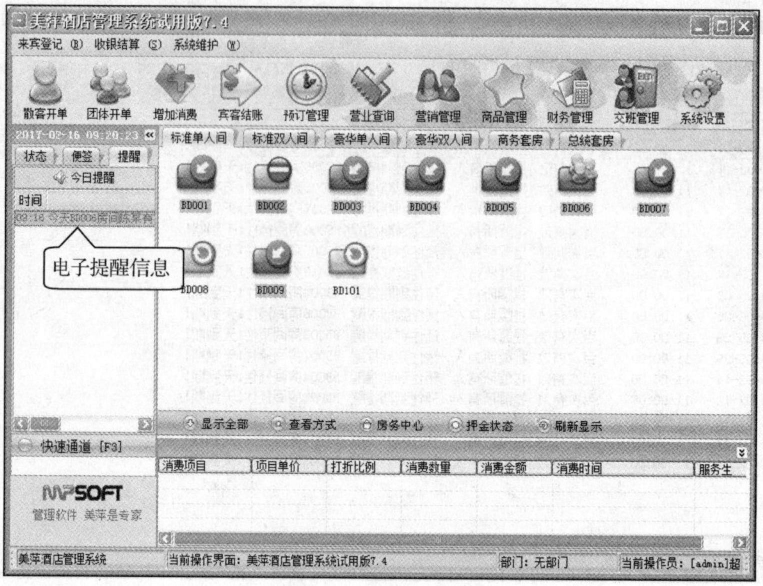

图 1-14 “提醒”选项卡

选择“来宾登记”菜单中的“锁定屏幕”命令，出现“请输入解锁密码”对话框，在对话框中输入密码后，单击“解锁”命令按钮，结束锁定屏幕。（注：试用版 admin 登录密码为空，所以解锁密码也为空）。

3．“状态”的使用

系统提供的“状态”选项卡可以让使用者随时了解总房态信息和某房间类型的某房间客人信息。

前台服务员浏览查看 BD006 房间客人陈某的相关信息。

在美萍酒店管理系统程序窗口中选择 BD006 房间，单击房间状态区“状态”选项卡，在状态卡中就显示出 BD006 房间客人陈某的有关信息。

4．“便签”的使用

在便签处记录招领信息：“服务员在餐厅拾到手机一部，交到前台，请失主来认领。”，并将该信息保存为“失物招领.TXT”，观察“失物招领.TXT”文件内容。

“便签”选项卡提供了插入当前时间、便签保存为 TXT 文件、清除便签等功能。

在美萍酒店管理系统程序窗口中选择房间状态区“便签”选项卡，单击便签空白处，确定输入文字位置，然后在此输入文字内容“服务员在餐厅拾到手机一部，交到前台，请失主来认领”，操作结果如图 1-15 所示；单击保存便签的命令按钮“ ”，弹出“另存为”对话框，在此确定文件保存位置（保存在系统默认路径），输入文件名：失物招领.txt，单击“保存”命令按钮完成操作；打开“失物招领.TXT”文件，文件内容如图 1-16 所示。

JAN 7：单击“加入当前时间”命令按钮，在便签处插入当前日期与时间。

：单击“计算器”命令按钮，弹出计算器应用程序。

：单击“清空便签”命令按钮，出现“您确定要清空便签吗？”提示信息对话框，单击“确定”命令按钮，清空便签内容。

图 1-15 “便签”选项卡

图 1-16　失物招领.TXT 文件内容

【练习 3】 请你清除便签内容。

任务三 实训

实训一 预订管理

一、实训报告

年 月 日

姓 名		专 业		班 级	
实训课题	预订管理				
实训目的	1．了解预订管理的内容 2．掌握预订管理中预订、取消预订、还原预订、预订转入住等相关操作				
实训设备	美萍酒店管理系统试用版				
相关知识	1．可供房态图标“”，预订房态图标 2．预订操作使用工具栏中的预订管理命令 “”或使用“来宾登记”菜单中的“预订管理”命令 3．取消/还原操作使用预订管理窗口中的“”命令 4．预订转为入住使用预订管理窗口中的“”命令				
实训步骤	一、登录美萍酒店管理系统 二、办理预订 三、取消预订 四、预订转入住				
实训反思					

二、实训检测

1．实训过程评估

项　　目	学生自评	小组评估	教师评估	得　分
1．登录美萍酒店管理系统（10 分）				
2．办理预订（30 分）				
3．取消预订（30 分）				
4．预订转入住（30 分）				
合计（100 分）				

说明：实训过程评估项目得分=（学生自评+小组评估+教师评估）/3

2．实训效果测试

（1）在美萍酒店管理系统中，新建预订的命令是_____。

A. 　B. 　C. 　D. 

（2）在美萍酒店管理系统中，预订房态图是_____。

A. 　B. 　C. 　D. 

（3）在美萍酒店管理系统中，预订直接转入住的命令是_____。

A. 

B. 

C. 

D. 

（4）在美萍酒店管理系统中，修改预订的命令是_____。

A. 

B. 

C. 

D. 

（5）在美萍酒店管理系统中，预订取消后其房态图是_____。

A. 　B. 　C. 　D. 

实训二 入住登记

一、实训报告

年 月 日

姓 名		专 业		班 级	
实训课题	入住登记				
实训目的	1. 了解办理入住手续的内容 2. 掌握办理散客、团体、长包房入住手续的相关操作				
实训设备	美萍酒店管理系统试用版				
相关知识	1. 散客入住房态图标“ ”，团队入住房态图标“ ”，长包房入住图标“ ” 2. 散客开单使用工具栏中的“ ”命令或使用“来宾登记”菜单中的“散客开单”命令 3. 团体开单使用工具栏中的“ ”命令或使用“来宾登记”菜单中的“团体开单”命令 4. 长包房开单使用“来宾登记”菜单中的“长包房管理”命令				
实训步骤	一、登录美萍酒店管理系统 二、散客开单 三、团体开单 四、长包房开单				
实训反思					

二、实训检测

1．实训过程评估

项　　目	学生自评	小组评估	教师评估	得　分
1．登录美萍酒店管理系统（10分）				
2．散客开单（30分）				
3．团体开单（30分）				
4．长包房开单（30分）				
合计（100分）				

说明：实训过程评估项目得分=（学生自评+小组评估+教师评估）/3

2．实训效果测试

（1）在美萍酒店管理系统中，散客开单的命令是______。

A．　B．　C．　D．

（2）在美萍酒店管理系统中，团队开单的命令是______。

A．　B．　C．　D．

（3）在美萍酒店管理系统中，入住房态图是______。

A．　B．　C．　D．

（4）在美萍酒店管理系统中，长包房入住房态图是______。

A．　B．　C．　D．

（5）在美萍酒店管理系统中，团队入住房态图是______。

A．　B．　C．　D．

实训三　前台服务管理

一、实训报告

年　月　日

姓　名		专　业		班　级	
实训课题	前台服务管理				
实训目的	1．了解系统提供的更换房间、续/退押金、电子提醒、锁定屏幕、“状态”选项卡的功能 2．掌握更换房间、续/退押金、电子提醒、锁定屏幕、“状态”选项卡的操作方法				
实训设备	美萍酒店管理系统试用版				
相关知识	1．清理房的房态图标“” 2．使用“来宾登记”菜单中的命令可以进行更换房间、续/退押金、电子提醒、锁定屏幕等操作				
实训步骤	一、登录美萍酒店管理系统 二、更换房间 三、续/退押金 四、电子提醒 五、锁定屏幕 六、“状态”选项卡				
实训反思					

二、实训检测

1．实训过程评估

项　　目	学生自评	小组评估	教师评估	得　分
1．登录美萍酒店管理系统（10分）				
2．更换房间（25分）				
3．续/退押金（25分）				
4．电子提醒（20分）				
5．锁定屏幕（10分）				
6．“状态”选项卡（10分）				
合计（100分）				

说明：实训过程评估项目得分=（学生自评+小组评估+教师评估）/3

2．实训效果测试

（1）在美萍酒店管理系统中更换房间时，“调换房间”对话框中关于房价叙述错误的是_____。

A．同类房间时，输入的房价无效

B．同类房间时，不用输入

C．输入房价，就按这个房价执行

D．输入房价，将按该房价替换目标房的房价，否则将使用原房间的价格

（2）在美萍酒店管理系统中，“续/退押金”中输入负数表示_____。

A．收押金　　B．退押金　　C．退房费　　D．收房费

（3）在美萍酒店管理系统中，不属于电子提醒内容类型的是_____。

A．所有提醒　　B．自定义提醒

C．预住到期提醒　　D．提醒当班服务者

（4）美萍酒店管理系统试用版锁定屏幕解锁密码是_____。

A．登录密码　　B．开机密码

C．Windows用户密码　　D．不用录入直接单击解锁

（5）在美萍酒店管理系统中，随时想了解某房间客人的信息使用_____。

A．状态　　B．便签　　C．提醒　　D．快速通道 [F3]

项目二 收银结算

项目概述

客人崔玲入住酒店BD009房间，在酒店用晚餐过程中点了红葡萄酒1瓶和纯净水10瓶，消费过程中发现纯净水有2瓶过期要求退货；同时发现自己没有点红葡萄酒，服务员将账单搞错了，崔玲要求纠正账单错误，后经多方查对，这瓶红葡萄酒是某旅游团BD006房间陈某要的；导游钱国净为旅游团现金结账；客人张明入住BS001房间，在酒店用过晚餐，去保健中心进行保健推拿，发现朋友崔玲也在酒店，提出为她付账（合并账单），张明有事需要提前离店，不能为朋友崔玲结账（拆分账单），他办理挂账结账手续离店；事后不久他来酒店办理挂账结账手续。

本项目包括以下主要内容：

1．收银结算模块的构成及功能；
2．收银结算的使用方法。

任务一 收银结算简介

一、收银结算模块的构成

收银结算模块由宾客结账、合并账单、拆分账单、已挂账单结账构成，收银是酒店管理的重要环节，该模块提供的各项功能解决了收银工作中的跑单、漏单等现象，提高了酒店的结算工作效率。

二、收银结算模块的功能

双击桌面上的美萍酒店管理系统快捷方式图标“ ”，弹出如图1-1所示的“登录窗口”对话框，单击“登录”命令按钮，进入如图1-2所示的“美萍酒店管理系统”。单击菜单栏中的“收银结算”命令，弹出收银结算下拉菜单，其中包括宾客结账、合并账单、拆分账单、已挂账单结账等命令选项。

（1）宾客结账功能：本模块将自动统计每个登记客人在店时所发生的所有消费额和应付款额，并完成结账收银操作。

（2）合并账单功能：合并两个或两个以上的账单为一个账单，合并后的账单可同时结账。

（3）拆分账单功能：将合并后的账单拆分成单个的账单。

（4）挂账单结账功能：本模块对已经离店但尚未结账并进行挂账处理的账单进行结账操作。

任务二 收银结算的使用方法

一、宾客现金结账

客人登记入住后，所有在酒店的消费项目都要求登录到酒店管理系统，客人结账时所有消费项目数据自动汇总，下面请你记录客人消费项目，并进行消费转账、消费退单、合并账单、拆分账单等操作，最后用现金和挂账形式为客人办理结账手续。

1. 消费录入

请你录入 BD009 房间客人崔玲在酒店的消费，具体消费项目：红葡萄酒 1 瓶，纯净水 10 瓶。

在图 1-2 所示的“美萍酒店管理系统试用版 7.4”窗口中选择 BD009 房间，单击工具栏中的增加消费命令按钮“”，弹出如图 2-1 所示的“增加消费”对话框，在此双击“消费项目（清单）”选项卡中的红葡萄酒记录，红葡萄酒记录就显示在 BD009 消费清单中；选择“消费项目（清单）”选项卡中的纯净水记录，录入消费数量“10”，单击“添加”命令按钮，10 瓶纯净水记录就显示在 BD009 消费清单中，最后单击“关闭确定”命令按钮完成操作。

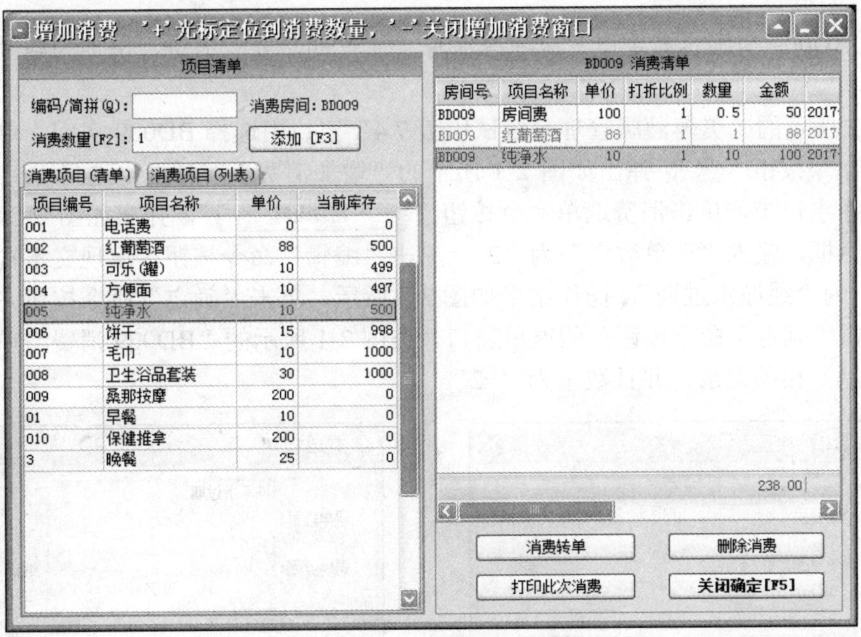

图 2-1 “增加消费”对话框

2. 消费转账

BD009 房间客人崔玲发现自己没有点红葡萄酒，服务员将账单搞错了，崔玲要求纠正账单错误，后经多方查对，这瓶红葡萄酒是 BD006 房间客人陈某要的，请你将 BD009 房间消费的红葡萄酒转到 DB006 房间，由陈某结账。

在“美萍酒店管理系统试用版 7.4”窗口中选择 BD009 房间，单击工具栏中的增加消费命令按钮“”，弹出如图 2-1 所示的“增加消费”对话框，选择 BD009 消费清单中的红葡萄酒记录，单击消费转单命令按钮“消费转单”，弹出如图 2-2 所示的“消费转单”对话框，输入目标房间 BD006，单击“确定”命令按钮，此时红葡萄酒记录从 BD009 消费清单中消失，被自动转到目标房间 DB006 的账单上，由目标房间 BD006 客人陈某结账，最后单击“关闭确定”命令按钮完成操作。

在“美萍酒店管理系统试用版 7.4”窗口中选择 BD006 房间，刚转入的红葡萄酒记录就会显示在图 1-2 所示的房间消费明细中。

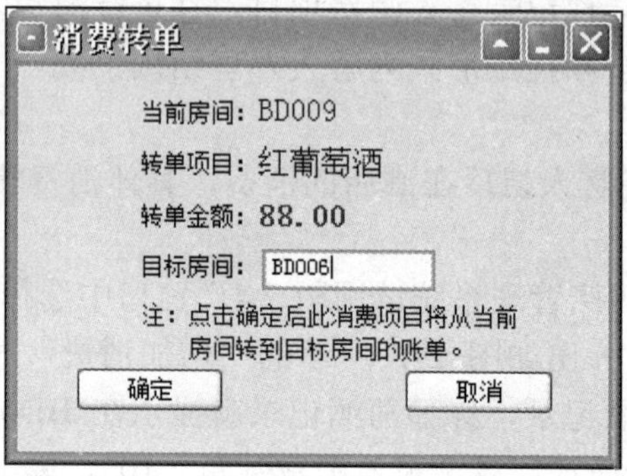

图 2-2 “消费转单”对话框

3．消费退单

酒店 BD009 房间客人崔玲发现纯净水有 2 瓶过期，要求退货，请你为她办理相关退单手续。

在图 1-2 所示的“美萍酒店管理系统试用版 7.4”窗口中选择 BD009 房间，单击工具栏中的增加消费命令按钮“增加消费”，弹出如图 2-1 所示的“增加消费”对话框，选择“BD009 消费清单”中的纯净水记录，单击消费退单命令按钮“消费退单”，弹出如图 2-3 所示的“退单窗口”对话框，输入“退单数量”为“2”，单击“编辑”命令按钮，出现文本输入框，输入“退单原因”为“纯净水过期”，操作结果如图 2-4 所示，单击“确定”命令按钮完成退单原因录入，再单击“确定”命令按钮关闭退单窗口，在图 2-1 所示的“BD009 消费清单”中出现红色纯净水（退）相关记录，并且数量为“-2”。

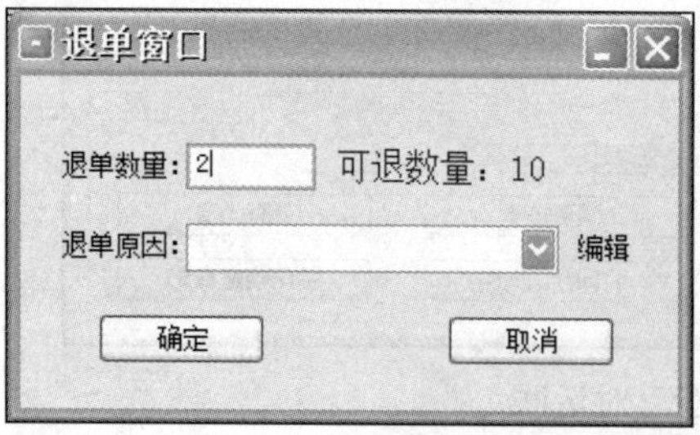

图 2-3 “退单窗口”对话框

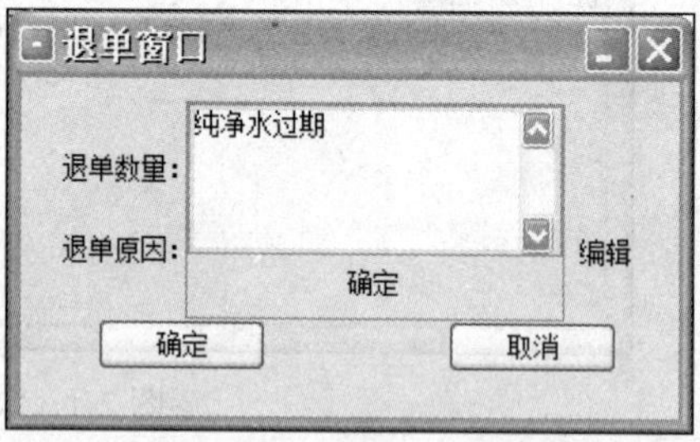

图 2-4 退单内容编辑

4．现金结账

导游钱国净为旅游团现金结账（主客陈某房间 BD006），请你为她办理结账手续。

选择“收银结算”菜单中的“宾客结账”命令，出现“请输入需要结账的房间号”对话框，输入房间号 BD006 后，单击“确定”命令按钮，弹出如图 2-5 所示的“收银结账”对话框，对话框中显示房间客人消费清单，“结账备注”中显示旅游团入住的所有房间号，核对准确无误后，找零382元，单击“结账”命令按钮完成结账操作。

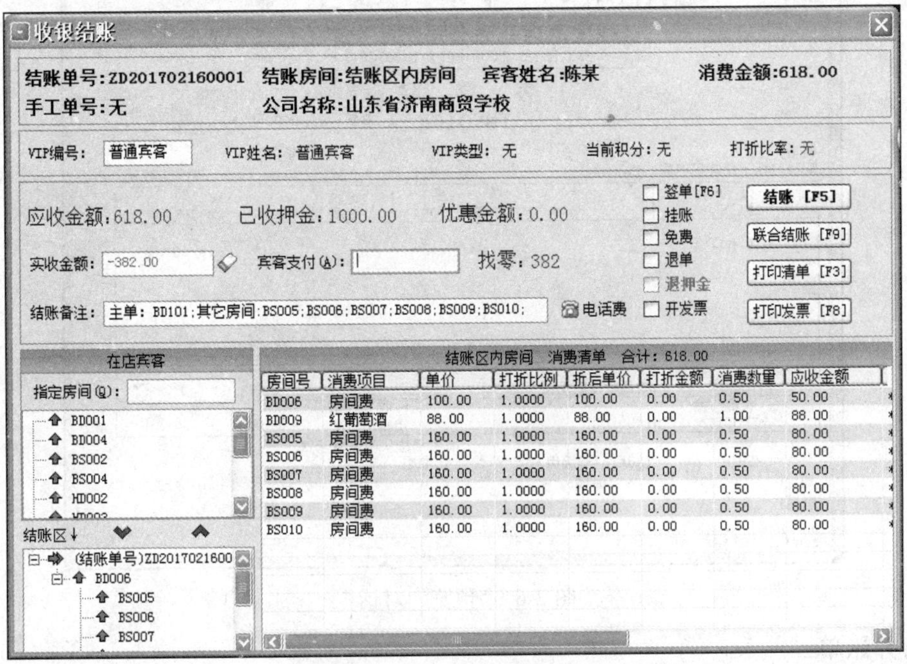

图 2-5 “收银结账”对话框

图 2-5 所示的“收银结账”对话框中部分选项及命令的使用说明如下：

（1）签单：选择该命令，在图 2-5 窗口中就会出现“”信息，录入登录名称：admin，签单金额：10，单击“确定”命令按钮，此时陈某宾客支付金额就会减去10元，在结账备注中显示“admin 签单金额：10”信息（签单金额数量可以在系统设置操作员选项卡中修改）。

（2）挂账：客人离店时没有付款结账，其结账额暂作“挂账”处理。

（3）免费：对一些特殊宾客的优惠措施，所谓“免费”是指其所有消费不作营业额统计。

（4）退单：客人登记后随即提出“退单”，所谓“退单”是指其所有消费不作营业额统计。

（5）结账：客户交付完在酒店的费用后，单击“结账”命令按钮，终止该客人此次在本店的消费行为。

（6）联合结账：单击“联合结账”命令按钮，弹出“联合结账方式”对话框，在此从用现金支付、代金券支付、国内信用卡、国际信用卡、储值卡支付中选择一种付款方式，待客人付款后，单击“确定”命令按钮，出现提示对话框“确定要结账吗？”，单击“确定”命令按钮，完成结账操作。

（7）打印清单：单击该命令按钮，出现提示：“试用版不提供此功能”。

（8）打印发票：单击该命令按钮，弹出如图 2-6 所示的“预览”对话框，在图 2-6 中可以进行显示大小调整、查找文本、导出 Excel 文件，以及进行页面设置、打印等操作。

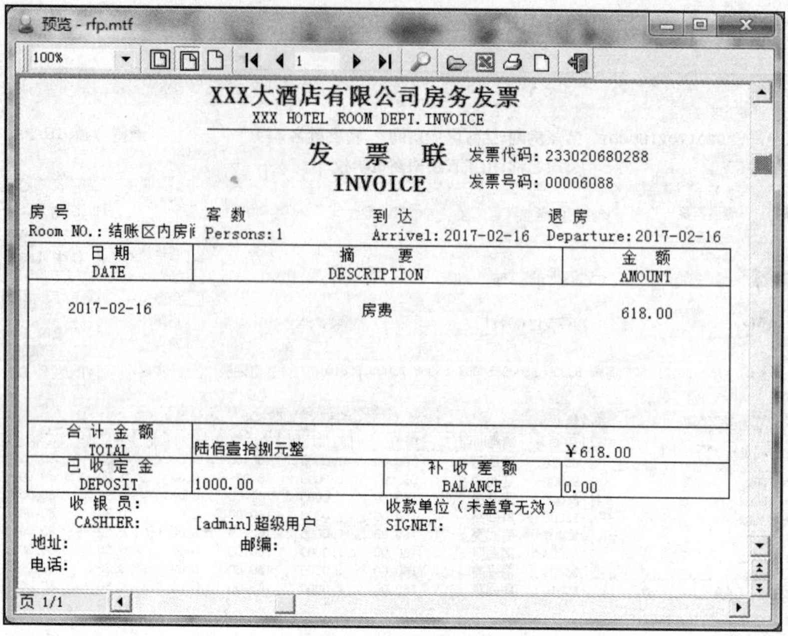

图 2-6 “预览”对话框

5．合并账单

住 BS001 房间的客人张明要求为住 BD009 房间的朋友崔玲付账，请你为他们办理合并账单手续。

在图 1-2 所示的“美萍酒店管理系统试用版 7.4”窗口中选定 BS001 房间，选择“收银结算”菜单中的“合并账单”命令，弹出如图 2-7 所示的“合并账单”，在“在店宾客”区域中双击需要合并的 BD009 记录（或单击“❯”命令），该记录就进入“合并区”区域中，单击“确定”命令按钮，出现“合并后，主单将负责支付所有子单的消费款项！”对话框，单击“确定”命令按钮完成合并账单操作。

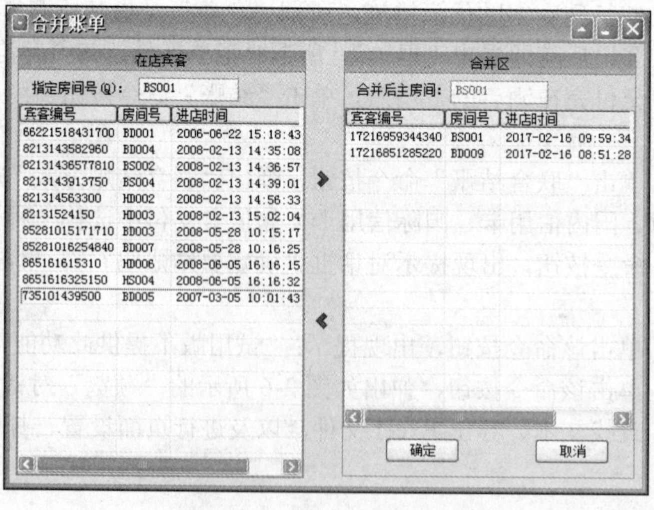

图 2-7 “合并账单”对话框

6．拆分账单

BS001 房间的客人张明有急事离店，不能为 BD009 房间的朋友崔玲付账了，请你为他们办理拆分账单手续。

在图 1-2 所示的“美萍酒店管理系统试用版 7.4”窗口中选定 BS001 房间，选择“收银结算”菜单中的“拆分账单”命令，弹出如图 2-8 所示的“拆分账单”对话框，在“可供拆分的账单”区域选择需要拆分的房间 BD009 后双击（或单击“»”命令），BD009 房间就出现在“拆分区”区域，单击“确定”命令按钮，出现“分拆后的子单将成为独立账单，确定分拆吗？”对话框，单击“确定”命令按钮完成拆分账单操作。

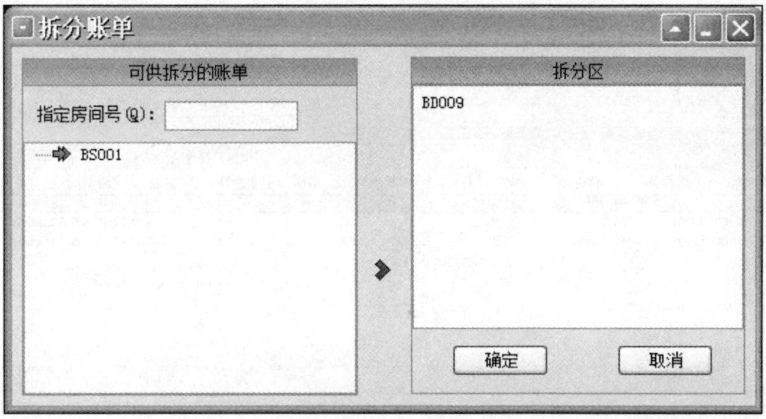

图 2-8 “拆分账单”对话框

二、挂账结账

客人张明入住后，在酒店用过晚餐，去保健中心进行保健推拿，请你将他的消费入账，并以“挂账”形式结账，事后不久，张明来办理挂账结账手续。

1．消费入账

在图 1-2 所示的“美萍酒店管理系统试用版 7.4”窗口中选择 BS001 房间，单击工具栏中的“增加消费”命令按钮，弹出“增加消费”对话框，在此双击“消费项目（清单）”中的晚餐记录，然后双击“消费项目（清单）”中的保健推拿记录，弹出“选择服务生”对话框，在此选择服务生“刘刚”，单击“确定”命令按钮，张明消费项目显示在“增加消费”对话框中，单击“关闭确定”命令按钮完成消费输入操作。

2．张明挂帐

在图 1-2 所示的“美萍酒店管理系统试用版 7.4”窗口中选择 BS001 房间，单击工具栏中的“宾客结账”命令按钮，弹出“收银结账”对话框，在此选中“☑ 挂账”复选框，单击“结账”命令按钮关闭“收银结账”对话框，完成挂账操作。

3．张明结账

选择“收银结算”菜单中的“已挂账单结账”命令，弹出如图 2-9 所示的“挂账单查询”对话框，在对话框中选择张明的记录，单击工具栏中的结账按钮“结帐”，弹出如图 2-10 所示的“挂账单结账”对话框，“在挂账单”区域选择张明账单号 ZD201702160002，单击“结账区”中“︾”号命令，此时“结账区内房间消费清单”中显示客人张明的消费情况，收取张明现金 305 元后，在“宾客支付”处输入“305”，然后单击“结账”命令按钮完成已挂账单结账操作。

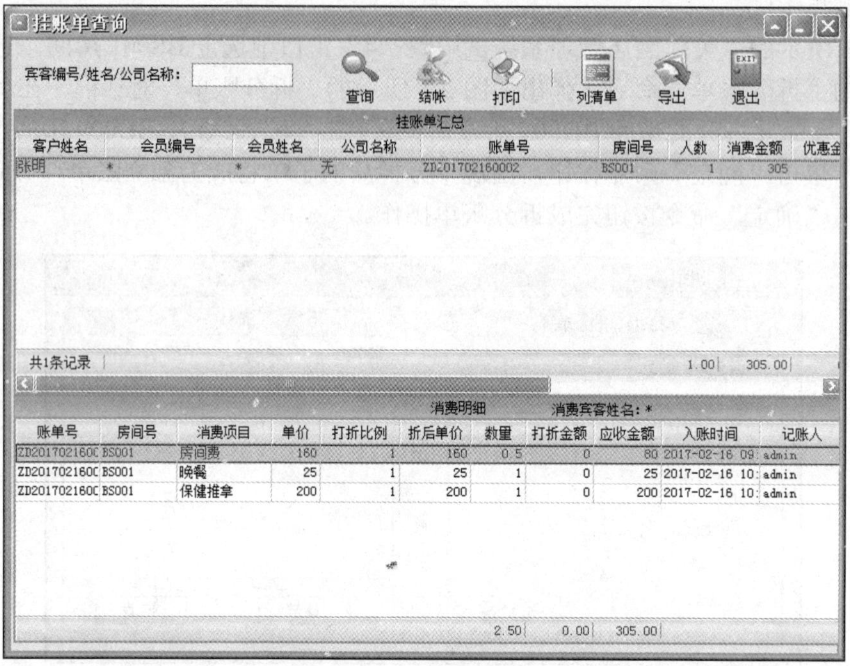

图 2-9 “挂账单查询”对话框

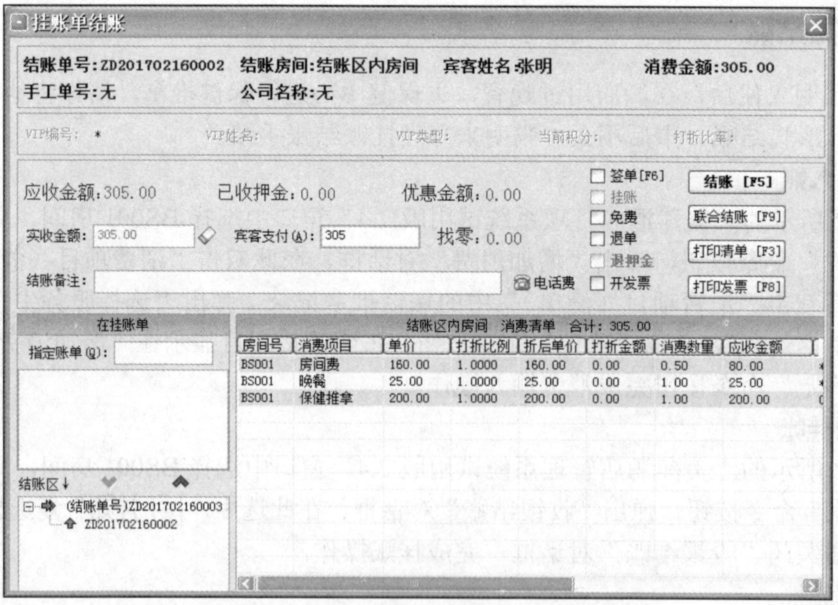

图 2-10 “挂账单结账”对话框

“挂账单查询”对话框的使用方法如下：

（1）查询：在图 2-9 中“宾客编号/姓名/公司名称”文本框中输入“张明”，单击“查询”命令按钮“🔍查询”，图 2-9 就只显示张明的信息。

（2）打印：单击“打印”命令按钮“打印”，弹出如图 2-11 所示的预览窗口，在该窗口中可以进行预览比例设置、查找文本、打开文件、导出 XLS 文件、打印文件、页面设置等相关操作。

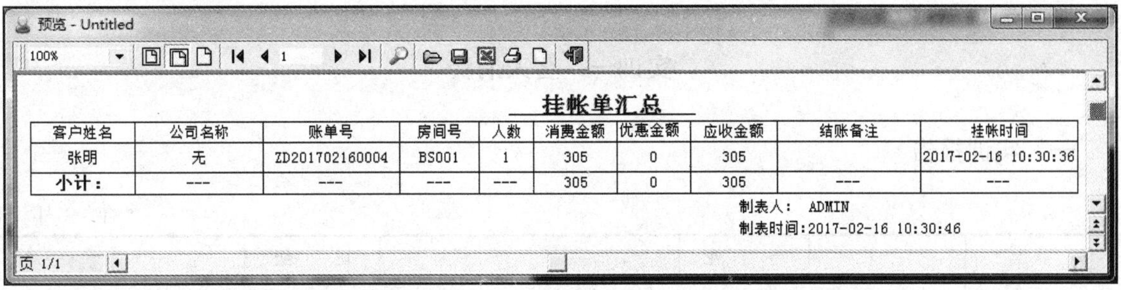

图 2-11　挂账单汇总预览窗口

（3）列清单：单击“列清单”命令按钮“列清单”，弹出如图 2-12 所示的预览窗口。

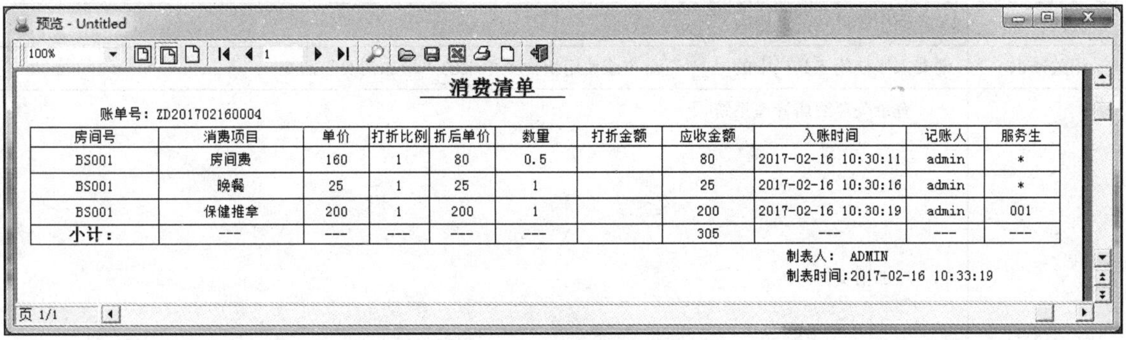

图 2-12　消费清单窗口

（4）导出：单击“导出”命令按钮“导出”，选择“导为 Excel 文件”命令，弹出“另存为”对话框，确定保存位置与文件名（会员消费信息）后，单击“保存”命令按钮，出现“导出成功！”提示信息对话框，单击“确定”命令按钮完成导出文件操作，操作结果如图 2-13 所示。

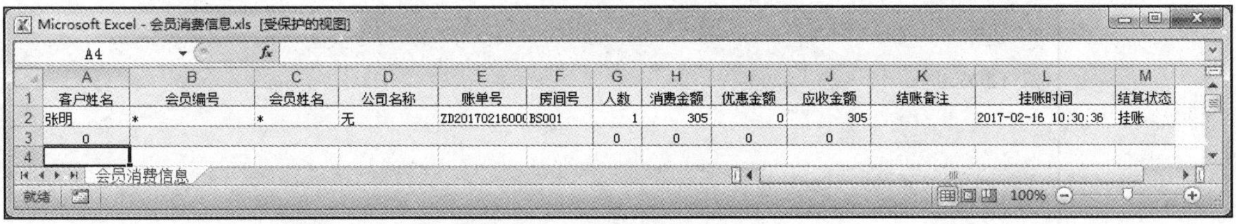

图 2-13　会员消费信息.xls 窗口

任务三 实训

实训一 客人消费

一、实训报告

年 月 日

姓 名		专 业		班 级	
实训课题	客人消费				
实训目的	1．了解客人消费录入内容 2．掌握增加消费、消费转账、消费退单的相关操作				
实训设备	美萍酒店管理系统试用版				
相关知识	消费入账使用工具栏中的“增加消费”命令或使用快捷菜单中的“增加消费”命令				
实训步骤	一、登录美萍酒店管理系统 二、增加消费 三、消费转账 四、消费退单				
实训反思					

二、实训检测

1．实训过程评估

项　　目	学生自评	小组评估	教师评估	得　　分
1．登录美萍酒店管理系统（10分）				
2．增加消费（30分）				
3．消费转账（30分）				
4．消费退单（30分）				
合计（100分）				

说明：实训过程评估项目得分=（学生自评+小组评估+教师评估）/3

2．实训效果测试

（1）在美萍酒店管理系统中，不属于收银结算模块命令的是_____。

A．宾客结账　　B．合并账单　　C．续/退押金　　D．拆分账单

（2）在美萍酒店管理系统中，将客人的店内消费入账是通过_____。

A．商品管理　　B．增加消费　　C．账务管理　　D．营销管理

（3）在美萍酒店管理系统中，消费转账是解决_____。

A．漏单　　B．走单　　C．结账　　D．纠正账单错误

（4）在美萍酒店管理系统中，消费转账命令所在的对话框是_____。

A．财务管理　　B．营销管理　　C．增加消费　　D．收银结算

（5）在美萍酒店管理系统中，消费退单命令完成后，消费表单中的记录变为_____。

A．红色负数　　B．兰色负数　　C．红色正数　　D．兰色正数

实训二 客户账务处理

一、实训报告

年 月 日

姓 名		专 业		班 级	
实训课题	客户账务处理				
实训目的	1．了解客户账务处理的几种形式 2．掌握合并账单、拆分账单、现金结账、挂账结账、已挂账结账的相关操作				
实训设备	美萍酒店管理系统试用版				
相关知识	1．使用“收银结算”菜单中的命令可以进行合并账单、拆分账单、已挂账结账等操作 2．宾客结账使用工具栏中的“”命令或使用“收银结算”菜单中的“宾客结账”命令				
实训步骤	一、登录美萍酒店管理系统 二、合并账单 三、拆分账单 四、现金结账 五、挂账结账 六、已挂账结账				
实训反思					

二、实训检测

1．实训过程评估

项　　目	学生自评	小组评估	教师评估	得　分
1．登录美萍酒店管理系统（5分）				
2．合并账单（20分）				
3．拆分账单（20分）				
4．现金结账（20分）				
5．挂账结账（20分）				
6．已挂账结账（15分）				
合计（100分）				

说明：实训过程评估项目得分=（学生自评+小组评估+教师评估）/3

2．实训效果测试

（1）在美萍酒店管理系统中，使用信用卡结账在“收银结账”对话框中应选择_____。

A．结账　　B．联合结账　　C．打印清单　　D．打印发票

（2）在美萍酒店管理系统中，免费是指_____。

A．消费不作为营业额统计　　B．消费作为营业额统计

C．免费不入账　　D．免费入账

（3）在美萍酒店管理系统中，联合结账中不包含_____。

A．代金券支付　　B．国内信用卡　　C．国际信用卡　　D．现金支付

（4）在美萍酒店管理系统中，退单是指_____。

A．消费不作为营业额统计　　B．消费作为营业额统计

C．免费不入账　　D．免费入账

（5）在美萍酒店管理系统中，进行现金结账时找零必须是_____。

A．非零数　　B．负数　　C．大于零的正数　　D．零

项目三 营销管理

项目概述

每个酒店都有固定的客户群体，酒店与客户之间通过协议履行义务，承担责任；酒店与学校联合办学，学校负责教学，酒店提供学员住宿和实习场所，为此双方签订相关协议；酒店可以为客户办理储值卡业务、并提供充值、转值、挂失、修改密码、消费查询等服务项目，只要入住的客人愿意，酒店可以随时将其转为会员，VIP的使用提高了酒店的服务水平，方便了消费者；另外，酒店对于有不良行为的人及时登入黑名单，做到安全防范。

本项目包括以下主要内容：

1．客户营销管理模块的构成及功能；
2．客户营销管理的使用方法。

任务一 营销管理简介

一、营销管理模块的构成

营销管理模块由协议客户管理、VIP会员管理、宾客资料管理三部分构成，通过协议客户及会员的管理模块，可以随时了解协议单位和会员的消费情况，防止协议单位及会员流失。

二、营销管理模块的功能

在图1-2所示的“美萍酒店管理系统试用版7.4”窗口中单击工具栏中“营销管理”命令按钮“”，弹出如图3-1所示的“营销管理”对话框，对话框中包含“协议客户管理”、“VIP会员管理”和“宾客资料管理”选项卡。

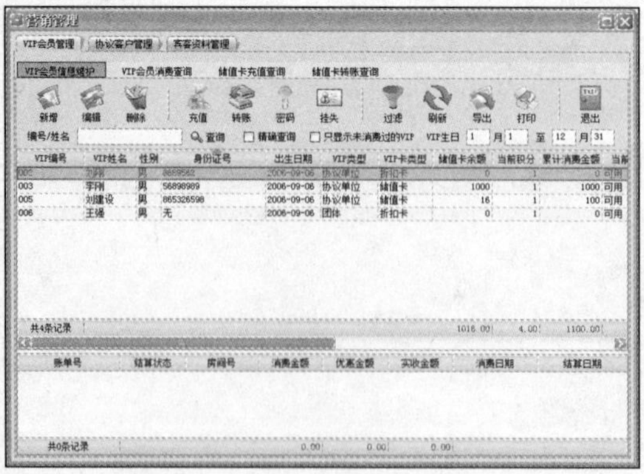

图3-1 “营销管理”对话框

协议客户管理功能：用于增加客户、修改客户信息、删除客户及客户信息的查询、导出和打印等功能。

VIP 会员管理功能：用于查询本店登记在册客户 VIP 会员的所有消费记录，并可列出每次消费记录的详细消费信息。

宾客资料管理功能：用于入住宾客加入会员、入黑名单；黑名单信息新增、编辑、删除、导出、打印；来宾信息一览表的导出、删除和打印。

任务二 营销管理的使用方法

一、协议客户管理

1. 客户资料

酒店与学校联合办学，学校负责教学，酒店提供学员的住宿和实习场所，请你将山东省济南商贸学校添加为酒店协议客户，记录酒店与山东省济南商贸学校签订的协议房价和协议内容。

单击图 3-1“营销管理”对话框中的“协议客户管理”选项卡，在此选择“客户资料”选项卡，单击“新增”命令按钮“ ”，弹出“客户资料-[新增]”对话框，输入如图 3-2 所示的客户资料，单击“保存并添加协议”命令按钮，弹出如图 3-3 所示的“客户协议-[新增]”对话框。在“协议信息”选项卡中输入如图 3-3 所示的协议信息；单击“协议房价”选项卡，所有房间打 9 折给出协议房价；单击“协议内容”选项卡，输入协议内容为“联合办学的学员，酒店提供住宿，并按照协议房价给予优惠。”最后，单击“保存”命令按钮，出现“协议[联合办学]添加成功！确定后可继续添加”提示信息对话框，单击“确定”命令按钮，再单击“取消”命令按钮完成全部操作。

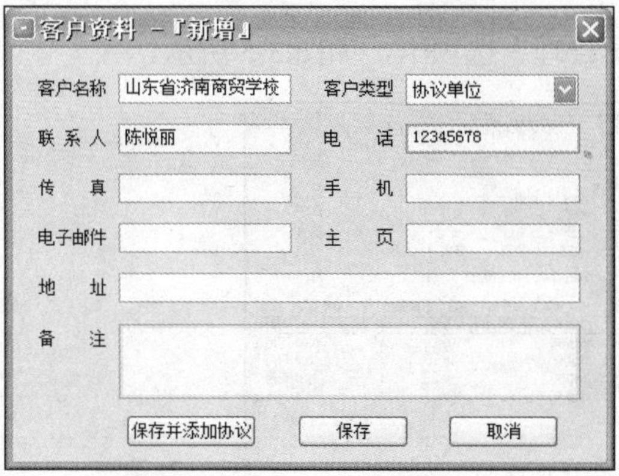

图 3-2 “客户资料-[新增]”对话框

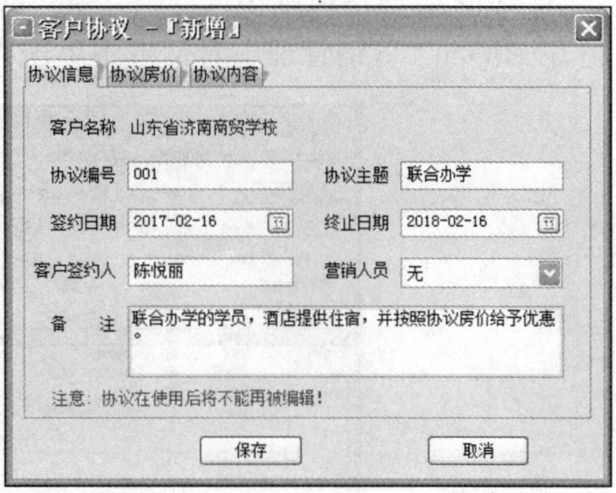

图 3-3 “客户协议-[新增]”对话框

另外，对于客户资料可以进行编辑、删除、导出和打印等操作。

2. 客户协议

查看酒店与山东省济南商贸学校签订的协议内容。

单击图 3-1“营销管理”对话框中的“协议客户管理”选项卡，在此选择“客户协议”选项卡，单击“客户名称/简拼”右边的“▾”按钮，从中选择“山东省济南商贸学校”，然后单击“查询”命令按钮“🔍查询”，“营销管理”对话框中显示如图 3-4 所示的协议内容。

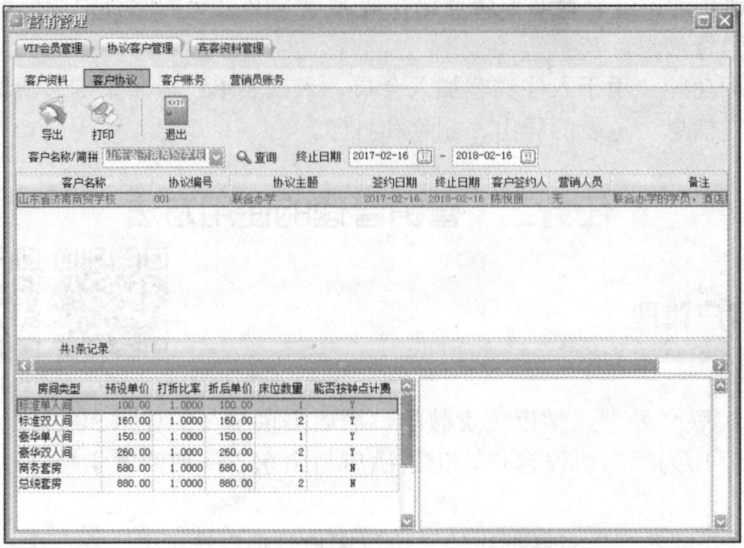

图 3-4 “协议客户管理”选项卡

说明：

“客户账务”选项卡与“营销员账务”选项卡的操作与“客户协议”的操作相似，这里不再介绍了。

二、VIP 会员管理

1. VIP 会员信息维护

在图 3-1“营销管理”对话框中单击“VIP 会员管理”选项卡，如图 3-5 所示。

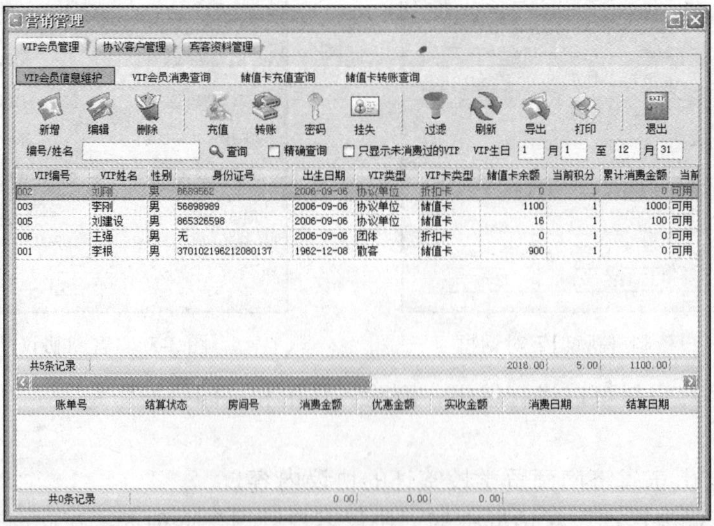

图 3-5 “VIP 会员管理”选项卡

请为李根（身份证号：370102196212080137）办理一张储值卡。

在图 3-5 所示的“营销管理”对话框的“VIP 会员管理”选项卡中选择“VIP 会员信息维护”选项卡，单击“新增”命令按钮“”，弹出“添加 VIP”对话框，在此输入如图 3-6 所示的李根个人信息，然后单击“保存”命令按钮关闭“添加 VIP”对话框，新增的 VIP 会员李根的信息显示在图 3-5 中。

图 3-6 “添加 VIP”对话框

为新增 VIP 会员李根的储值卡充值 1000 元。

在图 3-5 所示的“营销管理”对话框“VIP 会员管理”选项卡中选择“VIP 会员信息维护”选项卡，选择李根的记录，单击“充值”命令按钮“”，弹出“VIP 储值卡充值”对话框，输入此次充值金额“1000”，单击“确定”命令按钮，出现“充值成功！当前卡内总金额为：1000.00”提示信息对话框，再单击“确定”命令按钮完成充值操作，操作结果如图 3-7 所示。

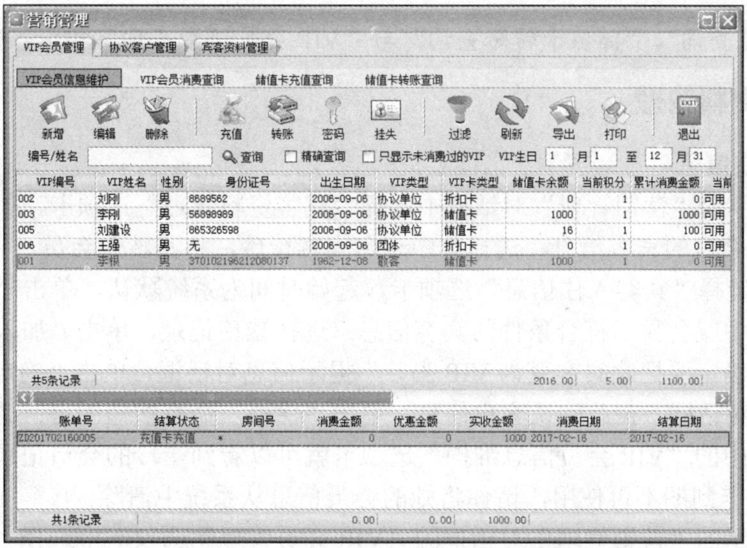

图 3-7 “VIP 会员信息维护”选项卡

将李根储值金额 100 元转到李刚（VIP 卡编号 003）名下。

在图 3-5 所示的“营销管理”对话框的“VIP 会员管理”选项卡中选择“VIP 会员信息维护”选项卡，选择李根的记录，单击“转账”命令按钮“转账”，弹出“会员卡转账”对话框，在此输入李根的 VIP 卡密码和李刚 VIP 编号及转账金额 100，单击“确定”命令按钮完成转账操作，此时观察李根与李刚的记录有什么变化。

修改李根的储值卡密码。

在图 3-5 所示的“营销管理”对话框“VIP 会员管理”选项卡中选择“VIP 会员信息维护”选项卡，选择李根的记录，单击“密码”命令按钮“密码”，弹出“修改密码”对话框，在此录入旧密码“001001”，新密码“001002”，确认密码“001002”，单击“确定”命令按钮，出现“密码修改成功！”提示信息对话框，然后单击“确定”命令按钮完成密码修改的操作。

请你为李根办理会员卡挂失手续。

在图 3-5 所示的“营销管理”对话框“VIP 会员管理”选项卡中选择“VIP 会员信息维护”选项卡，选择李根的记录，单击“挂失”命令按钮“挂失”，在弹出的菜单中选择“挂失”命令，出现“挂失后将不能使用！确认挂失[001]李根的[储值卡]吗？”提示信息对话框，单击“确定”命令按钮后，图 3-5 中李根记录“当前状态”中显示“挂失”。

【练习】 会员李根来酒店住宿 1 天（房间：HD001），住宿费 150 元，消费红葡萄酒 88 元，早餐 10 元，方便面 10 元，李根用储值卡结账，请你为他办理住宿、消费、结账这一系列手续。

2. VIP 会员消费查询

在图 3-5 所示的“营销管理”对话框“VIP 会员管理”选项卡中选择“VIP 会员消费查询”选项卡，在此输入查询条件“编号/姓名”（如：001 或李根）后，单击“查询”命令按钮“查询”，营销窗口中就会显示附合查询条件的会员信息。如果不输入查询条件单击“刷新”命令按钮“刷新”，将显示某一时间段的所有消费会员信息，在此可以查看会员消费清单，可以进行导出、打印等相关操作。

说明：

“储值卡充值查询”、“储值卡转账查询”与“VIP 会员消费查询”相似，这里不再介绍了。

三、宾客资料管理

1. 宾客入住信息

在图 3-1 所示的“营销管理”对话框中选择“宾客资料管理”选项卡，如图 3-8 所示。

查看近两个月的宾客信息，选择其中一名宾客崔玲，将其转为会员。

在图 3-8 中选择“宾客入住信息”选项卡，起始时间为系统默认，单击“查询”命令按钮“查询”，窗口中就会显示符合条件的宾客信息；选择崔玲记录，单击“加入会员”命令按钮“加入会员”，出现“您确定要把此宾客变为 VIP 吗？”提示信息对话框，单击“确定”命令按钮，弹出“添加 VIP”对话框，在此确认客户信息，单击“保存”命令按钮即可；此时选择“VIP 会员管理”选项卡中的“VIP 会员信息维护”选项卡就可以看到崔玲的会员记录。

崔玲会员卡到期不再使用，请你将她的会员信息从系统中清除。

在图 3-5 所示的“营销管理”对话框的“VIP 会员管理”选项卡中选择“VIP 会员信息维护”选项卡，单击“查询”命令按钮“查询”，窗口中就会显示 VIP 会员信息，选择崔玲的记录，单击“删除”命令按钮“”，出现“删除后将不能恢复，真的要删除吗？”提示信息对话框，单击“确定”命令按钮完成删除操作。

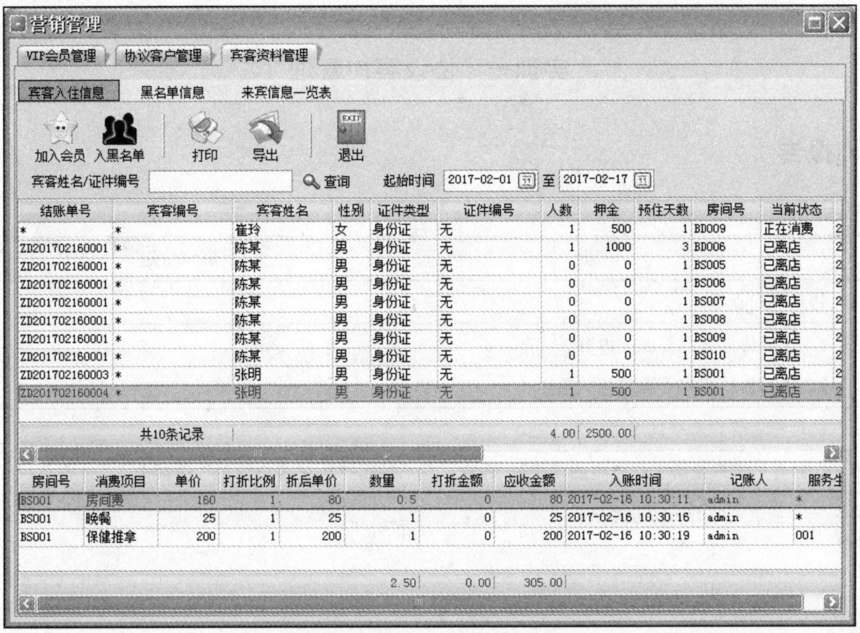

图 3-8 “宾客资料管理”选项卡

将现在住宿的一名宾客崔玲转入黑名单（在酒店实际操作过程中一定要慎重）。

在图 3-8 中选择“宾客入住信息”选项卡，选择崔玲的记录，单击“入黑名单”命令按钮“”，出现“您确定要把此宾客加入黑名单吗？”提示信息对话框，单击“确定”命令按钮，弹出如图 3-9 所示的“黑名单登记”对话框，在此确认宾客信息，确认无误后单击“确定”命令按钮；选择图 3-8 中的“黑名单信息”选项卡，崔玲就显示在其中。

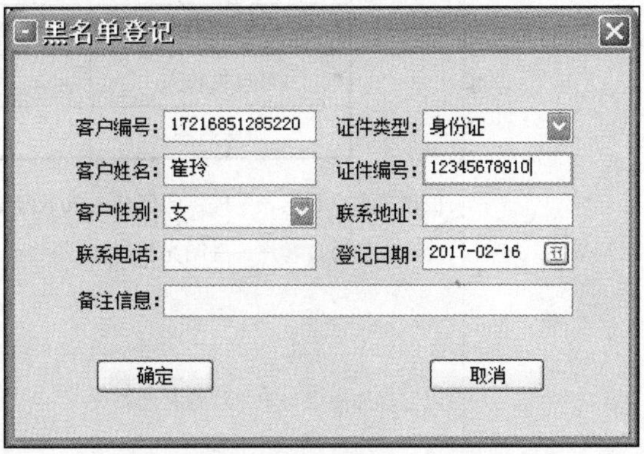

图 3-9 “黑名单登记”对话框

2．黑名单信息

从黑名单中删除崔玲的记录。

在图 3-8 中单击“黑名单信息”选项卡，选择崔玲的记录，单击“删除”命令按钮“”，出现“删除后将不能恢复，确定删除吗？”提示信息对话框，单击“确定”命令按钮完成删除操作。

说明：

在“黑名单信息”选项卡中可以进行新增、编辑、导出、打印等相关操作。

3．来宾信息一览表

在图 3-8 中选择“来宾信息一览表”选项卡，单击“查询”命令按钮“查询”，宾客信息就显示在窗口中，此时可以对宾客信息进行删除、导出、打印等操作。

任务三 实训

实训一 协议客户管理

一、实训报告

年 月 日

<table>
<tr><td>姓 名</td><td></td><td>专 业</td><td></td><td>班 级</td><td></td></tr>
<tr><td>实训课题</td><td colspan="5">协议客户管理</td></tr>
<tr><td>实训目的</td><td colspan="5">1. 了解协议客户管理的内容
2. 掌握协议客户管理的相关操作</td></tr>
<tr><td>实训设备</td><td colspan="5">美萍酒店管理系统试用版</td></tr>
<tr><td>相关知识</td><td colspan="5">VIP 会员管理使用工具栏中的“”命令，然后使用“协议客户管理”选项卡</td></tr>
<tr><td>实训步骤</td><td colspan="5">一、登录美萍酒店管理系统

客户数据表
<table>
<tr><td>客户名称</td><td>阳光旅行社</td><td>客户类型</td><td>旅行社</td></tr>
<tr><td>联系人</td><td>王梅</td><td>电话</td><td>2345678</td></tr>
<tr><td>协议编号</td><td>002</td><td>协议主题</td><td>旅行社住宿优惠</td></tr>
<tr><td>客户签约人</td><td>王梅</td><td>营销人员</td><td>李欣</td></tr>
<tr><td>协议内容</td><td colspan="3">阳光旅行社来宾享受 7 折优惠</td></tr>
</table>
根据“客户数据表”提供的信息完成下列各项操作：
二、添加协议客户——阳光旅行社

三、添加酒店与阳光旅行社的协议

四、游览酒店与阳光旅行社的账务

五、查询阳光旅行社营销员账务</td></tr>
<tr><td>实训反思</td><td colspan="5"></td></tr>
</table>

二、实训检测

1．实训过程评估

项　　目	学生自评	小组评估	教师评估	得　分
1．登录美萍酒店管理系统（10 分）				
2．添加协议客户（25 分）				
3．添加协议（25 分）				
4．游览账务（25 分）				
5．查询营销员账务（15 分）				
合计（100 分）				

说明：实训过程评估项目得分=（学生自评+小组评估+教师评估）/3

2．实训效果测试

（1）在美萍酒店管理系统中，营销管理由_____构成。

A．协议客户管理　　B．VIP 会员管理　　C．宾客资料管理　　D．ABC

（2）在美萍酒店管理系统中，协议客户管理的选项卡是_____。

A．客户资料、客户协议　　B．客户账务

C．营销员账务　　D．ABC

（3）美萍酒店管理系统“客户协议编辑”对话框中不包含的选项卡是_____。

A．协议单位　　B．协议信息　　C．协议房价　　D．协议内容

（4）在美萍酒店管理系统中，客户协议不包括的内容是_____。

A．房间类型　　B．客户类型　　C．预设单价　　D．打折比率

（5）协议客户管理中，对于客户资料不能进行的操作是_____。

A．新增　　B．编辑　　C．复制　　D．删除

实训二 VIP 会员管理

一、实训报告

年 月 日

姓 名		专 业		班 级	
实训课题	VIP 会员管理				
实训目的	1．了解 VIP 会员管理的内容 2．掌握办理会员卡、会员卡充值、会员卡挂失、会员卡转值、会员卡结账的相关操作				
实训设备	美萍酒店管理系统试用版				
相关知识	VIP 会员管理使用工具栏中的“”命令，然后使用“VIP 会员管理”选项卡				
实训步骤	一、登录美萍酒店管理系统 二、办理会员卡 三、会员卡充值 四、会员卡转值 五、会员卡挂失 六、会员卡结账 1．会员入住酒店消费并结账 2．现在酒店入住的宾客转入会员，然后结账				
实训反思					

二、实训检测

1. 实训过程评估

项　　目	学生自评	小组评估	教师评估	得　分
1. 登录美萍酒店管理系统（10 分）				
2. 办理会员卡（20 分）				
3. 会员卡充值（15 分）				
4. 会员卡转值（15 分）				
5. 会员卡挂失（20 分）				
6. 会员卡结账（20 分）				
合计（100 分）				

说明：实训过程评估项目得分=（学生自评+小组评估+教师评估）/3

2. 实训效果测试

（1）在美萍酒店管理系统中，VIP 会员管理属于_____。

A．营销管理　　B．账务管理　　C．商品管理　　D．增加消费

（2）在美萍酒店管理系统中，VIP 会员管理操作不包含_____。

A．充值　　B．转值　　C．挂失　　D．提现

（3）在美萍酒店管理系统中，“VIP 会员管理”选项卡包括_____。

A．VIP 会员信息维护　　B．VIP 会员消费查询

C．储值卡充值、转账查询　　D．ABC

（4）在美萍酒店管理系统中，VIP 会员卡有效期是_____。

A．一年　　B．二年　　C．自定义时间　　D．默认值

（5）VIP 会员卡充值信息不能_____。

A．查询　　B．删除　　C．打印　　D．导出

实训三 宾客资料管理

一、实训报告

年 月 日

姓 名		专 业		班 级	
实训课题	宾客资料管理				
实训目的	1．了解宾客资料管理的内容 2．掌握宾客入住信息、黑名单信息、来宾资料管理的相关操作				
实训设备	美萍酒店管理系统试用版				
相关知识	宾客资料管理使用工具栏中的“”命令，然后使用“协议客户管理”选项卡				
实训步骤	一、登录美萍酒店管理系统 二、宾客入住信息（将现住酒店宾客转入黑名单） 三、黑名单信息浏览 1．新增黑名单 2．编辑黑名单中某人信息 3．删除黑名单中某人信息 四、来宾信息浏览 1．删除某来宾信息 2.导出来宾信息文件“来宾信息.xls”				
实训反思					

二、实训检测

1．实训过程评估

项　　目	学生自评	小组评估	教师评估	得　分
1．登录美萍酒店管理系统（10 分）				
2．宾客入住信息（15 分）				
3．黑名单信息浏览（45 分）				
4．来宾信息浏览（30）				
合计（100 分）				

说明：实训过程评估项目得分=（学生自评+小组评估+教师评估）/3

2．实训效果测试

（1）在美萍酒店管理系统中，宾客资料管理包括_____。

A．宾客入住信息　B．黑名单信息　C．来宾信息一览表　D．ABC

（2）在美萍酒店管理系统中，加入会员的命令选项是_____。

A．VIP 会员管理　B．宾客资料管理

C．协议客户管理　D．来宾信息一览表

（3）在美萍酒店管理系统中，宾客入住信息查询条件_____。

A．宾客姓名　B．证件编号　C．起始时间　D．ABC

（4）会员卡到期不再使用，在美萍酒店管理系统中，应做的操作是_____。

A．删除　B．清除　C．停止　D．查询

（5）黑名单操作有_____。

A．入黑名单　B．删除黑名单　C．AB　D．删除可以恢复

项目四　房务中心

项目概述

客房管理是酒店管理工作中的一个重要环节，酒店客房房态呈现动态变化，可以通过房态游览形式的变化随时掌握房态的变化；根据工作需要，酒店可以在可供、预订、停用、清理、占用、长包房几种房态形式之间相互转换；部门经理可以随时查询房态，了解酒店的房间入住情况；酒店对于长包房的管理包括客人入住、修改信息、办理交费等。

本项目包括以下主要内容：

1. 房务中心模块的构成及功能；
2. 房务中心的使用方法。

任务一　房务中心简介

一、房务中心模块的构成

房务中心模块由可供房间、当前房态和历史/未来房态构成，该模块为房务管理提供了查询、修改房态等相关操作，提高了客房部的工作效率。

二、房务中心模块的功能

在图 1-2 所示的“美萍酒店管理系统试用版 7.4”窗口中，单击“房务中心”命令按钮“房务中心”，弹出如图 4-1 所示的“房务中心”对话框。

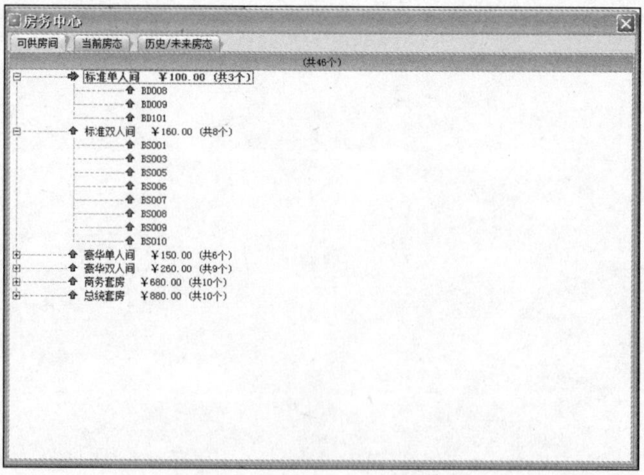

图 4-1 “房务中心”对话框

可供房间功能：提供各房型可供销售房间的数量及价格。

当前房态功能：提供过滤、查看方式、刷新、打印等功能。

历史/未来房态功能：提供所有房间类型在某日期段的可供、占用、预订信息。

美萍酒店管理系统将房态分为：可供“ ”、预订“ ”、停用“ ”、清理“ ”、散客占用“ ”、团队占用“ ”、长包房“ ”、保密房“ ”、钟点房“ ”等。

任务二　房务中心的使用方法

作为酒店前台及客房管理者必须熟悉房态图，了解各种房态图标的含义，掌握房态的浏览、打印、转换、查询及长包房管理等相关操作。

一、房态浏览

1. 通过“房务中心”命令浏览房态

通过过滤状态及查看方式改变当前房态的浏览形式。

（1）过滤状态。选择图 4-1 中的“当前房态”选项卡，单击“过滤状态”命令按钮“ ”，可以选择显示可供、显示占用、显示停用、显示预订、显示清理、显示全部等显示方式，使用者根据工作需要选择显示方式，现在我们选择“显示可供”进行操作，然后观察操作结果。

（2）查看方式。选择图 4-1 中的“当前房态”选项卡，单击“查看方式”命令按钮“ ”，可以选择显示大图标、中图标、小图标和列表显示方式，使用者可以根据需要选择其中一种，我们选择“列表显示”浏览当前房务状态，此时可以进行数据排序。

（3）打印房态。选择图 4-1 中的“当前房态”选项卡，单击“打印”命令按钮“ ”，弹出“预览”对话框，在此进行相关设置后即可打印输出“房间总状态”数据。

客房部经理查看豪华双人间可供房间及收费标准。

选择图 4-1 中的“可供房间”选项卡，单击“豪华双人间”前面的“+”号，此时豪华双人间记录展开，豪华双人间可供房间及收费标准显示如图 4-2 所示。

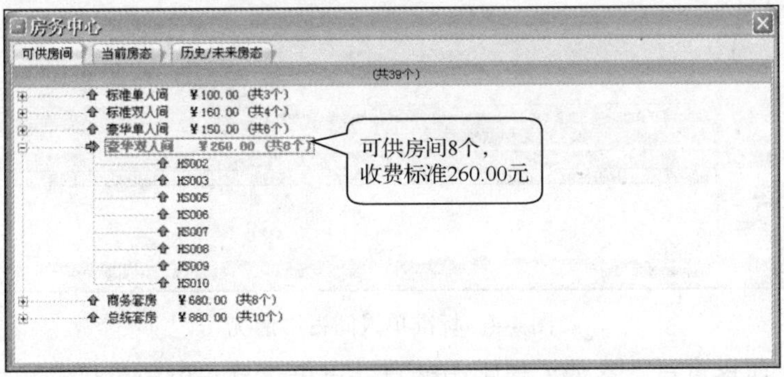

图 4-2　“可供房间”选项卡

客房部经理查看本月豪华单人间的使用情况。

选择图 4-1 中的“历史/未来房态”选项卡，单击“豪华单人间”文件夹，显示结果如图 4-3 所示，此时客房部经理可以根据系统提供的“ 可供　占用　预订 ”图标了解豪华单人间的使用情况。

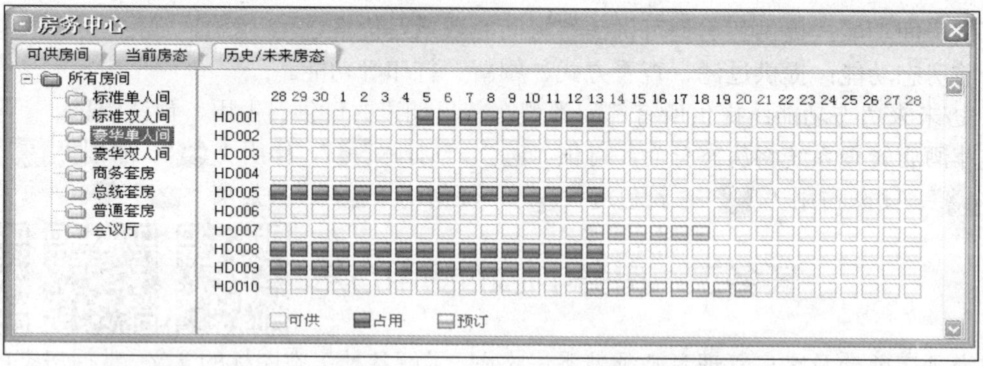

图 4-3 “历史/未来房态”选项卡

2. 通过“显示全部”和“查看方式”命令改变房态浏览形式

在美萍酒店管理系统主程序窗口中查看某类型房间使用（占用）情况。

（1）在图 1-2 所示的“美萍酒店管理系统试用版 7.4”主程序窗口中，单击“显示全部”命令按钮“显示全部”，选择“占用”选项，此时窗口中就只显示某类型房间（如标准单人间）使用（占用）情况。

（2）在图 1-2 所示的“美萍酒店管理系统试用版 7.4”主程序窗口中，单击“查看方式”命令按钮“查看方式”，选择“列表显示”选项，单击“显示全部”命令按钮“显示全部”，选择“显示占用”命令，操作结果如图 4-4 所示，该浏览状态可以对显示数据进行排序，单击“进店时间”观察排序结果。

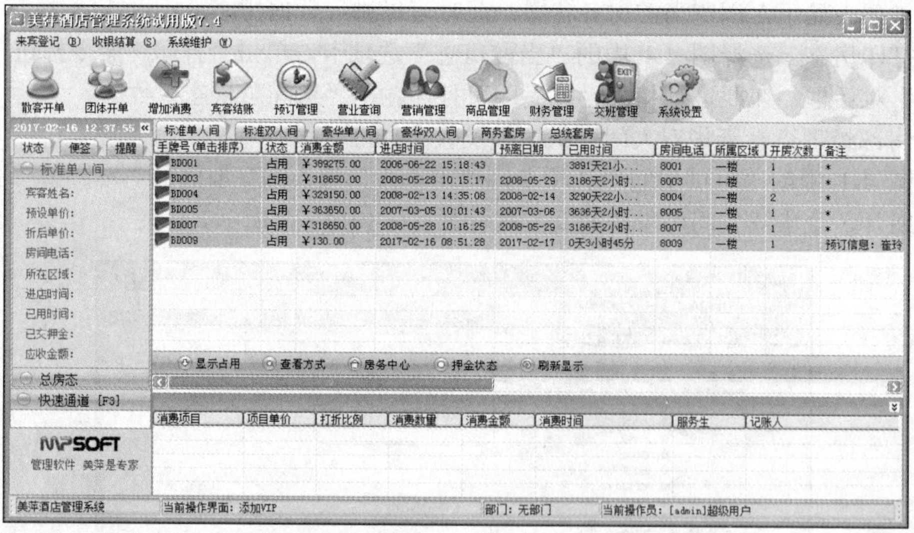

图 4-4 标准单人间占用情况

【练习 1】 请选择“显示全部”选项中的显示可供、显示停用、显示预订、显示清理、显示全部项目，观察操作结果。

【练习 2】 请分别选择“查看方式”中的大图标、中图标、小图标、列表显示、单页显示命令进行浏览方式切换操作，观察操作结果。

二、房态更改

客房服务员打扫干净需要清理的房间（HD006），报告客房部经理，客房部经理检查没有质量问题，将该房态由清理变为可供。

在图 4-1 所示的“房务中心”对话框中选择“当前房态”选项卡，选定需要清理的房间 HD006，右击鼠标，从快捷菜单中选择“变为可供”命令，弹出“确定将选中的房间变为可供状态吗？”提示信息对话框，单击“确定”命令按钮完成操作，此时 HD006 房间由清理图标“HD006”变为可供图标“HD006”。

可供房 SW001 因空调损坏需要修理，请你将可供房变为停用房。

操作方法一：在图 4-1 所示的“房务中心”对话框中选择“当前房态”选项卡，选定 SW001 房间，右击鼠标，在弹出的快捷菜单中选择“变为停用”命令，弹出“确定将选中的房间变为停用状态吗？”提示信息对话框，单击“确定”命令按钮完成操作，此时 SW001 房间图标由可供“SW001”变为停用“SW001”。

操作方法二：在图 1-2 所示的“美萍酒店管理系统试用版 7.4”主程序窗口中，选择“商务套房”选项卡，单击 SW001 房间图标“SW001”，然后选择“来宾登记”菜单中的“更改房态”命令或选择快捷菜单中的“更改房态”命令，弹出如图 4-5 所示的“更改房态”对话框，在图 4-5 中选择变为停用图标“变为停用”，系统自动退出对话框，此时 SW001 房间图标由可供“SW001”变为停用“SW001”。

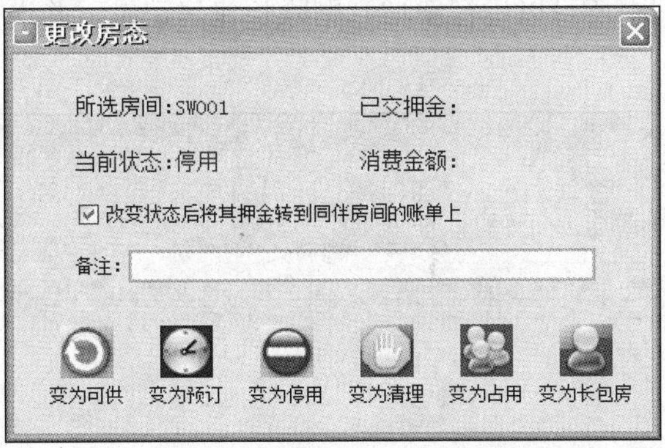

图 4-5 “更改房态”对话框

三、长包房管理

酒店为需要长期入住的客人提供长包房服务模式，长包房的管理也是酒店的一项重要工作，下面我们通过几个任务了解并掌握长包房的相关操作。

请为某公司经理吴猛猛办理 BD008 房间的长包房入住手续。

在图 1-2 所示的“美萍酒店管理系统试用版 7.4”主程序窗口中右击 BD008 房间，弹出快捷菜单，从快捷菜单中选择“长包房开单”命令，弹出如图 4-6 所示的“入住长包房”对话框，输入客户姓名“吴猛猛”及证件编号“370102111111111111”后，单击“确定”命令按钮关闭“入住长包房”对话框，此时 BD008 房态由可供图标“BD008”变为长包房图标“BD008”。

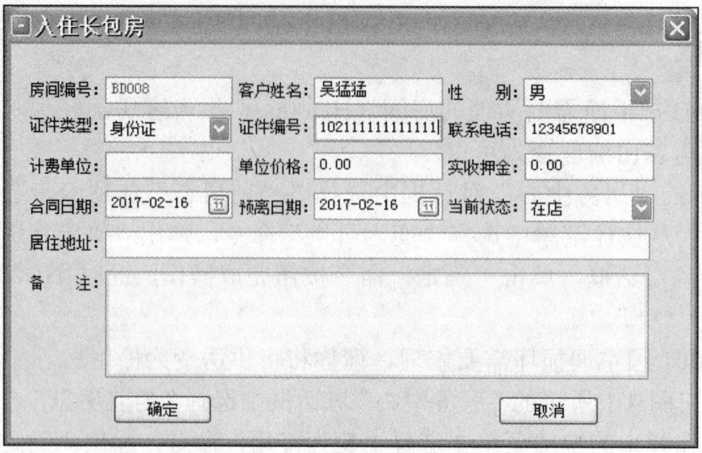

图 4-6 “入住长包房”对话框

修改长包房客人吴猛猛的身份证信息 370102198805056717。

在图 1-2 所示的“美萍酒店管理系统试用版 7.4”主程序窗口中选定 BD008 房，选择“来宾登记”菜单中的“长包房管理”命令，弹出如图 4-7 所示的“长包房管理”对话框，在该对话框中选择吴猛猛记录，单击“编辑”命令按钮“”，弹出如图 4-6 所示的“入住长包房”对话框，在此修改吴猛猛的证件编号为“370102198805056717”，单击“确定”命令按钮完成操作。

另外，在长包房管理中还可以进行新增、删除长包房记录，并进行查询、交费、导出、打印等操作。

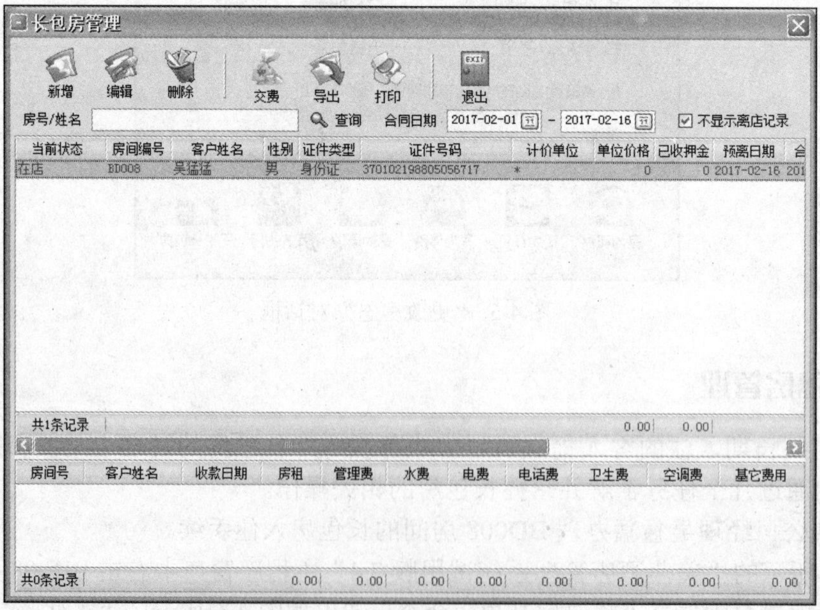

图 4-7 “长包房管理”对话框

请你为长包房客人吴猛猛办理各项交费手续。

选择图 4-7 所示的“长包房管理”对话框中的吴猛猛记录，单击“交费”命令按钮“”，弹出如图 4-8 所示的“长包房续费”对话框，在对话框中输入交费各项内容后，单击“确定”命令按钮完成交费操作。

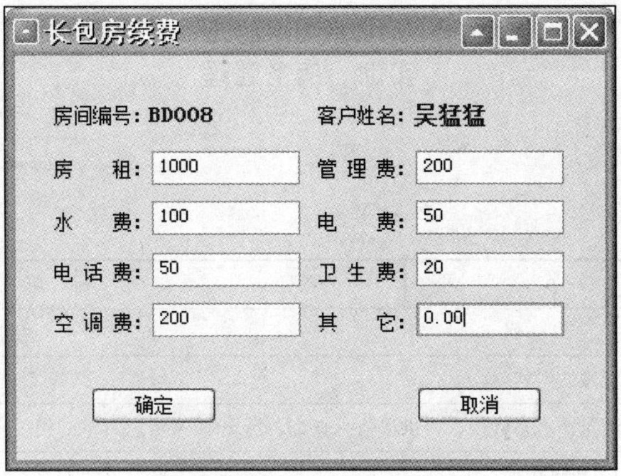

图 4-8 “长包房续费”对话框

任务三　实训

实训　房务管理

一、实训报告

年　　月　　日

姓　　名		专　　业		班　　级	
实训课题	房务管理				
实训目的	1．了解房务管理的内容 2．掌握房态浏览、房态转换、可供房信息查询、历史/未来房态浏览的相关操作				
实训设备	美萍酒店管理系统试用版				
相关知识	1．房态浏览使用美萍酒店管理系统程序窗口中的“显示全部”和“查看方式”命令 2．房务中心中房态浏览使用“房务中心”命令，然后选择“当前房态”选项卡 3．房态转换使用快捷菜单命令 4．可供房信息查询、历史/未来房态浏览操作使用“房务中心”命令				
实训步骤	一、登录美萍酒店管理系统 二、房态浏览 1．美萍酒店管理系统程序窗口中房态浏览 2．“房务中心”中房态浏览 三、房态转换 1．清理房变为可供房 2．可供房变为停用房 四、可供房信息查询 五、历史/未来房态浏览				
实训反思					

二、实训检测

1．实训过程评估

项　　目	学生自评	小组评估	教师评估	得　　分
1．登录美萍酒店管理系统（10 分）				
2．房态浏览（30 分）				
3．房态转换（40 分）				
4．可供房信息查询（10 分）				
5．历史/未来房态浏览（10 分）				
合计（100 分）				

说明：实训过程评估项目得分=（学生自评+小组评估+教师评估）/3

2．实训效果测试

（1）在美萍酒店管理系统中，房务中心由_____组成。

A．可供房间　　B．当前房态　　C．历史/未来房态　　D．ABC

（2）在美萍酒店管理系统中，房态图标为清理的是_____。

A．　　B．　　C．　　D．

（3）某房间空调损坏需要修理不能销售，该房间的房态转换为_____。

A．　　B．　　C．　　D．

（4）在美萍酒店管理系统中，长包房租用期间的收费是通过_____。

A．长包房管理/交费　　B．增加消费

C．宾客结账　　D．营销管理

（5）在美萍酒店管理系统“房务中心”对话框中，实现显示可供房的操作是_____。

A．查看方式　　B．刷新　　C．过滤状态　　D．退出

项目五 营业查询

项目概述

在酒店管理中各种信息的快速查询，从一个侧面体现了酒店工作效率和管理水平，酒店对外查询一是指入住酒店客人有朋友来访，但朋友不知客人房间号时，需要酒店提供查询服务；二是客人离店时，要求查询、核实自己的消费。酒店内部查询一是日常查询，如来宾信息查询；二是财务查询，如服务生提成查询等。

本任务包括以下主要内容：

1．营业查询模块的构成及功能；
2．营业查询模块的使用方法。

任务一 营业查询简介

一、营业查询模块的构成

营业查询模块由日常查询和财务查询两部分构成，日常查询提供了来宾信息查询、在店/离店宾客消费查询、结账明细查询、结账单状态查询、常住宾客统计、预订信息统计等 13 项信息查询，财务查询提供了房间总状态、日/月营业查询、营业统计排行、酒店住房汇总、入住率统计等 16 项信息查询。该模块提供的各项信息，能够充分反映酒店营业情况，使酒店领导层及时掌握酒店运营情况。

二、营业查询模块的功能

在图 1-2 所示的“美萍酒店管理系统试用版 7.4”窗口中，单击工具栏中“营业查询”命令按钮“”，弹出如图 5-1 所示的“营业查询”对话框，对话框中包含“日常查询”和“财务查询”两个选项卡。

来宾信息查询功能：用来分类查询所有光临过本店的宾客信息。

收银明细查询功能：用于按收款人根据给定的时间分类查询其收款明细。

营业情况报表功能：用于统计当天、当月或指定时间范围内的营业收入。

营业情况统计功能：以直方图的形式统计显示当天、当月或指定时间范围内的营业收入和客流量情况。

统计排行功能：分类统计指定时间范围内宾客接受本店所提供各个服务项目次数，并根据次数自动排列名次，可导出、打印。

服务生提成报表功能：提供服务生提成明细和提成汇总，可导出和打印。

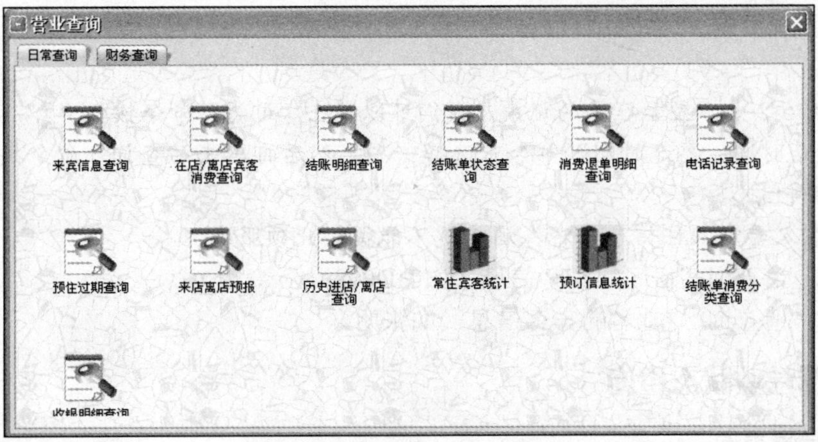

图 5-1 “营业查询”对话框

任务二 营业查询的使用方法

酒店营业查询主要包括两个方面：一是对外查询，二是酒店内部进行营业状态和财务状态的查询。

一、对外查询

酒店客人有朋友来访，朋友只知道客人姓名崔玲，忘记客人房间号，请你为他查询客人居住的房间号，并通知客人。

在图 5-1 中选择“日常查询”选项卡，单击“来宾信息查询”项目，弹出“来宾信息查询”对话框，在“房间号/宾客姓名/公司名称”文本框中输入“崔玲”后，单击“查询”命令按钮“查询”，此时“来宾信息查询”对话框中就只显示符合查询条件崔玲的记录，其他记录不显示，操作结果如图 5-2 所示。

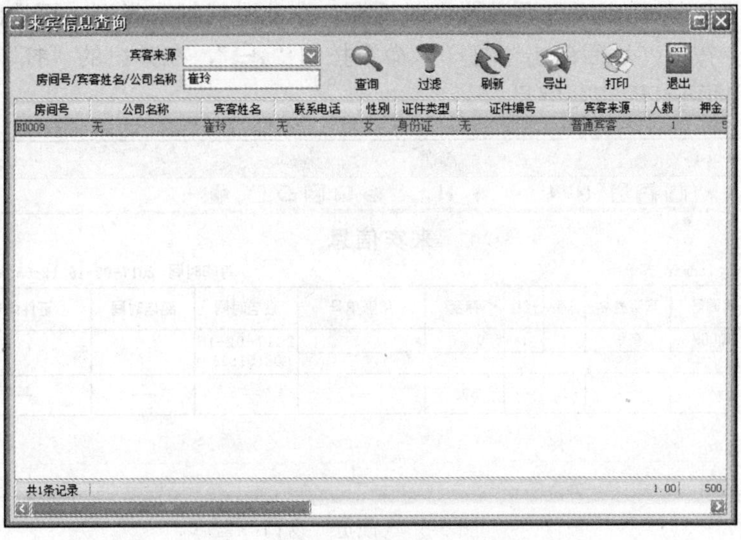

图 5-2 “来宾信息查询”对话框

说明：

1. 如果图 5-2 中不显示崔玲的记录，我们可以单击“过滤”命令按钮“ ”从“在店宾客、今日来宾、进店时间、离店时间”命令中选择一项，然后再单击“查询”命令按钮“ ”即可找到崔玲的相关信息。

2. 如果客人要求入住信息保密，酒店就不能提供此项服务。

【练习 1】 请查询某房间的宾客信息（如 HD008）。

【练习 2】 请查询***姓名的宾客信息（如张明）。

二、内部营业状态查询

1. 来宾信息查询

查询某日期某时间入住的宾客信息。

在图 5-2 中单击“过滤”命令按钮“ ”，选择“进店时间”命令，弹出“进店时间在...”对话框，在此设置起始内容为“2017 年 02 月 17 日 09 时 31 分”，终止时间为系统默认，然后单击“确定”命令按钮，图 5-2 中就显示 2017 年 02 月 17 日的宾客信息情况。

【练习 3】 查询某时间离店的宾客信息（如 2017 年 02 月 17 日 09 时 31 分）。

【练习 4】 查询今日来宾信息。

备份来宾信息文件“来宾信息.xls”。

在图 5-2 中单击“导出”命令按钮“ ”，选择“导为 Excel 文件”命令，弹出“另存为”对话框，在此设置保存位置（如桌面），确定文件名（系统默认文件名为：来宾信息）后，单击“保存”命令按钮，出现“导出成功！”提示对话框，此时单击“确定”命令按钮完成来宾信息备份操作。

【练习 5】 备份来宾信息文件“来宾信息.txt”。

打印“来宾信息”。

在图 5-2 中单击“打印”命令按钮“ ”，弹出如图 5-3 所示的“预览”窗口，此时单击页面设置命令按钮“ ”，弹出“页面设置”对话框，在此进行纸张类型、页边距等相关设置后，单击“确认”命令按钮，然后单击“打印”命令按钮“ ”，在弹出的“打印”对话框中单击“确认”命令按钮即可打印宾客信息。

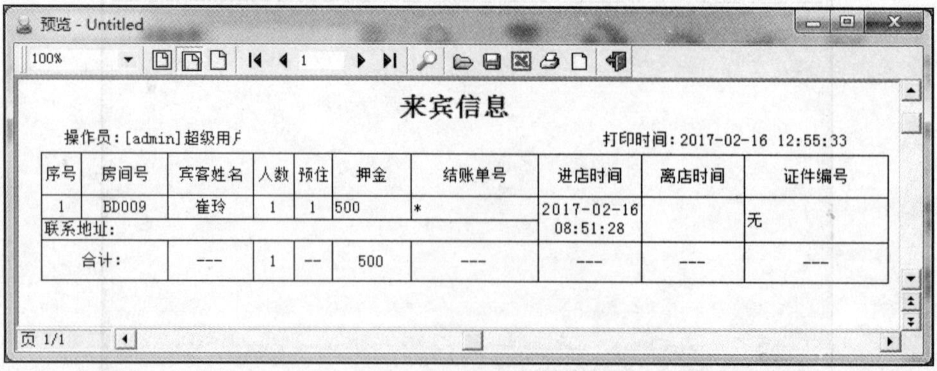

来宾信息

操作员：[admin]超级用　　打印时间：2017-02-16 12:55:33

序号	房间号	宾客姓名	人数	预住	押金	结账单号	进店时间	离店时间	证件编号
1	BD009	崔玲	1	1	500	*	2017-02-16 08:51:28		无
联系地址:									
合计:	---		1	--	500	---	---	---	---

图 5-3 “预览”窗口

“预览”窗口中各命令按钮的使用说明如下：

75% 显示比例：用户根据自己的需求调整来宾信息显示方式比例，如选择显示比例为75%。

：来宾信息预览显示分为“”整页、“”100%、“”页面宽度。

：通过这组命令按钮可以实现第一页、上一页、下一页、最后一页的浏览切换。

查找文本：单击该命令按钮弹出“查找文本”对话框，在此输入查找内容（如崔玲）后，单击“确认”命令按钮，此时光标定位在崔玲记录处。

打开报表：单击该命令按钮弹出“打开”对话框，在此确定打开文件后，单击“打开”命令按钮即可。

保存报表：单击该命令按钮弹出“另存为”对话框，在此确定保存位置与文件名后，单击“保存”命令按钮即可。

关闭预览：单击该命令按钮将关闭预览窗口。

2．在店/离店宾客消费查询

在图5-1中单击“在店/离店宾客消费明细”项目，弹出如图5-4所示的“在店/离店宾客消费明细”对话框，该对话框包含“在店宾客消费明细”和“离店宾客消费明细”两个选项卡。

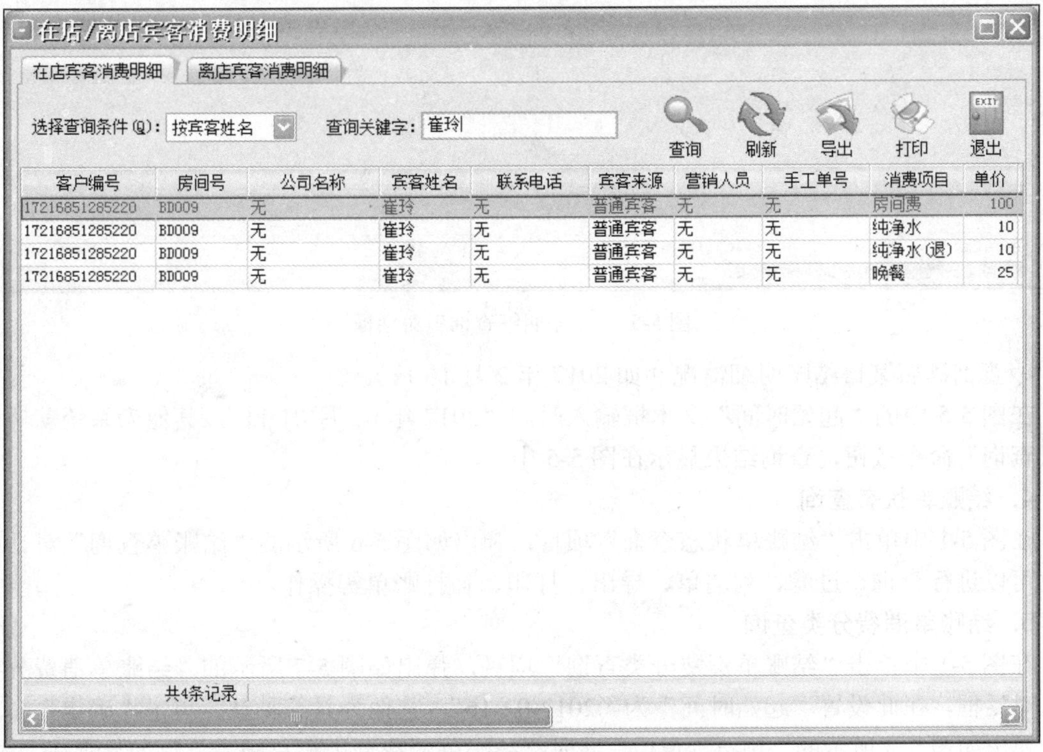

图5-4 “在店/离店宾客消费明细”对话框

BD009房间客人崔玲要求查看自己的消费情况。

在图5-4中设置“选择查询条件”为“按宾客姓名”，在“查询关键字”中录入“崔玲”，单击“查询”命令按钮，图5-4中就显示出BD009房间客人崔玲的消费记录。

❀张明结账后要求查看离店时的消费情况。

在图 5-4 中选择“离店宾客消费明细”选项卡，在此“选择查询条件”为“按宾客姓名”，选择“结账状态”为“离店宾客”，在关键字中录入“张明”，设置起始时间和终止时间后，单击“查询”命令按钮，在图 5-4 中就会显示客人张明的消费记录。

3．结账明细查询

在图 5-1 中单击“结账明细查询”项目，弹出如图 5-5 所示的“结账明细查询”对话框，在此可以进行查询、过滤、导出、打印、补打发票等操作。

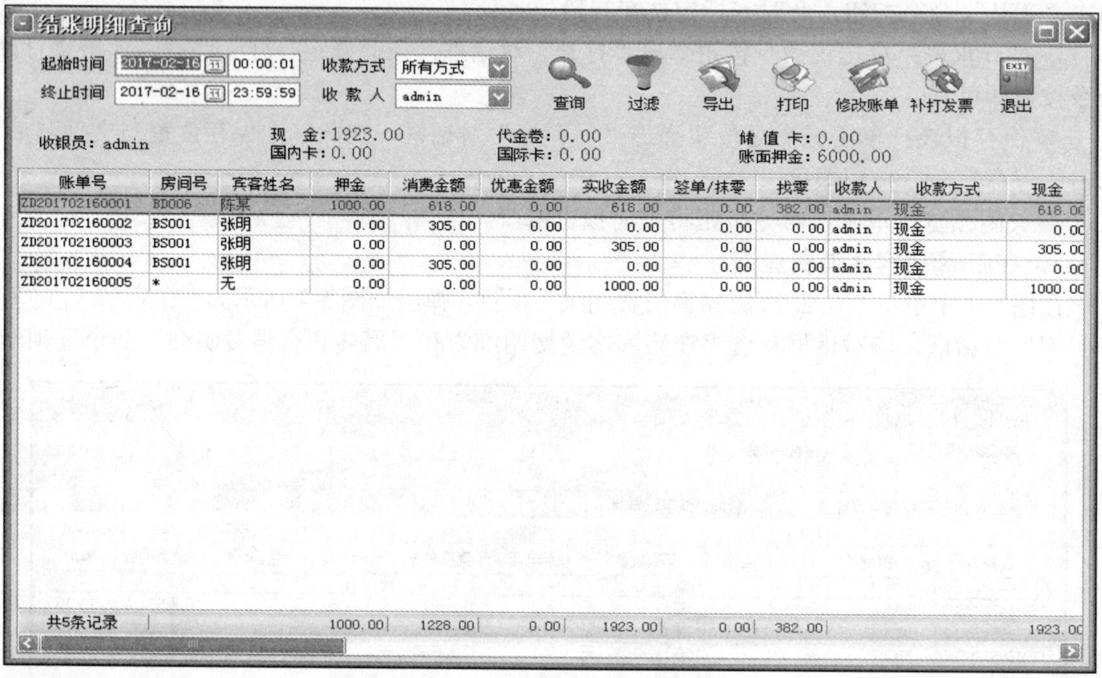

图 5-5 “结账明细查询”对话框

❀查询酒店某日结账明细情况（如 2017 年 2 月 16 日）。

在图 5-5 中的“起始时间”文本框输入时间“2017 年 02 月 01 日”，其他为系统默认，单击“查询”命令按钮，查询结果显示在图 5-5 中。

4．结账单状态查询

在图 5-1 中单击“结账单状态查询”项目，弹出如图 5-6 所示的“结账单查询”对话框，在此可以进行查询、过滤、列清单、导出、打印、补打账单等操作。

5．结账单消费分类查询

在图 5-1 中单击“结账单消费分类查询”项目，弹出如图 5-7 所示的“结账单消费分类统计”对话框，在此设置“起始时间”为“2017-02-16”，其他为系统默认，单击“确定”命令按钮，弹出如图 5-8 所示的“预览”窗口，此时“结账单消费分类汇总报表”数据显示在“预览”窗口中。

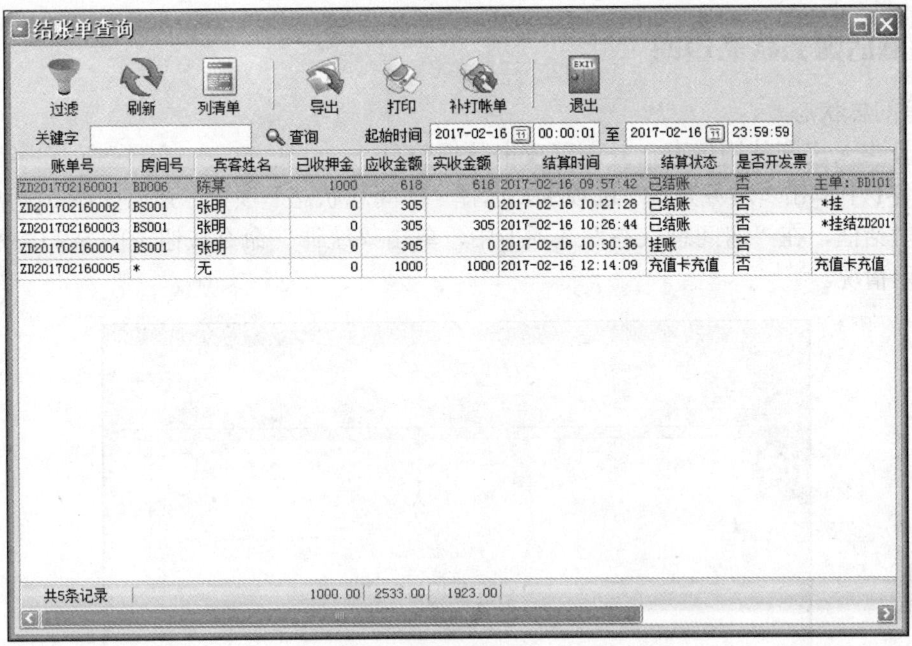

图 5-6 “结账单查询”对话框

图 5-7 “结账单消费分类统计”对话框

图 5-8 “预览”窗口

说明：

日常查询选项卡中的其他查询操作与上述内容相同，这里不再赘述。

三、酒店财务状态查询

1. 房间总状态

统计当天房间使用情况，并浏览夜审数据信息。

在图 5-1 中单击“财务查询”选项卡，选择“房间总状态”项目，弹出如图 5-9 所示的“夜审报表”对话框，在“房间总状态”选项卡中，单击“统计”命令按钮，图 5-9 中就会显示当日房间使用情况。

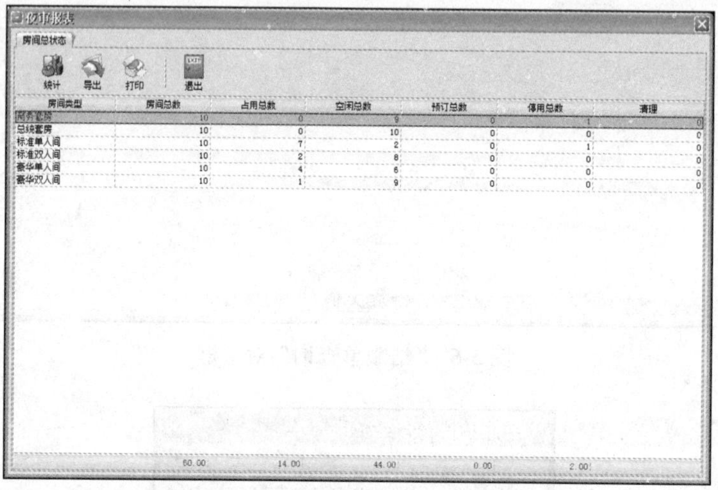

图 5-9 “夜审报表”对话框

2. 日/月营业查询

在图 5-1 中单击“财务查询”选项卡，选择“日/月营业查询”项目，弹出如图 5-10 所示的“日/月营业报表”对话框，该对话框包含“日营业报表”和“月营业报表”两个选项卡。

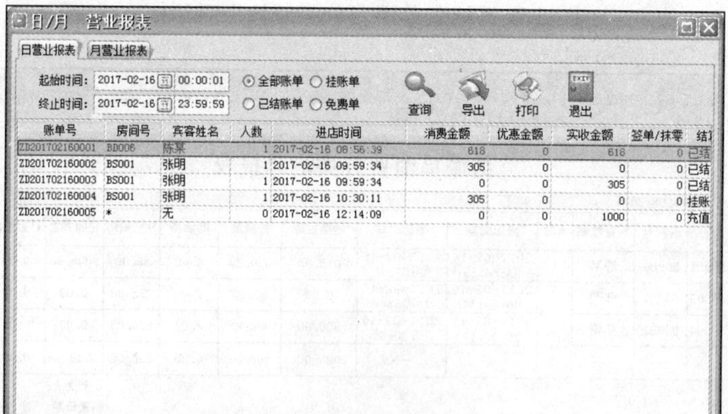

图 5-10 “日/月营业报表”对话框

查看当日营业报表。

在图 5-10 中单击“日营业报表”选项卡，“起始时间”、“终止时间”都选择 2017 年 02 月

16 日，其他选项为系统默认，单击“查询”命令按钮，查询结果就显示在图 5-10 中。

查看某年某月营业情况。

在图 5-10 中单击“月营业报表”选项卡，设定“起始时间”和“终止时间”（设定为学习期间的某年某月），其他选项为系统默认，单击“查询”命令按钮，查询结果如图 5-11 所示。

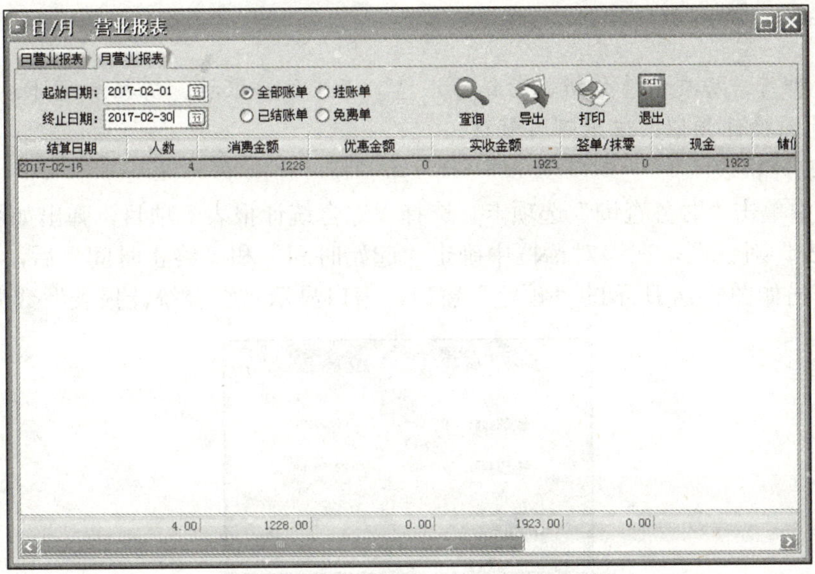

图 5-11 “月营业报表”选项卡

3. 日/月营业统计图

在图 5-1 中单击“财务查询”选项卡，选择“日/月营业统计图”项目，弹出如图 5-12 所示的“营业情况统计（按日）”对话框，该对话框包含“日营业统计”和“月营业统计”两个选项卡。

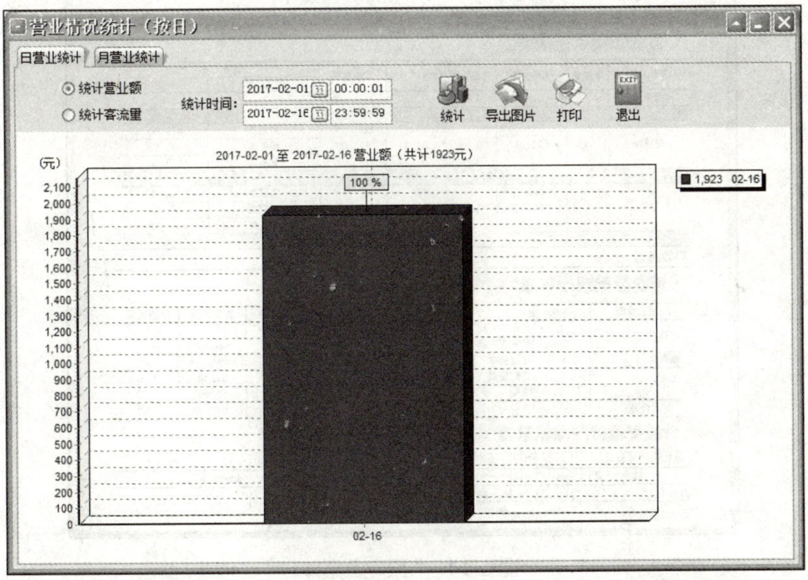

图 5-12 “营业情况统计（按日）”对话框

❀查看某时间段的营业情况（如 2017-02-01 至 2017-02-16）。

在图 5-12 中选择“统计营业额”单选按钮，在“统计时间”中选择“2017-02-01”和“2017-02-16”，单击“统计”命令按钮，统计结果如图 5-12 所示。

【练习 6】 查看酒店某月营业情况（如 2017-02）。

说明：

营业统计排行、房类销售分析、营销年汇总、酒店住房汇总、折扣房统计、入住率统计与日/月营业统计图操作相似，这里不再赘述。

4．综合统计报表

在图 5-1 中单击“财务查询”选项卡，选择“综合统计报表”项目，弹出如图 5-13 所示的“综合统计报表”对话框，在该对话框中确定“起始时间”和“终止时间”后，单击“确定”命令按钮，弹出如图 5-14 所示的“预览”窗口，窗口显示“综合统计报表”数据。

图 5-13 “综合统计报表”对话框

综合统计报表

制表人：[admin]超级用户　制表时间：2017-02-16 13:34:25

起始时间：2017-02-01'00:00:01　终止时间：2017-02-16'23:59:59

进店男宾人数：31　目前在店男宾人数：12
进店女宾人数：1　目前在店女宾人数：1
当前会员总数：5　新增会员数：1

消费分类统计报表

账单类型	账单数	消费金额	优惠金额	储值卡消费	实收金额	消费分类	
						项目类型	应收金额
充值卡充值	1	0.00	0.00	0.00	1000.00		0.00
已结账	3	923.00	0.00	0.00	923.00	房间费	610.00
						服务类	200.00
						食品类	113.00
挂账	1	305.00	0.00	0.00	0.00	房间费	80.00
						服务类	200.00
						食品类	25.00

实收总额：1923.00

消费分类明细报表

项目类型	序号	商品名称	销售数量	消费总额	折后总额	优惠金额
房间费	1	标准单人间	0.5	50.00	50.00	0.00
	2	标准双人间	4	640.00	640.00	0.00
服务类	3	保健推拿	2	400.00	400.00	0.00
食品类	4	红葡萄酒	1	88.00	88.00	0.00
	5	晚餐	2	50.00	50.00	0.00
合计：	------	------	---	1228.00	1228.00	0.00

消费项目冲减记录

序号	项目名称	单价	数量	金额	消费时间	房间号	服务生	记账人	账单号
1	纯净水(退)	10	-2	-20	2017-02-16 09:48:52	BD009	*	admin	*
合计：	---	--	--	-20	---	--	--	--	---

图 5-14 “预览”窗口

说明：

账单分类统计、消费分类统计、部分分类统计与综合统计报表操作相同。

5. 服务生提成查询

在图 5-1 中单击“财务查询”选项卡，选择“服务生提成查询”项目，弹出如图 5-15 所示的“服务生提成明细”对话框，该对话框包含“服务生提成明细”“服务生提成汇总”和“服务生提成统计排行”选项卡。

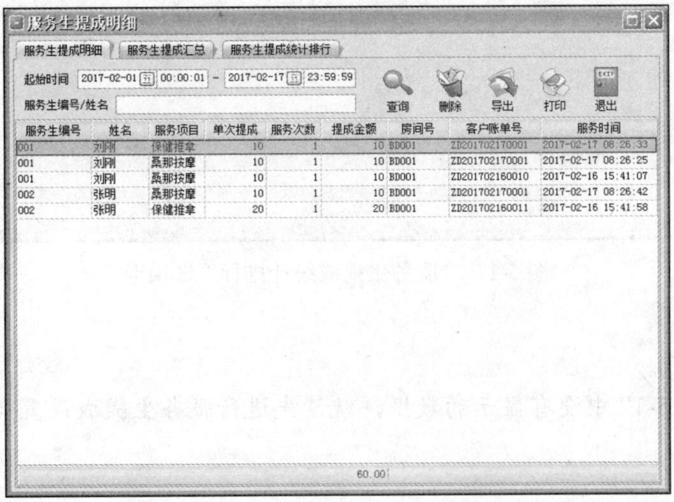

图 5-15 “服务生提成明细”选项卡

查看服务生 2017 年 02 月 01 日至 2017 年 02 月 17 日的提成情况。

（1）在图 5-15 中单击“服务生提成明细”选项卡，在“起始时间”中选择“2017-02-01”—“2017-02-17”，然后单击“查询”命令按钮，操作结果如图 5-15 所示。

（2）在图 5-15 中单击“服务生提成汇总”选项卡，在“起始时间”中选择“2017-02-01”—“2017-02-17”，然后单击“查询”命令按钮，操作结果如图 5-16 所示。

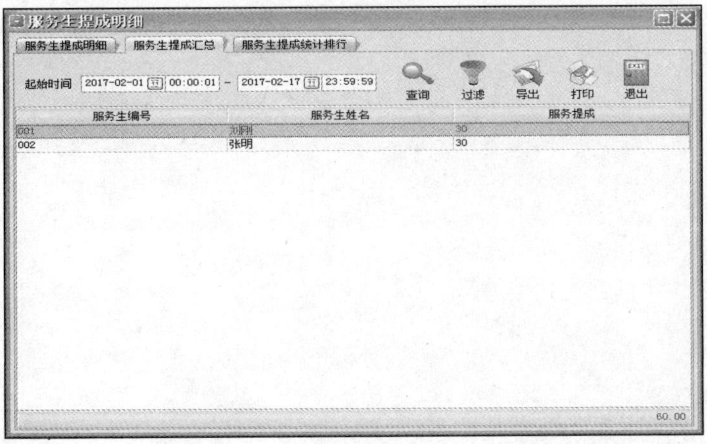

图 5-16 “服务生提成汇总”选项卡

（3）在图 5-15 中单击“服务生提成统计排行”选项卡，在“起始时间”中选择“2017-

02-01”—“2017-02-28”，其他选项为系统默认，然后单击“查询”命令按钮，操作结果如图 5-17 所示。

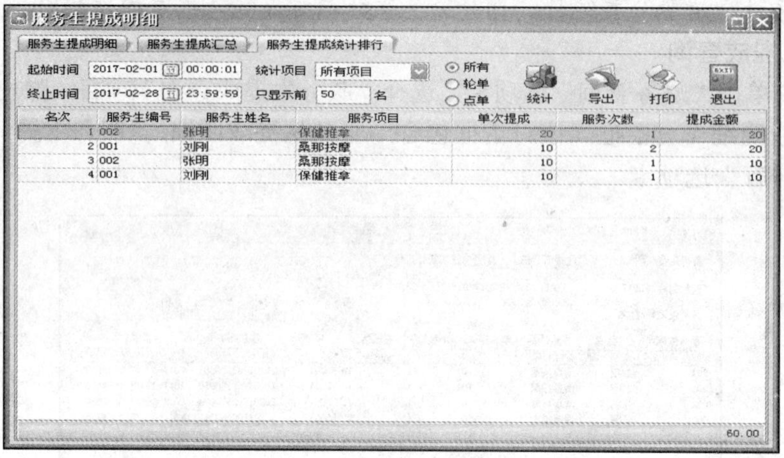

图 5-17 “服务生提成统计排行”选项卡

说明：

如果图 5-15 至 5-17 中没有显示的数据，就请先进行服务生提成设置（参阅项目七）。

任务三 实训

实训 营业查询

一、实训报告

年 月 日

姓 名		专 业		班 级	
实训课题	营业查询				
实训目的	1．了解营业查询的内容 2．掌握营业查询的相关操作				
实训设备	美萍酒店管理系统试用版				
相关知识	1．工具栏中营业查询命令按钮“ ” 2．选择“来宾信息查询”项目，使用“日常查询”选项卡工具栏中的“ ”“ ”“ ”“ ”命令 3．选择“财务查询”选项卡，在此选择相应的项目即可				
实训步骤	一、登录美萍酒店管理系统 二、对外查询 三、内部营业状态查询 1．来宾信息查询 2．在店/离店宾客消费查询 3．结账明细查询 4．结账单消费分类查询 四、酒店财务状态查询 1．房间总状态 2．日/月营业查询 3．日/月营业统计图 4．综合统计报表 5．服务生提成查询				
实训反思					

二、实训检测

1. 实训过程评估

项　　目	学生自评	小组评估	教师评估	得　分
1. 登录美萍酒店管理系统（10分）				
2. 对外查询（10分）				
3. 内部营业状态查询（40分）				
4. 酒店财务状态查询（40分）				
合计（100分）				

说明：实训过程评估项目得分=（学生自评+小组评估+教师评估）/3

2. 实训效果测试

（1）在美萍酒店管理系统中，营业查询由_____组成。

A．日常查询　　B．财务查询

C．商品查询　　D．日常查询和财务查询

（2）在美萍酒店管理系统营业查询中，过滤条件选项是_____。

A．在店宾客　　B．今日来宾　　C．进/离店时间　　D．ABC

（3）在美萍酒店管理系统营业查询中，备份来宾信息的文件格式是_____。

A．xls　　B．doc　　C．bmp　　D．avi

（4）结账明细查询中不可操作的是_____。

A．查询　　B．导入　　C．补打发票　　D．过滤

（5）查询服务生某一笔提成使用的选项卡是_____。

A．服务生提成汇总　　B．服务生提成统计排行

C．服务生提成明细　　D．服务生编号

项目六 交班管理

项目概述

一天的工作结束了，酒店员工要进行交接班，当班员工查对当次交班明细，没有错误，与来接班的员工办理交班、接班相关手续。

本任务包括以下主要内容：

1．交班管理模块的构成及功能；
2．交班管理模块的使用方法。

任务 交班管理的构成及使用方法

一、交班管理模块的构成

交班管理模块由当次交班信息、当次交班明细和历史交班信息构成，该模块方便不同收银员交接班工作，不同操作权限的操作员根据密码进入，系统自动记录收银员的收银情况，从而保证酒店的利益。

二、交班管理模块的使用方法

在图 1-2 所示的“美萍酒店管理系统试用版 7.4”窗口中单击工具栏上的“交班管理”命令按钮“”，弹出如图 6-1 所示的“交班信息”对话框，对话框中包含“当次交班信息”、“当次交班明细”和“历史交班信息”选项卡。

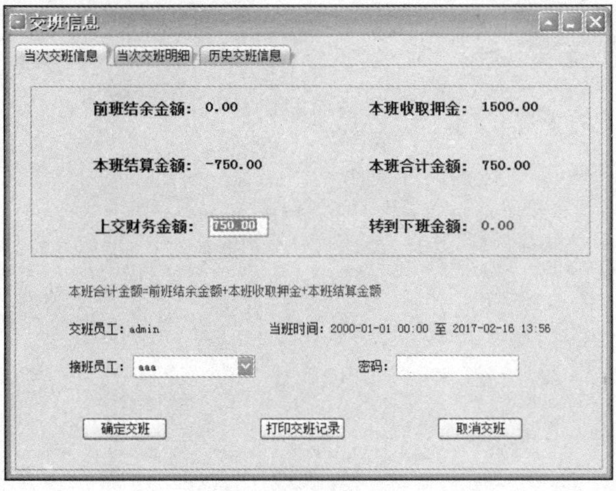

图 6-1 “交班信息”对话框

浏览 admin 当次交班明细和历史交班信息。

在图 6-1 中选择“当次交班明细”选项卡，确定起始时间（2017-02-16），其他选项为系统默认，单击“查询”命令按钮，admin 交班明细显示在图 6-1 中；单击“历史交班信息”选项卡，选择交班人“admin”，确定交班日期后，单击“查询”命令按钮，交班历史记录显示在图 6-1 中。

系统管理员 admin 与酒店员工 aaa 办理交班手续。

在图 6-1 中选择“当次交班信息”选项卡，在此确认交班信息无误后办理交班，接班员工 aaa，录入密码（系统默认为空），单击“确定交班”命令按钮，出现“您确定交班吗？”提示信息对话框，单击“确定”命令按钮，弹出系统“登录窗口”，此时使用者只需要重新登录即可使用。

项目七 系统维护

项目概述

酒店扩大营业面积，增加了若干房间；并与学校联合办学；根据工作需要酒店招聘营销人员和部门经理；考虑酒店数据安全，一是为新招聘人员进行操作权限设置；二是及时备份数据，三是导出工作日志；为了提高酒店的服务水平，对服务生进行等级管理，设置提成项目，细化服务生管理。

本项目包括以下主要内容：

1．系统维护模块的构成及功能；

2．系统维护模块的使用方法。

任务一 系统维护简介

一、系统维护模块的构成

系统维护模块由修改当前操作员密码、系统设置、系统日志、数据库压缩/修复、数据备份/恢复、经销商设置、技术支持、访问主页、软件帮助等构成。其中系统设置模块提供了酒店房间、商品、服务生、客户、操作员、计费等多项系统设置功能，用户必须根据酒店的实际情况对系统进行初始化设置，才能保证酒店正常使用该软件。

二、系统维护模块的功能

选择“系统维护”菜单中的“系统设置”命令，弹出如图 7-1 所示的“系统设置”对话框，在此可以进行房间设置、商品设置、服务生设置、客户设置、VIP 设置、操作员设置、计费设置、外接设备设置、数据管理等多项操作。

修改密码功能：为保证本系统数据的安全，此模块允许操作员修改登录密码。

数据备份、恢复功能：为保证数据的安全要定期进行数据备份，一旦出现数据遭到破坏可使用最近备份的数据进行恢复，恢复后的数据只能是备份过的数据，没备份的数据将丢失。

图 7-1 “系统设置”对话框

任务二 系统维护的使用方法

一、系统设置

（一）房间设置

酒店扩大营业面积，需要增加普通套房 10 间，请你在系统设置中完成相关操作。

1．根据酒店要求设计普通套房（如表 7-1 所示）

表 7-1 增加房间信息表

添加类型数据		单个添加房间数据		批量添加房间数据	
房间类型	普通套房	房间类型	普通套房	房间范围	2-10
床位数量	1	房间编号	PT1	标记字符	PT（置前）
预设单价/天	480	所在区域	五楼	所在区域	六楼
预设单价/半天	240	房间电话	5111	房间电话	PT2-PT10
押金	400				

2．添加房间类型

在图 7-1 中选择“房间设置”选项卡，单击“添加类型”命令按钮，弹出如图 7-2 所示的“增加房间类型”对话框，在此输入表 7-1 中的数据，单击“保存”命令按钮后，在图 7-1 所示对话框的“房间类型”中就可以看到增加的普通房间类型记录。

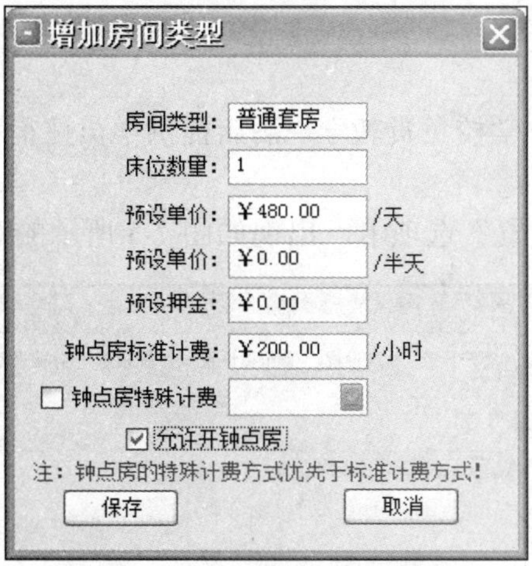

图 7-2 “增加房间类型”对话框

3. 添加房间

（1）单个添加。在图 7-1 中的“房间设置”选项卡中单击“单个添加”命令按钮，弹出如图 7-3 所示的“增加房间”对话框，在此单击“房间类型”右边的“▾”按钮，在弹出的下拉列表中选择“普通套房”，然后输入表 7-1 中的数据，单击“保存”命令按钮，在图 7-1 中就会显示增加的房间记录。

（2）批量添加。在图 7-1 中的“房间设置”选项卡中单击“批量添加”命令按钮，弹出如图 7-4 所示的“增加房间”对话框，在图 7-4 中输入表 7-1 中的数据，单击“保存”命令按钮，在图 7-1 中就显示出批量增加的 9 个房间。

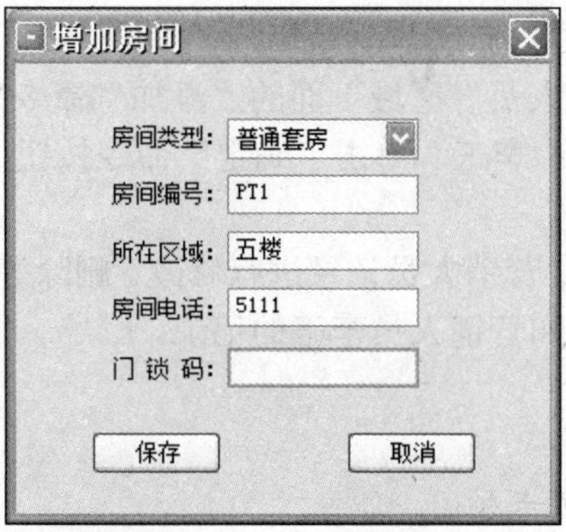

图 7-3 单个“增加房间”对话框

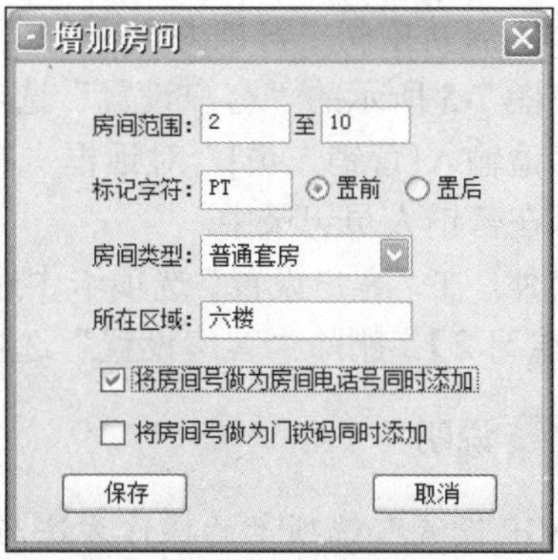

图 7-4 批量“增加房间”对话框

【练习 1】 在“服务生设置”选项卡中设置表 7-2 中的内容，操作结束后观察结果。

表 7-2 添加员工信息

添加服务等级	添加员工编号	姓名	性别	服务区域
B 级	004	王红	女	普通套房

（二）客户设置

酒店与学校联合办学，学校负责教学，酒店提供学员住宿和实习场所，请你将学校设置为酒店客户。

在图 7-1 中选择“客户设置”选项卡，出现如图 7-5 所示的对话框。

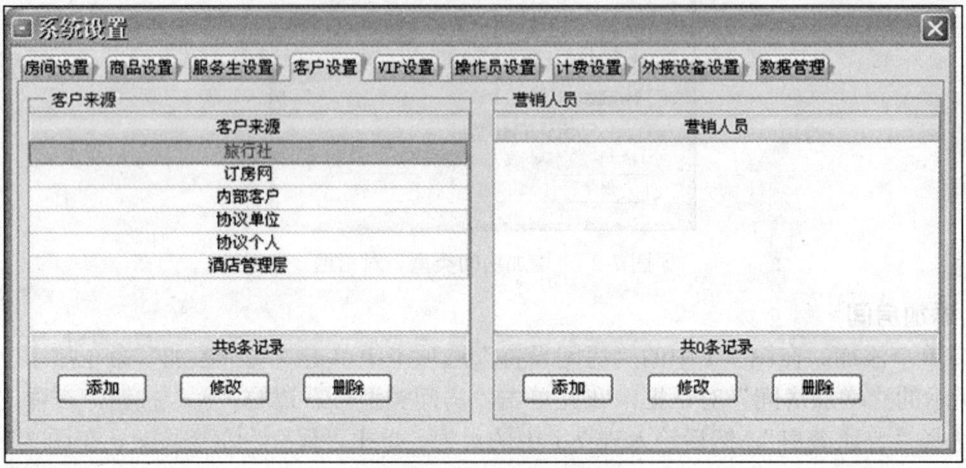

图 7-5 “客户设置”选项卡

在图 7-5 所示的“客户设置”选项卡中单击“客户来源”区域下面的“添加”命令按钮，弹出 “请输入[客户来源]”对话框，在此录入客户来源：学校，单击“确定”命令按钮，学校客户就显示在客户来源记录中。

酒店新招聘了营销人员李玉，请你为她办理相关手续。

在图 7-5 所示的“客户设置”选项卡中单击“营销人员”区域下面的“添加”命令按钮，弹出“请输入[营销人员]”对话框，在此录入营销人员：李玉，单击“确定”命令按钮，李玉就显示在营销人员记录中。

另外，在“客户设置”选项卡中还可以对客户来源、营销人员记录进行修改、删除等操作。

【练习 2】 删除“客房设置”选项卡中的学校客户和营销人员李玉的记录。

说明：

“VIP 设置”选项卡的操作方法与“客户设置”选项卡相同。

（三）操作员设置

在图 7-1 中选择“操作员设置”选项卡，出现如图 7-6 所示的对话框，在此可以进行部门、操作员的添加、删除、权限设置等操作。

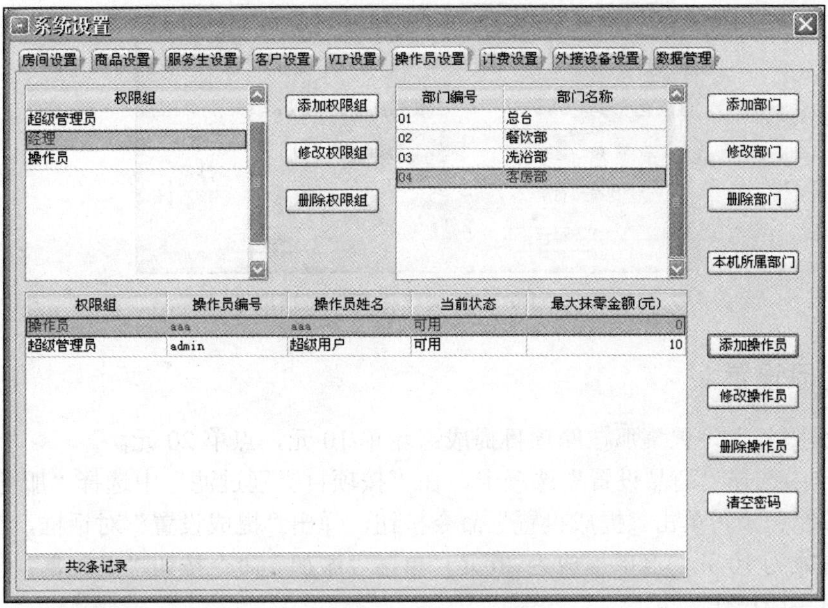

图 7-6 “操作员设置”选项卡

酒店经理需要随时了解酒店的经营情况，请你在系统中添加具有营业查询权限的经理组。

在图 7-6 所示的“操作员设置”选项卡中单击“权限组”区域的“添加权限组”命令按钮，弹出如图 7-7 所示的“权限组管理”对话框，输入“权限组名称”为“经理”，在列表框中选择“☑营业查询”，单击“保存”命令按钮后完成经理权限组的添加。

增加可以操作所有房间类型的部门“客房部”。

在图 7-6 所示的“操作员设置”选项卡的部门区域中单击“添加部门”命令按钮，弹出如图 7-8 所示的“添加部门”对话框，在此输入“部门编码”为“04”，“部门名称”为“客房部”，选择此部门可以操作所有房间，单击“确定”命令按钮，完成部门的添加操作。

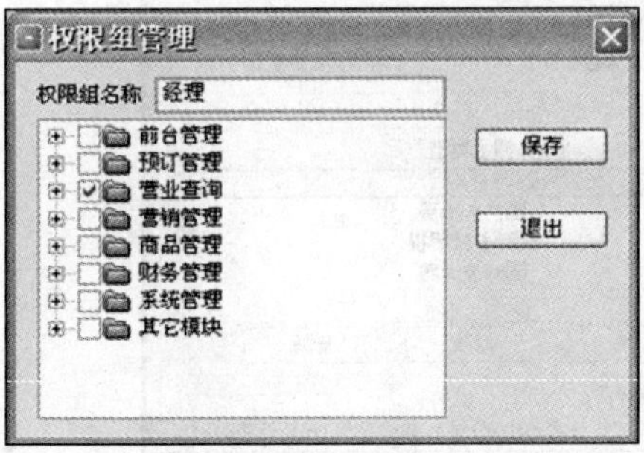

图 7-7 “权限组管理”对话框

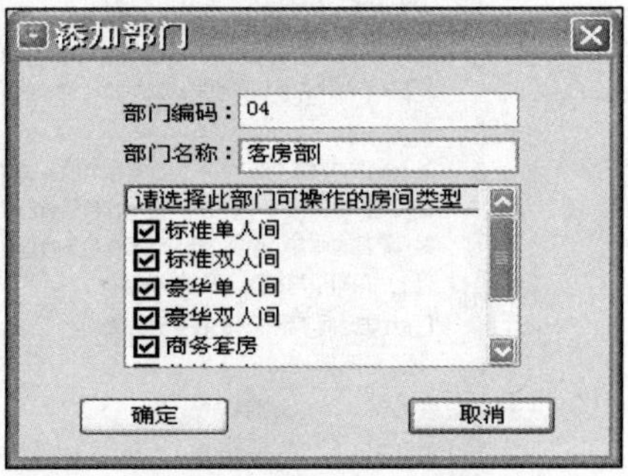

图 7-8 “添加部门”对话框

酒店新招聘经理赵小芬，请你在系统软件中为她设置操作权限，使她能进行营业查询操作。

在图 7-6 所示的“操作员设置”选项卡操作员区域中单击“添加操作员”命令按钮，弹出如图 7-9 所示的“新增操作员”对话框，在对话框中输入“编号”为“JL01”，“姓名”为“赵小芬”，“密码”为“123”，“签单金额”为“10”，选择“权限组”为“经理”，“当前状态”为“可用”，单击“保存”命令按钮完成操作员的添加操作。

图 7-9 “新增操作员”对话框

（四）商品设置

为 A 级服务生设置桑那按摩项目提成：轮单 10 元，点单 20 元。

在图 7-1 中选择“商品设置”选项卡，在“按项目类别过滤”中选择“服务类”，选择项目 009 桑那按摩记录，单击“提成设置”命令按钮，弹出“提成设置”对话框，在此设置 A 级服务生轮单提成为 10 元，点单提成为 20 元，单击“添加”命令按钮“添加 ≫”，然后单击“保存”命令按钮完成操作。

说明：

此项操作将决定项目五营业查询中服务生提成查询是否有数据结果。

（五）计费设置

在图 7-1 中选择“计费设置”选项卡，弹出如图 7-10 所示的对话框，在此可以对全场打折、全天计费、钟点房标准计费、押金类型、钟点房特殊计费等进行相关操作。

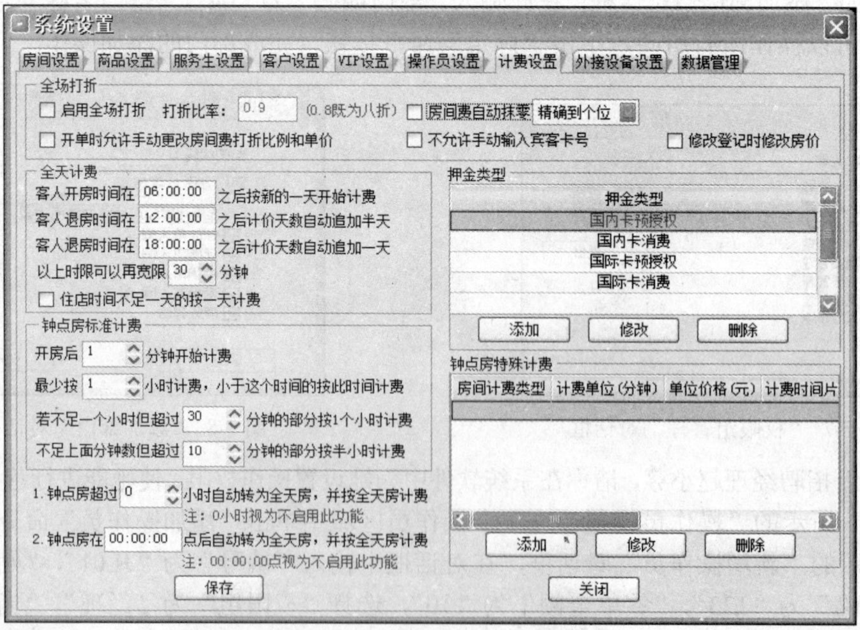

图 7-10 “计费设置”选项卡

（六）外接设备设置

“外接设备设置”选项卡包括“打印机设置”、“门锁卡机设置”、“电话计费设置”三个选项卡。“打印机设置”选项卡可以设计发票格式、确定是否结账时进行打印小票等；“门锁卡机设置”选项卡可以输入酒店标识、选择门锁型号等；“电话计费设置”选项卡可以对电话系统、系统路径进行选择操作。

（七）数据管理

在“数据管理”选项卡中可以进行选择要清空的数据表操作，可以对数据库备份进行设置。

二、系统日志

选择“系统维护”菜单中的“系统日志”命令，弹出如图 7-11 所示的“系统日志”对话框，在此可以设置起始、终止时间进行查询、删除、导出等操作。

图 7-11 “系统日志”对话框

将系统日志导出为 Excel 文件，即“系统日志.xls”文件。

选择“系统维护”菜单中的“系统日志”命令，弹出如图 7-11 所示的“系统日志”对话框，在图 7-11 中单击“导出”命令按钮，选择“导为 Excel 文件”命令，弹出“另存为”对话框，单击“保存”命令按钮（文件名、保存路径系统默认），弹出“导出成功！”对话框，单击“确定”命令按钮完成操作，打开系统日志.xls 文件，操作结果如图 7-12 所示。

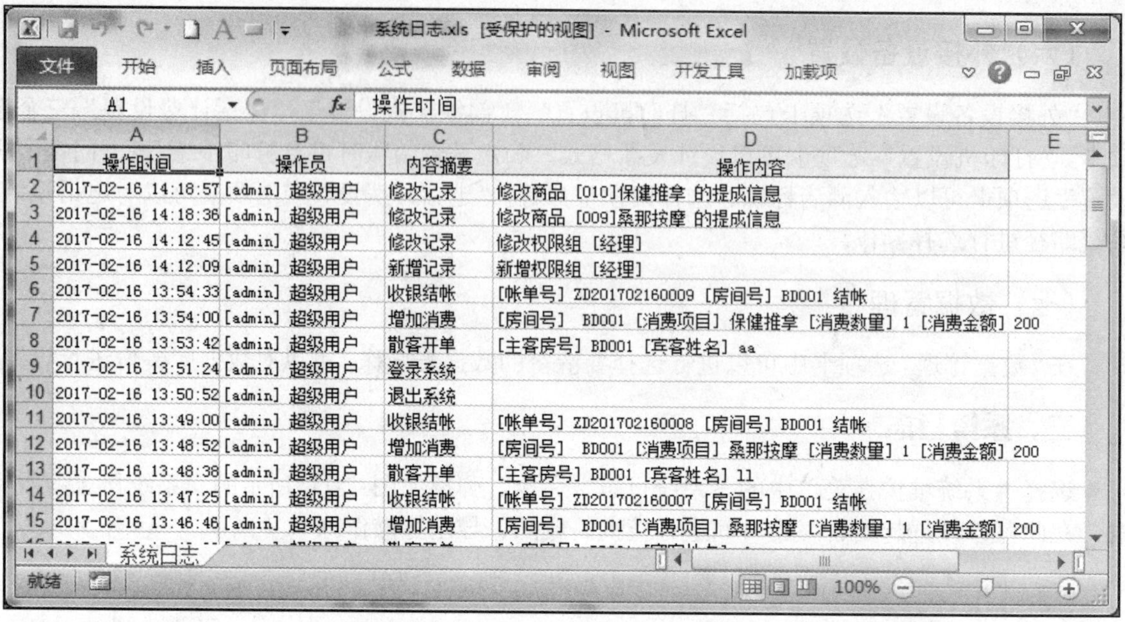

图 7-12　系统日志.xls 文件

三、数据备份

将数据备份到 C：\Program Files\MpSoft\mphotel\databak 文件夹中。

选择“系统维护”菜单中的“数据备份/恢复”命令，弹出如图 7-13 所示的“数据备份、恢复”对话框，单击“确定”命令按钮后，出现“备份成功！”提示信息对话框，此时在 C:\Program Files（x86）\MpSoft\mphotel\databak 文件夹中自动生成 2017_02_16 14_24_53 文件夹，其中有 mpHotel.dat 和 mpHotel.ldb 两个文件。

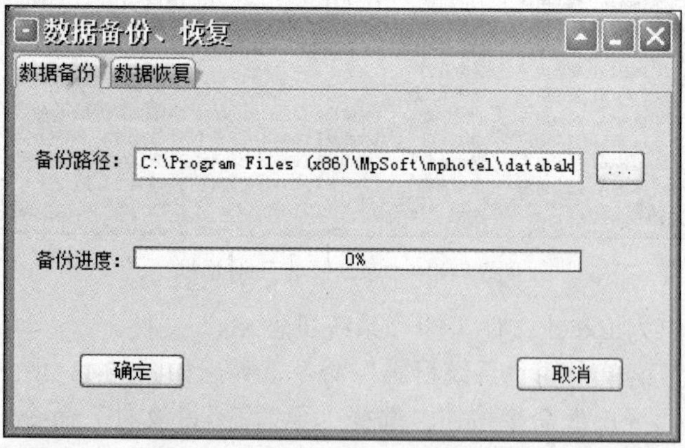

图 7-13　“数据备份、恢复”对话框

在图 7-13 所示的“数据备份”选项卡中可以设置数据备份的路径，在“数据恢复”选项卡中可以选择数据恢复文件，并进行数据恢复操作。

【练习 3】 将上述例题中备份的数据文件 mpHotel.dat 恢复到软件系统中。

四、经销商设置

设置系统使用者为山东省济南商贸学校。

选择“系统维护”菜单中的“经销商设置”命令，弹出如图 7-14 所示的“代理商设置”对话框，在此输入“公司名称”为“山东省济南美萍”、“授权口令”为“888888”后，单击“确定”命令按钮，弹出如图 7-15 所示的“使用设置”对话框，在此输入“公司名称”为“山东省济南商贸学校”，“联系电话”为“0531-86593543”，选择限制使用 30 天后停止使用，选中“☑把公司名称显示在主窗口标题栏”复选项，单击“确定”命令按钮完成经销商设置操作，然后退出系统，再次登录系统观察窗口标题栏的变化。

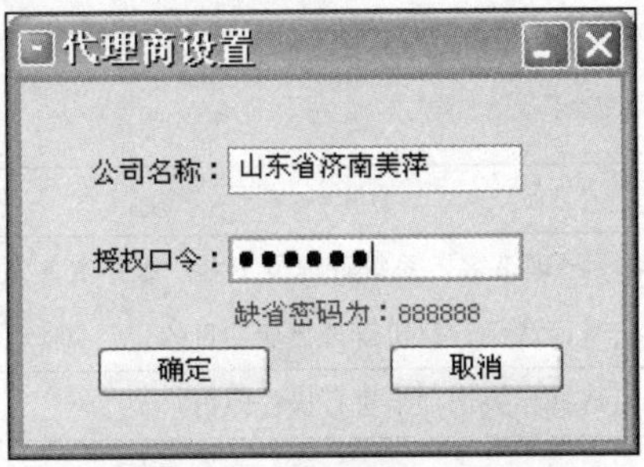

图 7-14 “代理商设置”对话框

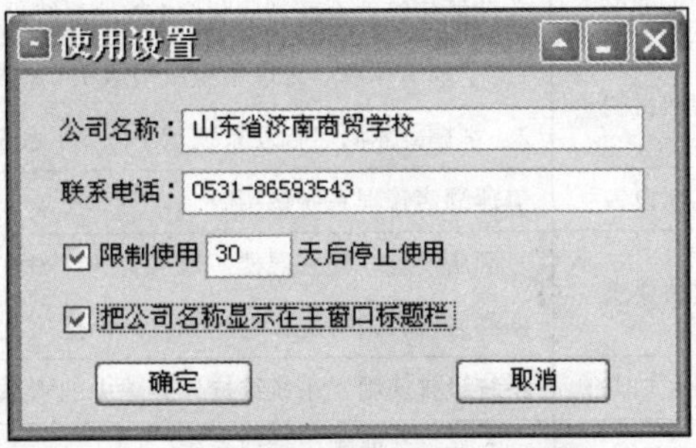

图 7-15 “使用设置”对话框

任务三 实训

实训 系统设置

一、实训报告

年 月 日

姓 名		专 业		班 级	
实训课题	美萍酒店管理系统试用版 7.4 软件系统设置				
实训目的	1．了解美萍酒店管理系统试用版 7.4 系统设置的内容 2．掌握美萍酒店管理系统试用版 7.4 系统设置初始化操作				
实训设备	美萍酒店管理系统试用版				
实训要求	酒店现有一幢三层楼，每层有 30 个房间，招聘操作员 3 名，经理 2 名，系统管理员 1 名，服务生 5 人，根据酒店现有条件进行初始化设计，然后利用软件实现其操作，从而达到计算机管理酒店的目的				
相关知识	系统设置使用“系统维护”菜单中的“系统设置”命令，然后选择相关选项卡进行操作即可				
实训步骤	一、登录美萍酒店管理系统 二、系统设计 设计方案： 1．基础设置 2．人员设置 三、系统数据初始化 四、系统设计具体操作步骤 1．基础设置 2．人员设置 3．服务生设置				
实训反思					

二、实训检测

1．实训过程评估

项　　目	学生自评	小组评估	教师评估	得　　分
1．登录美萍酒店管理系统（10分）				
2．系统设计（30分）				
3．系统数据初始化（30分）				
4．系统设计具体操作步骤（30分）				
合计（100分）				

说明：实训过程评估项目得分=（学生自评+小组评估+教师评估）/3

2．实训效果测试

（1）在美萍酒店管理系统中，进行服务生提成设置在_____。

A．操作员设置　B．数据管理　C．服务生设置　D．商品设置

（2）酒店新招聘营销人员，在美萍酒店管理系统中办理相关手续是通过_____。

A．客户设置　B．计费设置　C．数字管理　D．操作员设置

（3）酒店添加客房制作门锁卡机，设置选项在_____。

A．电话计费设置　B．门锁卡机设置　C．打印机设置　D．网络设置

（4）在美萍酒店管理系统中，对系统日志不能进行的操作是_____。

A．查询　B．删除　C．导出　D．编辑

（5）在美萍酒店管理系统中，备份文件名是_____。

A．mpHotel.xls　B．mpHotel.TXT

C．mpHotel.doc　D．mpHotel.dat 和 mpHotel.ldb

项目八　商品管理

项目概述

商品管理将解决商品物流中错综复杂的各种关系，一是进行供货商、商品、仓库的添加；二是进行商品采购、退货；三是办理各仓库之间的进出货物；四是清查仓库库存，进行出货分析；五是通过仓库盘点了解商品的盘盈、盘亏情况。

本项目包括以下主要内容：

1．商品管理模块的构成及功能；
2．商品管理模块的使用方法。

任务一　商品管理简介

一、商品管理模块的构成

商品管理模块由供货商信息、商品设置、仓库设置、采购进货、采购退货、库存调拨、报损报溢、领料出货、往来账务、库存查询、成本分析、销售查询、库存盘点构成。本模块提供的库存管理、进货管理是酒店物流管理的关键，而往来账务、销售查询方便了管理层的管理，错综复杂的商品在本模块的管理下有条不紊。

二、商品管理模块的功能

在图 1-2 所示的“美萍酒店管理系统试用版 7.4”窗口中，单击工具栏中“商品管理”命令按钮“”，弹出如图 8-1 所示的“商品管理”对话框。

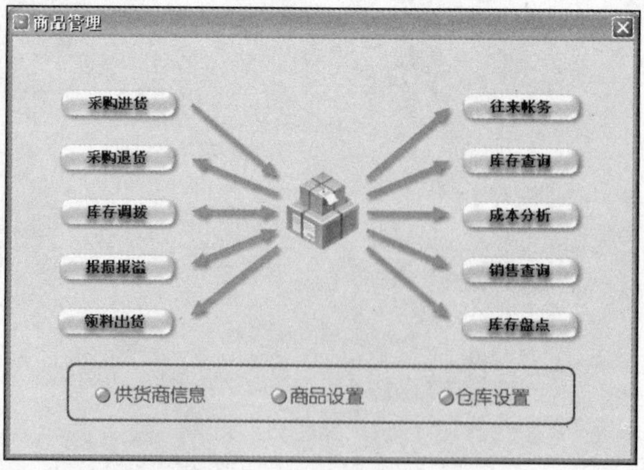

图 8-1　“商品管理”对话框

商品管理功能：对供货商信息、商品设置、仓库设置三个方面的管理。

采购管理功能：通过采购进货（退货）模块中的填写采购单（退货单）及采购单（退货单）查询使用，严把采购各环节管理，规范操作流程。

库存管理功能：针对库存调拨、报损报溢、领料出货、库存查询、成本分析、库存盘点各方面的详实管理。

任务二 商品管理的使用方法

一、商品管理设置

1. 供货商信息

在图 8-1 所示的“商品管理”对话框中单击“供货商信息”图标“供货商信息”，弹出如图 8-2 所示的“供货商信息”对话框。

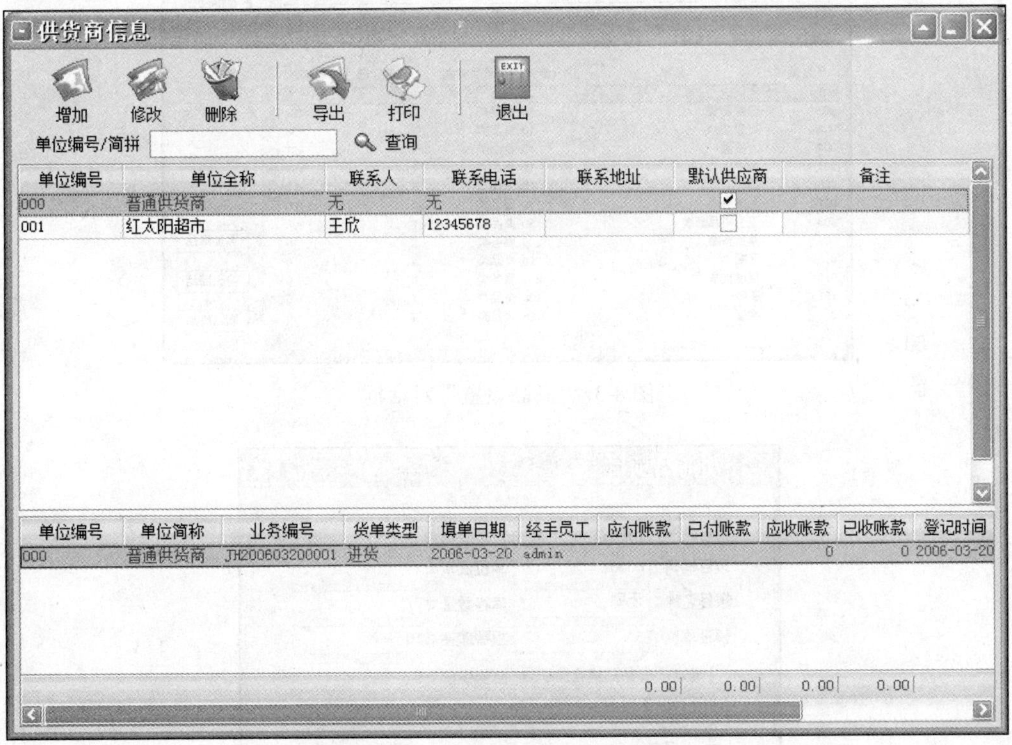

图 8-2 “供货商信息”对话框

红太阳超市为酒店提供货物，请你在系统中为红太阳超市办理供货商相关手续。

在图 8-2 中单击“增加”命令按钮“增加”，弹出“往来单位基本信息”对话框，在此输入单位编号：001，单位全称：红太阳超市，单位简拼：HTYCS，联系人：王欣，联系电话：12345678，单击“保存”命令按钮，红太阳超市就显示在“供货商信息”对话框中。

在图 8-2 中可以对供货商信息进行修改、删除、导出、打印等操作。

2．商品设置

在系统中添加牙刷消耗品，其中，项目编码：00301，计价单位：个，单位成本：1，项目名称：牙刷，预设单价：5，报警库存：10，选择允许参于进销存管理。

在图 8-1 所示的“商品管理”对话框中单击“商品设置”图标“商品设置”，弹出如图 8-3 所示的“商品设置”对话框，在此单击“添加商品”命令按钮，弹出如图 8-4 所示的“添加商品项目”对话框，选择“项目类别”为“消耗品”，输入“项目编码”为“00301”、“项目名称”为“牙刷”、“预设单价”为“5”，“计价单位”为“个”、“单位成本”为“1”、“报警库存”为“10”，选中“☑允许参于进销存管理”复选项，单击“保存”命令按钮，再单击“取消”命令按钮关闭“添加商品项目”对话框，牙刷就显示在图 8-3 中。

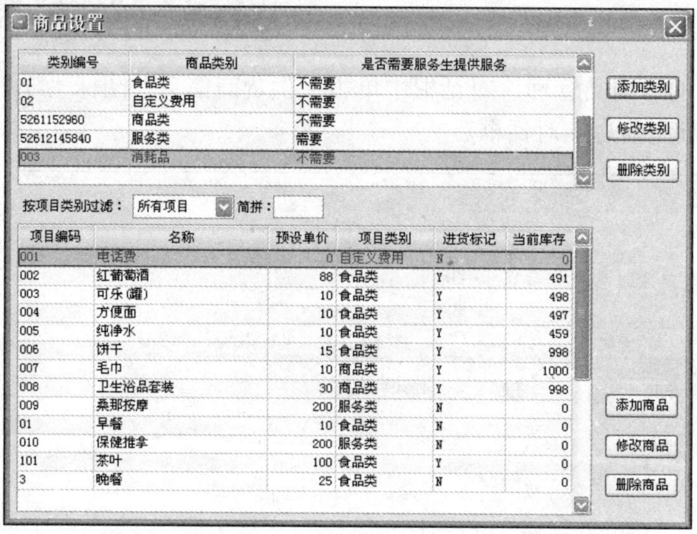

图 8-3 “商品设置”对话框

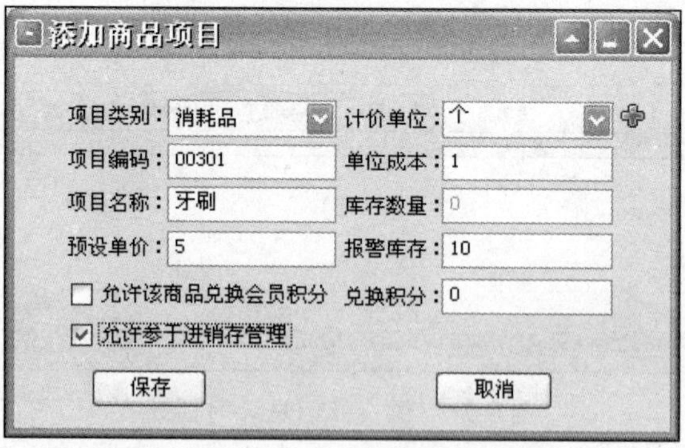

图 8-4 “添加商品项目”对话框

3．仓库设置

在酒店管理系统中添加“仓库 1”。

在图 8-1 所示的“商品管理”对话框中单击“仓库设置”图标“仓库设置”，弹出如图 8-5 所示的“仓库设置”对话框，在图 8-5 中单击“新增”命令按钮，弹出“添加仓库”对话框，在此输入“仓库编号”为“001”、“仓库名称”为“仓库 1”，单击“确定”命令按钮，仓库 1

显示在图 8-5 中，单击“保存”命令按钮，出现“请重新启动软件设置将会生效！”提示信息对话框，单击“确定”命令按钮后，再单击“退出”命令按钮关闭“仓库设置”对话框。

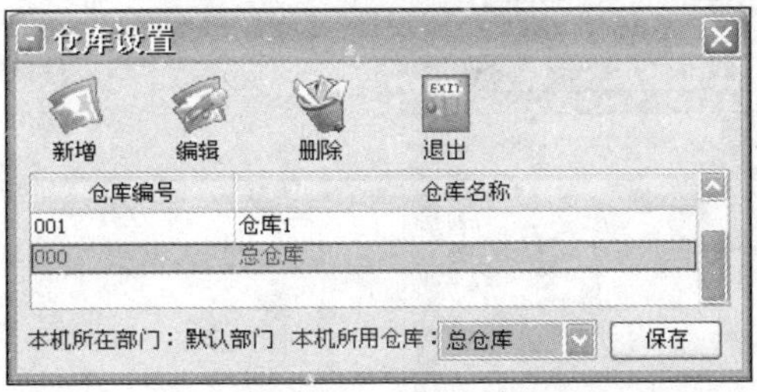

图 8-5 “仓库设置”对话框

二、商品管理

1. 采购进货

在图 8-1 所示的“商品管理”对话框中单击“采购进货”命令按钮“”，弹出如图 8-6 所示的“采购进货”对话框。

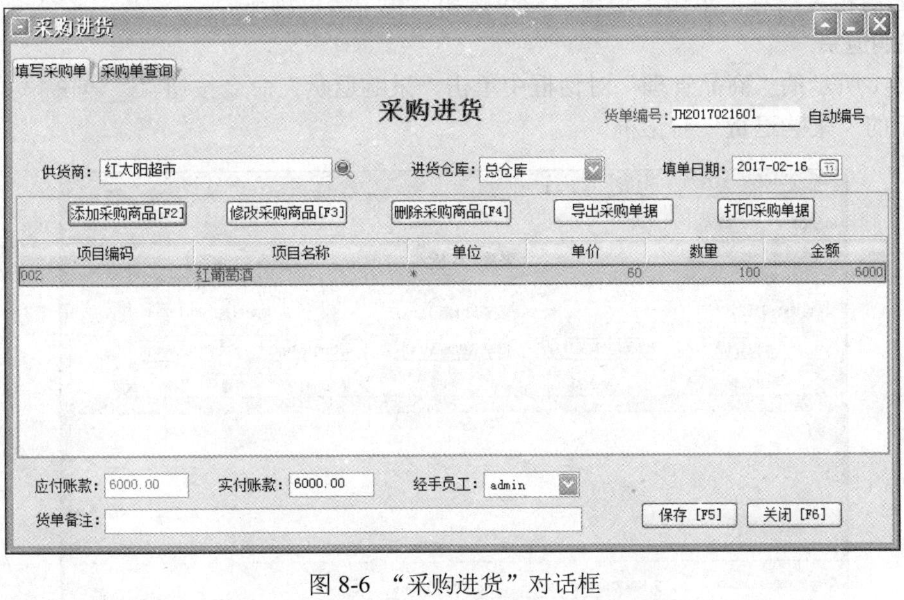

图 8-6 “采购进货”对话框

从红太阳超市购进一批红葡萄酒，请你办理相关操作手续。

在图 8-6 中选择“填写采购单”选项卡，单击供货商右边的放大镜命令按钮“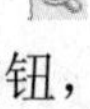”，选择供货商“红太阳超市”，其他项目为系统默认，单击“添加采购商品[F2]”命令按钮，弹出如图 8-7 所示的“增加商品”对话框，双击“商品项目”（清单）选项卡中的红葡萄酒记录，弹出“增加商品”对话框，在“单位价格”中输入“60”，在“商品数量”中输入“100”，单击“确定”命令按钮，添加信息显示在图 8-7 中，最后单击图 8-7 中的“保存”命令按钮，退出“增加商品”对话框，返回“采购进货”对话框。

【练习 1】 从红太阳超市购进一批可乐单价为 2.5 元，数量为 100。

【练习 2】 从红太阳超市购进一批牙刷单价为 1 元，数量为 50。

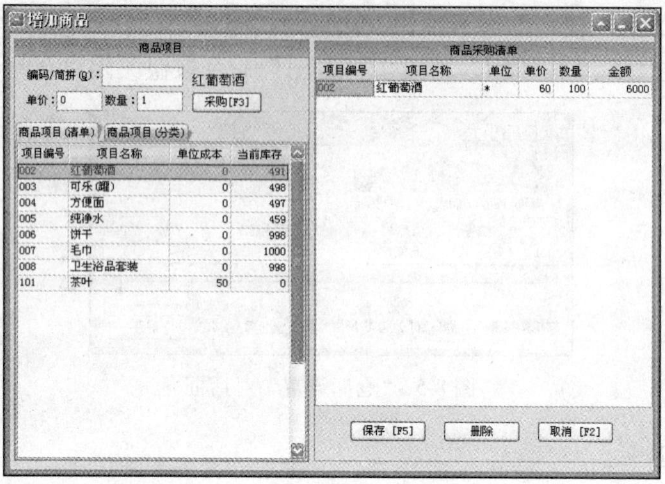

图 8-7 “增加商品”对话框

浏览从红太阳超市购进的商品信息。

在图 8-6 中选择“采购单查询”选项卡，单击“查询”命令按钮“ ”，窗口中显示出刚购进的红葡萄酒相关信息，单击“退出”命令按钮“ ”结束浏览。

2．采购退货

在图 8-1 所示的“商品管理”对话框中单击“采购退货”命令按钮“ 采购退货 ”，弹出如图 8-8 所示的“采购退货”对话框。

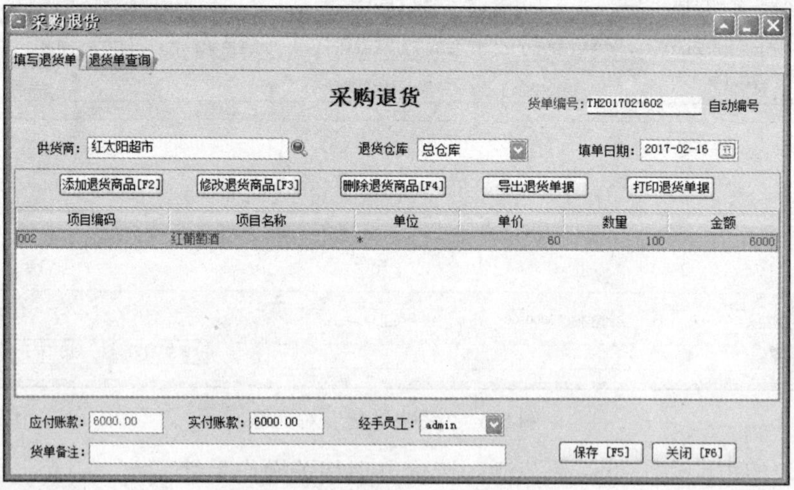

图 8-8 “采购退货”对话框

从红太阳超市购进的红葡萄酒存在质量问题，酒店要求退货，请你办理相关操作手续，并观察操作结果。

在图 8-8 中选择“填写退货单”选项卡，单击供货商右边的放大镜命令按钮“ ”，选择供货商“红太阳超市”，其他项目为系统默认，单击“添加退货商品[F2]”命令按钮，弹出“增加商品”对话框，在此双击“商品项目”（清单）选项卡中的红葡萄酒，弹出“增加商品”对话框，在此输入“单位价格”为“60”、“商品数量”为“100”，单击“确定”命令按钮，此时商品退货清单中显示出红葡萄酒记录，单击“保存”命令按钮，返回到图 8-8，再单击“保存”命令按钮，退出“采购退货”对话框。

在图 8-1 所示的“商品管理”对话框中单击“采购退货”命令按钮“采购退货”，弹出如图 8-8 所示的“采购退货”对话框，单击“退货单查询”选项卡后，单击单据信息中的相关记录，在货单明细中就可以看到退货相关信息。

3．库存调拨

在图 8-1 所示的“商品管理”对话框中单击“库存调拨”命令按钮“库存调拨”，弹出如图 8-9 所示的“库存调拨”对话框。

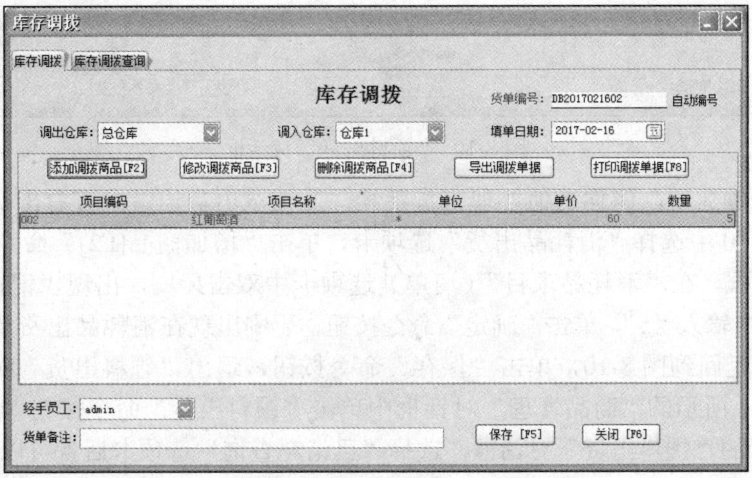

图 8-9 “库存调拨”对话框

从总仓库库存中调拨 5 瓶红葡萄酒到仓库 1，并观察操作结果。

在图 8-9 中选择“库存调拨”选项卡，选择“调入仓库”为“仓库 1”，单击“添加调拨商品[F2]”命令按钮，弹出“增加商品”对话框，在“商品项目”（清单）选项卡中双击红葡萄酒，弹出“增加商品”对话框，在此输入“单位价格”为“60”、“商品数量”为“5”，单击“确定”命令按钮，再单击“保存”命令按钮，返回到图 8-9，此时观察图 8-9 中的变化，然后单击“保存”命令按钮，关闭“库存调拨”对话框，返回到图 8-1。

在图 8-1 所示的“商品管理”对话框中单击“库存调拨”命令按钮“库存调拨”，弹出如图 8-9 所示的“库存调拨”对话框，选择“库存调拨查询”选项卡后，单击单据信息中的相关记录，在货单明细中可以看到调拨商品信息。

4．报损报溢

“报损报溢”命令的操作方法与“采购进货”相同，这里不再介绍了。

【练习 3】 由于可乐过期，请你为可乐做报损手续（单位价格为 2.5，商品数量为 10）。

5．领料出货

在图 8-1 所示的“商品管理”对话框中单击“领料出货”命令按钮“领料出货”，弹出如图 8-10 所示的“领料出货”对话框。

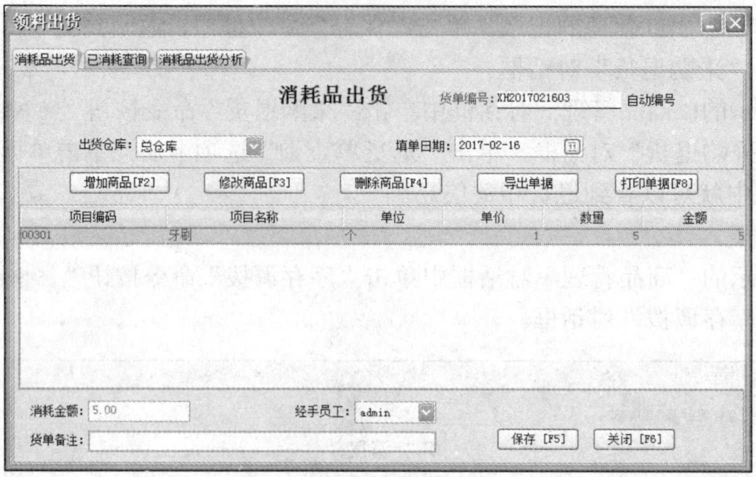

图 8-10 “领料出货”对话框

服务员来领牙刷，请你为他办理出货手续，并浏览出货记录，查看出货分析。

（1）在图 8-10 中选择“消耗品出货”选项卡，单击“增加商品[F2]”命令按钮，弹出“消耗品出货”对话框，在“消耗品项目”（清单）选项卡中双击牙刷，出现“消耗品出货”对话框，在“出货数量”中输入“5”，单击“确定”命令按钮，牙刷出现在消耗品出货清单中，单击“保存”命令按钮，返回到图 8-10，单击“保存”命令按钮，退出“领料出货”对话框。

（2）在图 8-1 所示的“商品管理”对话框中单击“领料出货”命令按钮“领料出货”，弹出如图 8-10 所示的“领料出货”对话框，选择“已消耗查询”选项卡后就可以看到出货信息。

（3）在图 8-10 中选择“消耗品出货分析”选项卡，单击“统计”命令按钮可以看到消耗品出货分析信息。

6．库存查询

在图 8-1 所示的“商品管理”对话框中单击“库存查询”命令按钮“库存查询”，弹出如图 8-11 所示的“当前库存查询”对话框。

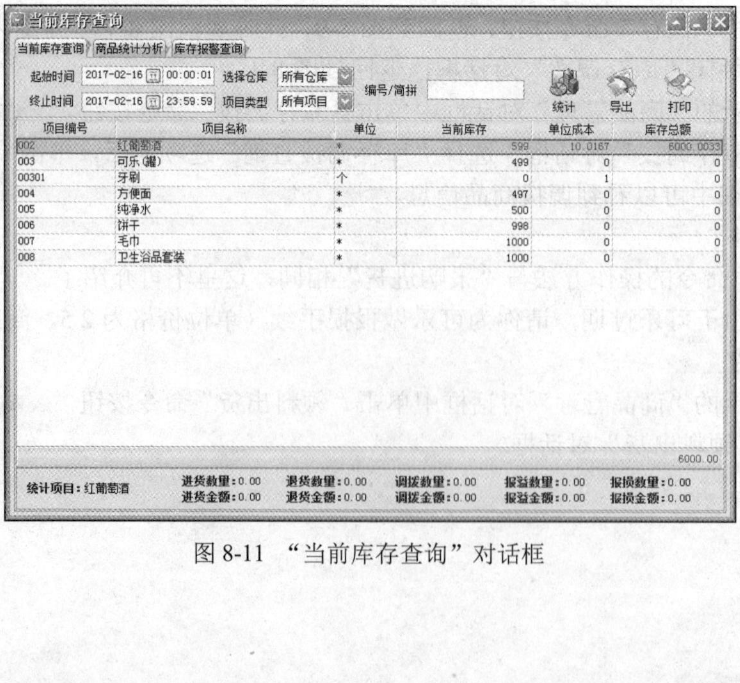

图 8-11 “当前库存查询”对话框

查看红葡萄酒的库存、单据和库存报警，分析红葡萄酒销量。

（1）在图 8-11 中选择“当前库存查询”选项卡，红葡萄酒的库存情况显示在其中，双击红葡萄酒记录，弹出“单据查询”对话框，在此可以进行红葡萄酒的单据查询和商品查询，然后单击关闭命令按钮“”即可。

（2）在图 8-11 中选择“商品统计分析”选项卡，在“商品名称/编码”中输入“红葡萄酒”，其他项目为系统默认，单击“统计”命令按钮“统计”，弹出如图 8-12 所示的红葡萄酒使用数量和营业额柱状图。

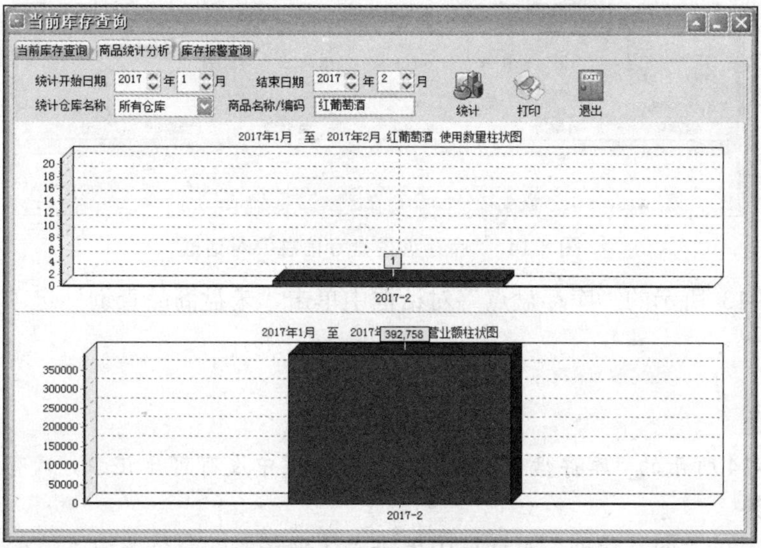

图 8-12 红葡萄酒统计分析

（3）在图 8-12 中选择“库存报警查询”选项卡，在“编号/简拼”文本框中输入红葡萄酒编号“002”，按回车键，当前库存与报警库存信息显示在其中。

7．库存盘点

在图 8-1 所示的“商品管理”对话框中单击“库存盘点”命令按钮“库存盘点”，弹出如图 8-13 所示的“库存盘点”对话框。

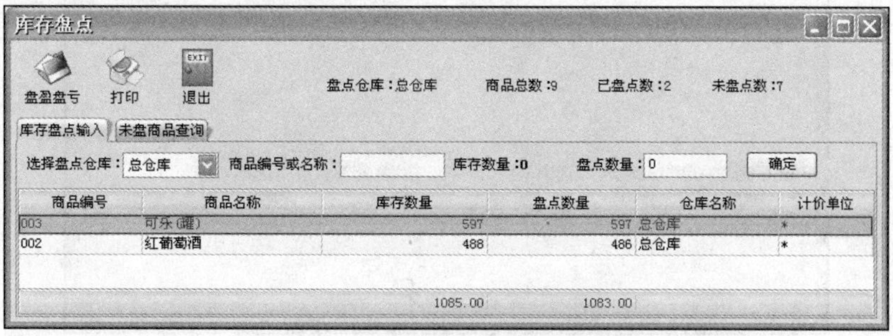

图 8-13 “库存盘点”对话框

盘点总仓库中可乐和红葡萄酒数量，了解可乐和红葡萄酒的盘盈盘亏情况，查看未盘商品。

（1）在图 8-13 所示的“库存盘点”对话框中选择“库存盘点输入”选项卡，在“商品编号或名称”中输入“003”(此时在名称下面显示该商品，可以看到库存数量是597)，按回车键，盘点数量显示为597，单击“确定”命令按钮，完成可乐的盘点操作；同样方法输入“红葡萄酒”，系统显示库存是488，我们输入盘点数量“486”(其中两瓶损坏)，单击“确定”命令按钮，可乐和红葡萄酒就显示在图8-13所示的“库存盘点”对话框中。

(2) 在图8-13所示的“库存盘点”对话框中单击“盘盈盘亏”命令按钮“盘盈盘亏”，弹出如图8-14所示的“库存盘盈盘亏信息”对话框，可以看到对话框中只有红葡萄酒记录，没有可乐记录，单击“退出”命令按钮，返回到图8-13。

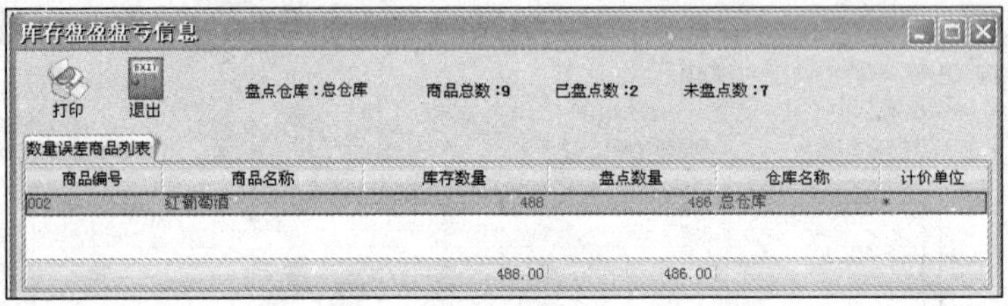

图8-14 “库存盘盈盘亏信息”对话框

(3) 在图8-13所示的“库存盘点”对话框中单击“未盘商品查询”选项卡后可以看到未盘点商品信息。

想一想：

为什么图8-14所示的“库存盘盈盘亏信息”对话框中没有可乐记录，只有红葡萄酒记录？

8. 往来账务

在图8-1所示的“商品管理”对话框中单击“往来账务”命令按钮“往来帐务”，弹出如图8-15所示的“往来账务”对话框。

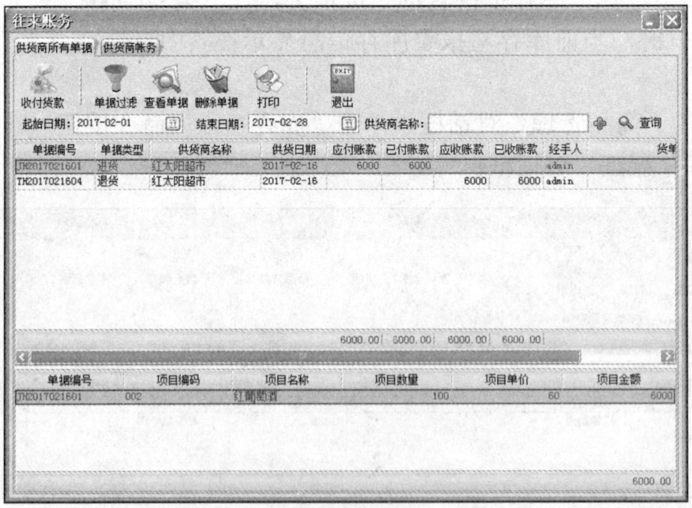

图8-15 “往来账务”对话框

到月底了，酒店要查看供货商所有单据，并了解本月供货商账务情况。

在图8-15所示的“往来账务”对话框中选择“供货商所有单据”选项卡，确定“起始日期”为“2017-02-01”、“结束日期”为“2017-02-28”，其他项目系统默认，单击“查询”命令按钮“查询”后，所有供货商的所有单据都显示出来，对于存在问题的单据可以进行“收付货款”“查看单据”“删除单据”操作；单击“供货商账务”选项卡，在此确定起始、结束日期后，单击“查询”命令按钮“查询”，供货商（红太阳超市、普通供货商）信息显示在“往来账务”对话框中。

9．成本分析

在图 8-1 所示的“商品管理”对话框中单击“成本分析”命令按钮“成本分析”，弹出如图 8-16 所示的“成本分析”对话框。

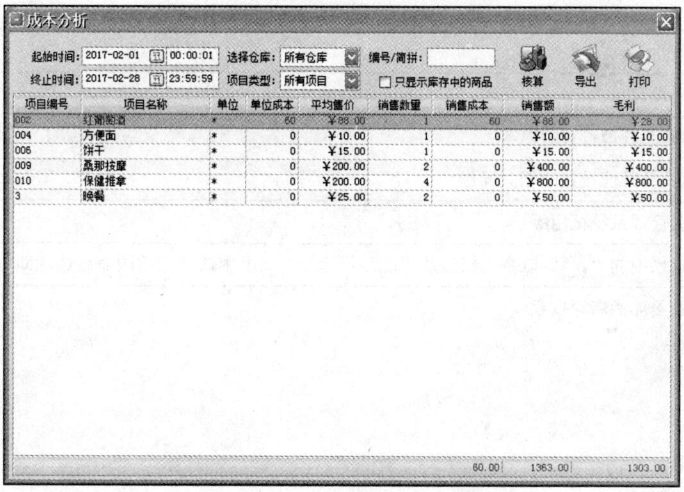

图 8-16 “成本分析”对话框

对上月商品成本进行分析，确定本月酒店需要购进的商品。

在图 8-16“成本分析”对话框中输入“起始时间”为“2017-02-01”、“终止时间”为“2017-02-28”，单击“核算”命令按钮“核算”，酒店所有仓库、所有项目的销售情况显示在图 8-16 中，在此可以了解酒店需要购进的商品。

10．销售查询

在图 8-1 所示的“商品管理”对话框中单击“销售查询”命令按钮“销售查询”，弹出“销售查询”对话框，在此设置起始日期和结束日期后，单击“查询”命令按钮，销售情况显示在该对话框中。

任务三 实训

实训一 商品管理设置

一、实训报告

年 月 日

<table>
<tr><td>姓 名</td><td></td><td>专 业</td><td></td><td>班 级</td><td></td></tr>
<tr><td>实训课题</td><td colspan="5">商品管理设置</td></tr>
<tr><td>实训目的</td><td colspan="5">1．了解商品管理设置的内容
2．掌握商品管理设置的相关操作</td></tr>
<tr><td>实训设备</td><td colspan="5">美萍酒店管理系统试用版</td></tr>
<tr><td>相关知识</td><td colspan="5">使用工具栏中的“”命令，然后从“商品管理”对话框中选择相应的命令选项即可</td></tr>
<tr><td>实训步骤</td><td colspan="5">一、登录美萍酒店管理系统

二、供货商信息

三、商品设置

四、仓库设置</td></tr>
<tr><td>实训反思</td><td colspan="5"></td></tr>
</table>

二、实训检测

1．实训过程评估

项　　目	学生自评	小组评估	教师评估	得　分
1．登录美萍酒店管理系统（10分）				
2．供货商信息（30分）				
3．商品设置（30分）				
4．仓库设置（30分）				
合计（100分）				

说明：实训过程评估项目得分=（学生自评+小组评估+教师评估）/3

2．实训效果测试

（1）在美萍酒店管理系统中，商品管理构成包括_____。

A．供货商信息　　B．商品设置　　C．成本分析　　D．ABC选项

（2）在美萍酒店管理系统中，添加牙刷消耗品应选择_____。

A．供货商信息　　B．商品设置　　C．成本分析　　D．ABC选项

（3）在美萍酒店管理系统中，酒店物流管理的关键是_____。

A．库存管理　　B．进货管理

C．库存管理和库存管理　　D．商品管理

（4）在美萍酒店管理系统中，导出供货商信息的文件格式是_____。

A．DBF dBASE文件　　B．EXCEL文件

C．Access文件　　D．WORD文件

（5）在美萍酒店管理系统中，酒店库存对调拨商品进行的操作有_____。

A．添加调拨商品　　B．修改调拨商品　　C．删除调拨商品　　D．ABC均可

实训二 商品管理

一、实训报告

年 月 日

姓 名		专 业		班 级	
实训课题	商品管理				
实训目的	1．了解商品管理的内容 2．掌握商品管理的相关操作				
实训设备	美萍酒店管理系统试用版				
相关知识	使用工具栏中的“”命令，然后从“商品管理”对话框中选择相应的命令选项即可				
实训步骤	一、登录美萍酒店管理系统 二、采购进货 三、库存调拨 四、领料出货 五、库存盘点 六、库存查询 七、往来账务 八、成本分析 九、销售查询				
实训反思					

二、实训检测

1. 实训过程评估

项　　目	学生自评	小组评估	教师评估	得　分
1. 登录美萍酒店管理系统（10 分）				
2. 采购进货（15 分）				
3. 库存调拨（10 分）				
4. 领料出货（10 分）				
5. 库存盘点（10 分）				
6. 库存查询（10 分）				
7. 往来账务（10 分）				
8. 成本分析（15 分）				
9. 销售查询（10 分）				
合计（100 分）				

说明：实训过程评估项目得分=（学生自评+小组评估+教师评估）/3

2. 实训效果测试

（1）在美萍酒店管理系统中，“采购进货”对话框中的选项卡有_____。

A. 填写采购单　　B. 删除采购单
C. 修改采购单　　D. 填写采购单和采购单查询

（2）在美萍酒店管理系统中，酒店根据自己的规模可以创建几个库存，库存之间_____。

A. 可以调拨商品　　B. 不可以调拨商品
C. 库存之间没有往来　　D. 只能总仓库往分库调拨，反之不行

（3）在美萍酒店管理系统中，“往来账务”对话框中不能进行的操作是_____。

A. 查看单据　　B. 复制单据　　C. 删除单据　　D. 收付货款

（4）在美萍酒店管理系统“成本分析”对话框中，可以对成本分析进行的操作是_____。

A. 所有仓库　　B. 所有项目　　C. 某一仓库　　D. ABC

（5）在美萍酒店管理系统“销售查询”对话框中，查询选项说法错误的是_____。

A. 起始日期　　B. 结束日期
C. 起始日期与结束日期必须相同　　D. 单据号/商品编号

项目九　财务管理

项目概述

酒店财务管理主要包括两个方面：一是酒店收入，二是酒店支出。对于收入、支出登记是财务部门员工必须要做的工作，通过查询收入、支出了解酒店的应收应付款项，财务数据将直接体现酒店的经营情况。

本项目包括以下主要内容：

1. 财务管理模块的构成及功能；
2. 财务管理模块的使用方法。

任务一　财务管理简介

一、财务管理模块的构成

财务管理模块由费用及收入统计表、经营情况统计、应收应付表构成，该模块及时反映酒店收支经营情况，统计数据表具体反映了收入、支出、利率数据，统计数据通过图表和图形形式直观呈现，让管理者一目了然，同时，为酒店领导层提供了精确的统计数据。

二、财务管理模块的功能

在图 1-2 所示的“美萍酒店管理系统试用版 7.4”窗口中单击工具栏中“财务管理”命令按钮“ ”，弹出如图 9-1 所示的“财务管理”对话框，对话框中包含“费用及收入统计表”、“经营情况统计”和“应收应付表”选项卡。

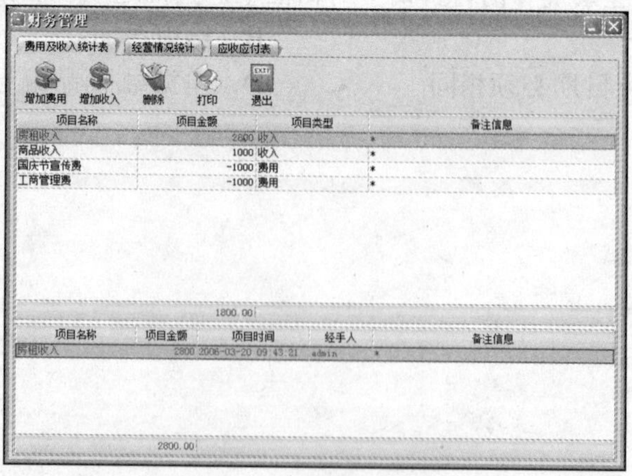

图 9-1 “财务管理”对话框

账务管理：在一定的整体目标下，关于资产的购置（投资）、资本的融通（筹资）和经营中现金流量（营运资金），以及利润分配的管理。财务管理是企业管理的一个组成部分，它是根据财经法规制度，按照财务管理的原则，组织企业财务活动，处理财务关系的一项经济管理工作。简单的说，财务管理是组织企业财务活动，处理财务关系的一项经济管理工作。

应收：应收是债权，属于资产类的会计账户，借方登记增加额，贷方登记减少额。

应付：应付是债务，属于负债类的会计账户，贷方登记增加额，借方登记减少额。

费用及收入统计表功能：提供增加费用、增加收入、删除、打印等功能。

经营情况统计功能：提供经营情况统计表的统计和打印；提供经营情况统计图表按收入类、支出类、利润/利润率、消耗金额/销售收入的统计数据。

应收应付表功能：查询某日期段的应付账与已付账款，应收与已收账款情况。

任务二　财务管理的使用方法

一、费用及收入统计表

查看酒店的工商管理费，输入本月工商管理费 500 元。

在图 9-1 中单击“费用及收入统计表”选项卡，工商管理费就显示在其中，选择工商管理费记录，单击“增加费用”命令按钮“ ”（或双击工商管理费记录），弹出“增加费用”对话框，在此输入“费用金额”为“500”，单击“确定”命令按钮，关闭“增加费用”对话框，在图 9-1 中工商管理费显示为-1000 元。

将国庆节宣传费支出 1000 元入账。

在图 9-1 中选择“费用及收入统计表”选项卡，单击“增加费用”命令按钮“ ”，弹出如图 9-2 所示的“增加费用”对话框，在此单击“费用名称”后的“ ”号，弹出如图 9-3 所示的“增加费用类型”对话框，在此输入“费用类型”为“国庆节宣传费”，单击“新增”命令按钮，再单击“退出”命令按钮，返回到图 9-2，此时费用名称中显示“国庆节宣传费”，输入“费用金额”为“1000”，然后单击“确定”命令按钮完成全部操作。

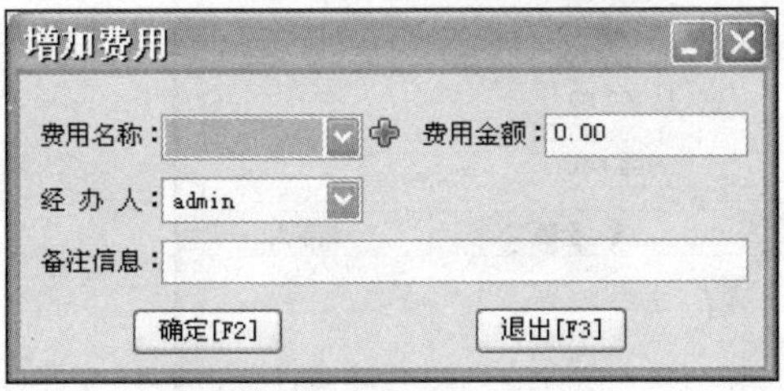

图 9-2　“增加费用”对话框

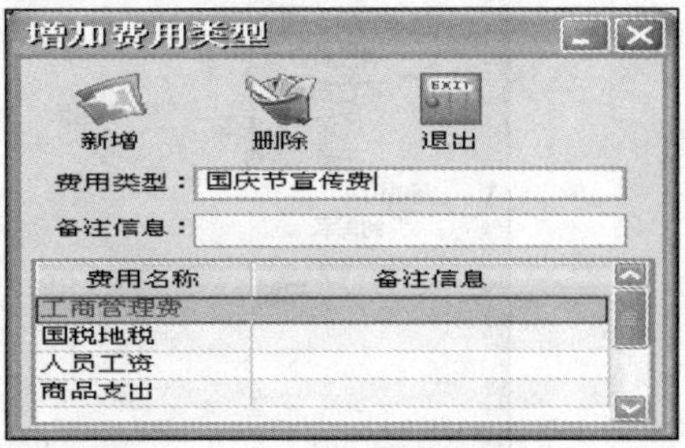

图 9-3　“增加费用类型”对话框

添加收入项目：商品收入，收入金额：1000 元。

在图 9-1 中选择“费用及收入统计表”选项卡，单击“增加收入”命令按钮“ ”，弹出如图 9-4 所示的“增加收入”对话框，在此单击“收入名称”后的“ ”号，弹出如图 9-5 所示的“增加收入类型”对话框，输入“收入类型”为“商品收入”，单击“增加”命令按钮，再单击“退出”命令按钮，返回到图 9-4，此时“收入名称”中显示“商品收入”，输入“收入金额”为“1000”元，单击“确定”命令按钮，在图 9-1 中显示商品收入为 1000 元。

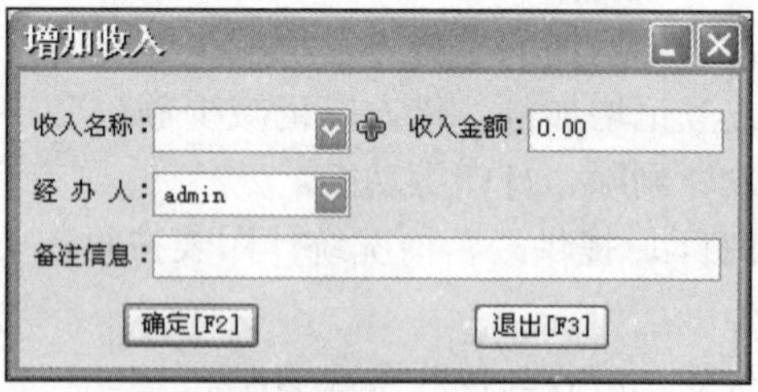

图 9-4 “增加收入”对话框

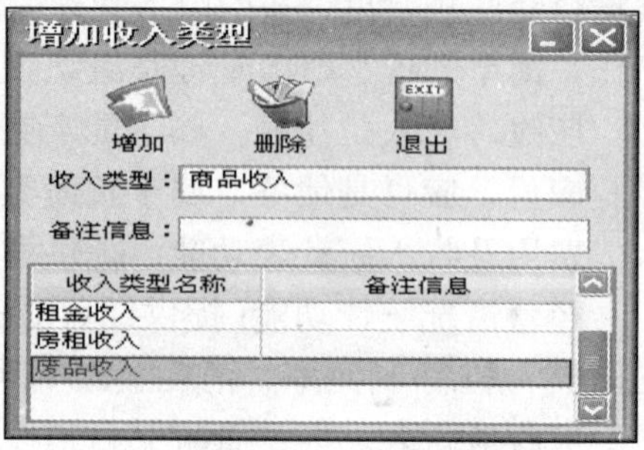

图 9-5 “增加收入类型”对话框

二、经营情况统计

查看酒店某段日期内的经营情况（按销售成本统计）。

在图 9-1 中选择“经营情况统计”选项卡，单击“经营情况统计表”选项卡，确定起始日期（2017-02-01），结束日期为系统默认，选择“按销售成本统计”选项，单击“统计”命令按钮，某段日期经营情况如图 9-6 所示；单击“经营情况统计图表”选项卡，选择“统计项目”为“利润/利润率”，确定统计日期（2017 年 1 月至 2017 年 2 月），选择“按销售成本统计”选项，单击“统计”命令按钮，操作结果显示在图 9-7 中。

图 9-6 “经营情况统计表”选项卡

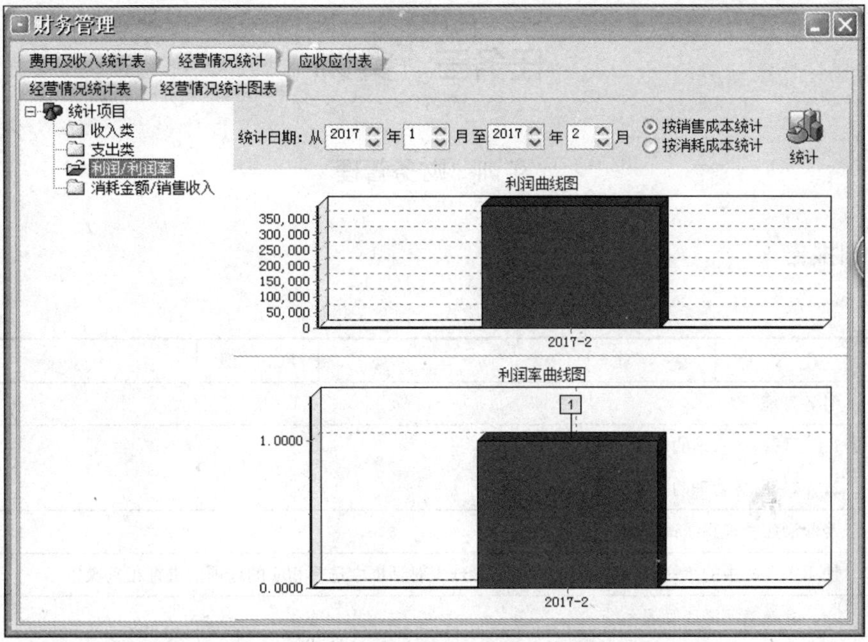

图 9-7 “经营情况统计图表”选项卡

三、应收应付表

查看酒店某段日期内的应收应付情况。

在图 9-1 中选择“应收应付表”选项卡，在此确定开始日期（2017-02-01），结束日期为系统默认，单击“查询”命令按钮，酒店应收应付情况显示在图 9-8 中。

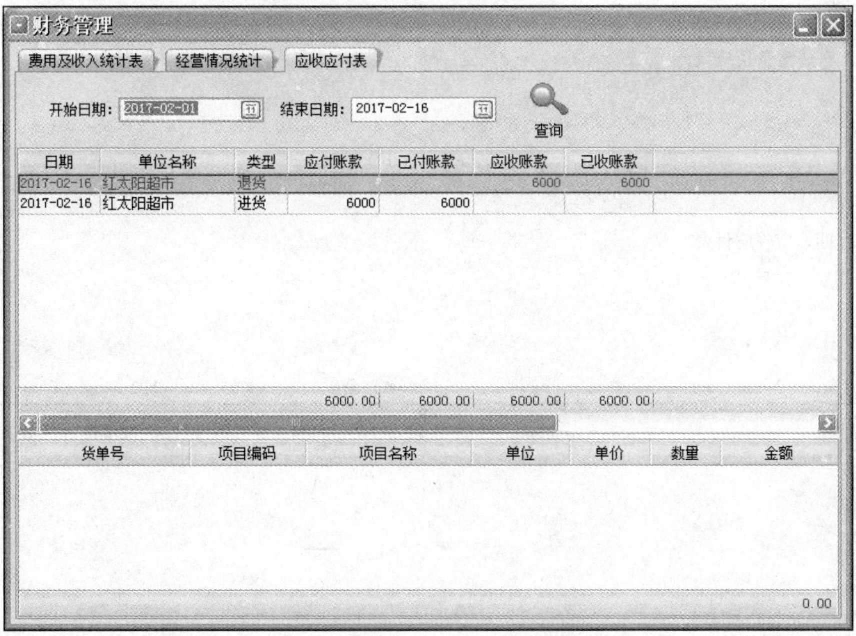

图 9-8 “应收应付表”选项卡

任务三 实训

实训 财务管理

一、实训报告

年 月 日

姓 名		专 业		班 级	
实训课题	财务管理				
实训目的	1．了解财务管理的内容 2．掌握财务管理的相关操作				
实训设备	美萍酒店管理系统试用版				
相关知识	使用工具栏中的“”命令，在“财务管理”对话框中选择相应的选项卡进行相关操作				
实训步骤	一、登录美萍酒店管理系统 二、费用及收入统计表 三、经营情况统计 四、应收应付表				
实训反思					

二、实训检测

1．实训过程评估

项　　目	学生自评	小组评估	教师评估	得　　分
1．登录美萍酒店管理系统（10 分）				
2．费用及收入统计表（30 分）				
3．经营情况统计（30 分）				
4．应收应付表（30 分）				
合计（100 分）				

说明：实训过程评估项目得分=（学生自评+小组评估+教师评估）/3

2．实训效果测试

（1）在美萍酒店管理系统中，财务管理模块包括_____。

A．费用及收入统计表　　B．经营情况统计

C．应收应付表　　D．ABC 选项

（2）在账务管理中，应收是_____。

A．债权，属于资产类　　B．债务，属于负债类

C．债权，属于负债类　　D．债务，属于资产类

（3）在账务管理中，应付是_____。

A．债权，属于资产类　　B．债务，属于负债类

C．债权，属于负债类　　D．债务，属于资产类

（4）将工商管理费入账，在“账务管理”对话框中应选择_____。

A．费用及收入统计表　　B．经营情况统计

C．应收应付表　　D．ABC 选项都可以

（5）在美萍酒店管理系统中，在财务管理模块增加费用中可以对增加类型进行_____操作。

A．重命名　　B．移动　　C．新增　　D．复制

参 考 文 献

[1] engwomei. 青岛康大豪生大酒店预订部 Opera 培训手册 PDF. Baidu文库 http://wenku.baidu.com/view/d6f8b4e31eb91a37f0115c4c.html?re=view. 2015-08-04.

[2] 杜阿运.开元国际酒店管理公司 OPERA 系统操作手册. Baidu文库 https://wenku.baidu.com/view/fc74332cb4daa58da0114a5f.html?re=view&pn=1. 2011-09-06.

[3] peijianjunpjj.OPERA 系统培训带截图（PPT）. Baidu文库 https://wenku.baidu.com/view/1a081a4d31b765ce05081448.html?re=view. 2013-12-16.

[4] 520xiaojianjun. Opera training 酒店系统 Opera 培训. Baidu文库 https://wenku.baidu.com/view/ 4715edd1195f312b3169a515.html. 2012-08-07.

[5] 红软网 www.rsdown.cn. OPERA 酒店管理系统操作手册（中文版）. http://www.rsdown.cn/down/34946.html. 2014-10-03.

[6] 爱卿如梦. 酒店人必学的 Opera 系统. 360doc 个人图书馆 http://www.360doc.com/content/15/1006/02/21993621_503523933.shtml. 2015-10-06.

[7] 《美萍酒店管理系统使用手册》和美萍网络技术有限公司网站提供的软件下载信息. http:/www.mpsopt.net.cn/main.htm.

反侵权盗版声明

电子工业出版社依法对本作品享有专有出版权。任何未经权利人书面许可，复制、销售或通过信息网络传播本作品的行为，歪曲、篡改、剽窃本作品的行为，均违反《中华人民共和国著作权法》，其行为人应承担相应的民事责任和行政责任，构成犯罪的，将被依法追究刑事责任。

为了维护市场秩序，保护权利人的合法权益，我社将依法查处和打击侵权盗版的单位和个人。欢迎社会各界人士积极举报侵权盗版行为，本社将奖励举报有功人员，并保证举报人的信息不被泄露。

举报电话：（010）88254396；（010）88258888
传　　真：（010）88254397
E-mail：　dbqq@phei.com.cn
通信地址：北京市海淀区万寿路173信箱
　　　　　电子工业出版社总编办公室
邮　　编：100036